가족 간 부동산 거래
세무 가이드북

가족 간 부동산 거래 대충 했다가는 엄청 손해 본다!

신방수 세무사의 가족 간 부동산 거래 세무 가이드북

신방수 **지음**

두드림미디어

머리말

　최근 가족 간에 부동산을 매매나 증여 등으로 이전하는 일들이 많아지고 있다. 당면한 세금을 줄이거나 자녀 등에게 재산을 이전하기 위해서다. 그런데 이러한 가족 간의 거래에는 예기치 않은 복병들이 숨어 있다. 다름이 아니라 곳곳에 깔린 세금 함정 때문이다. 예를 들어 기준시가로 증여세를 신고하면 나중에 시가로 과세된다든지, 부모로부터 증여받은 주택을 양도해서 비과세가 되는 줄 알았는데 과세로 뒤바뀌는 경우 등이 그렇다. 실제 현장에서 보면 가족 간의 이전방법인 매매, 증여, 상속 등이 복합적으로 발생하다 보니 뭐가 뭔지 모르는 현상이 발생하고 있다.

　이 책은 이러한 환경에서 가족 간의 부동산 거래에 대한 세금 관리를 과학적·전략적으로 할 방법을 제시하기 위해 태어났다.

　그렇다면 《가족 간 부동산 거래 세무 가이드북》은 다른 책에 비해 어떤 점들이 뛰어날까?

첫째, 국내 최초로 가족 간의 부동산 거래에 관한 세무관리법을 모두 다뤘다.

이 책은 총 8개의 장과 부록으로 구성됐다. 1~2장은 가족 간의 부동산 거래에서 파생하는 세금을 다루기 위해 반드시 알아야 할 기초지식을 다루고 있다. 구체적으로 가족 간의 거래유형에 따른 세무 위험, 그리고 부동산 세제 중 취득세와 양도세의 기초내용을 가족 거래에 맞춰 살펴보았다. 한편 3장은 부동산 거래를 하기 전에 반드시 검토해야 하는 세법상의 시가에 대해 자세히 설명하고 있다. 시가를 잘못 책정하게 되면 신고 후에 많은 고초가 뒤따를 수 있기 때문이다. 이후 4~8장은 가족 간의 거래방법인 매매, 증여, 부담부 증여, 상속, 법인 등으로 구분해 구체적인 세무적용법을 제시하고 있다. 마지막으로 부록에서는 과세당국이 신고된 상속이나 증여재산 등에 대해 감정평가하는 사업에 대한 분석과 대응책을 살펴보았다.

둘째, 실전에 필요한 다양한 사례를 들어 문제해결을 쉽게 하도록 했다.

가족 간의 부동산 거래로 파생하는 세무 문제는 전문가들도 다루기 힘든 분야다. 그래서 이 책은 될 수 있는 대로 쉽게 이해할 수 있도록 책 대부분을 'Case → Consulting → 실전연습'의 체계에 따라 집필했다. 장마다 제시된 'Case(사례)'는 실무에서 아주 중요하게 다뤄지는 내용으로 문제해결을 어떤 식으로 하는지 이에 대한 해법을 제시하고 있다. 한편 'Consulting(컨설팅)'은 가족 간의 부동산 관리에서 좀 더 세련된 업무처리를 위해 알아야 할 지식을, 그리고 '실전연습'은 공부한 내용을 실전에 적용하는 과정을 그리고 있다. 이 외에도 'Tip'이나 '실력 더하기' 같은 코너를 신설해 정보의 가치를 더했다.

셋째, 가족 간의 거래에 대한 절세원리를 정교하게 다뤘다.

가족 간의 거래는 매매나 증여 등을 거치면서 세금 관계가 복잡하게 변한다. 따라서 일일이 이를 따라다니다 보면 제대로 된 해결책을 만들 수가 없다. 그 결과 절세는커녕 예기치 않은 손실을 보는 경우가 많다. 이에 저자는 거미줄처럼 얽혀 있는 가족 간의 거래에 대한 세법상의 규제원리를 정교히 분석하고 이를 바탕으로 어떤 상황에서라도 바른 판단을 할 수 있게 했다. 이를 통해 독자들은 가족 간의 거래 전후에서 발생할 수 있는 세무상 위험을 통제할 수 있는 동시에 자신에게 맞는 절세전략을 수행할 수 있을 것으로 보인다.

이번에 국내 최초로 선보이는 《가족 간 부동산 거래 세무 가이드북》은 얼마 전에 출간된 《부동산 세무 가이드북 실전 편》의 후속작으로서 부동산 세금에 관심 있는 분들이라면 누구라도 볼 수 있도록 체계적으로 집필했다. 따라서 일반인은 물론이고 부동산 업계 종사자, 세무 상담과 신고를 도맡아 하는 세무 업계의 종사자 등이 보면 좋을 것으로 보인다.

만약 책을 읽다가 궁금한 내용이나 세무 상담이 필요한 경우 저자가 운영하는 네이버 카페(신방수세무아카데미)를 활용하기 바란다. 이 카페에서는 부동산 세금 계산기 및 세무회계에 관한 고급정보도 아울러 제공하고 있다.

이 책은 많은 분의 도움을 받았다. 우선 이 책의 오류 등을 지적해주신 권진수 회계사님과 늘 아낌없이 응원해주는 카페 회원분들, 가족의 행복을 위해 늘 노력하고 있는 아내 배순자와 대학생으로서 각자의 본분을 다하고 있는 두 딸 하영과 주영에게 감사의 말을 전한다.

아무쪼록 이 책이 가족 간에 발생하는 부동산 세금에 잘 대처하고자 하는 분들에게 도움이 됐으면 한다.

독자들의 건승을 기원한다.

역삼동 사무실에서
신방수 세무사

차례

이 책을 읽을 때는 다음 사항에 주의하시기 바랍니다.

① 개정세법의 확인

이 책은 2024년 1월 말에 적용되고 있는 세법을 기준으로 집필됐습니다. 실무에 적용 시에는 그 당시에 적용되고 있는 세법을 확인하는 것이 좋습니다. 세법 개정이 수시로 일어나기 때문입니다.

② 용어의 사용

이 책은 다음과 같이 용어를 사용하고 있습니다.

- 소득세법(시행령) ▶ 소법(소령)
- 지방세법(시행령) ▶ 지법(지령)
- 상속세 및 증여세법(시행령) ▶ 상증법(상증령)
- 조세특례제한법 ▶ 조특법
- 지방세특례제한법 ▶ 지특법
- 농어촌특별세(법) ▶ 농특세(법)
- 양도소득세 ▶ 양도세
- 종합부동산세 ▶ 종부세 등

③ 각종 부동산 관련 세무정보

- 투기과열지구 및 조정대상지역(조정지역)에 관한 정보는 '대한민국 전자관보' 홈페이지에서 검색할 수 있습니다.
- 부동산 세금 계산기는 홈택스 홈페이지나 저자의 카페를 활용할 수 있습니다.

④ 책 내용 및 세무 상담 등에 대한 문의

책 표지의 안 날개 하단을 참조하시기 바랍니다. 특히 세무 상담은 저자의 카페에서 자유롭게 할 수 있으니 잘 활용하시기 바랍니다.

제 **1** 장

가족 간 부동산
거래의 실익

최근 가족 간의 거래가
빈번해진 이유

최근 가족 간에 매매나 증여 등의 방법을 통해 부동산을 이전하는 경우가 많아지고 있다. 가족 간에는 이해관계가 일치하고 언제든지 재산을 이전할 수 있기 때문이다. 그렇다면 왜 이런 거래가 늘어나는지 그 이유부터 따져보자. 참고로 여기서 '거래'는 시장에서 제3자 간에 거래되는 것을 말하나, 이 책에서는 증여나 법인 등을 통한 거래도 포함한다.

첫째, 각종 세금 부담을 줄이기 위해서다.

자산을 보유한 입장에서는 각종 세금 문제에 봉착하게 된다. 예를 들면 상속세와 보유세, 양도세 등이 대표적이다. 이 중 보유세와 양도세는 당장 현실적인 문제가 되지만, 상속은 사후에 발생하므로 당장 문제가 아닐 수 있다. 하지만 많은 상속세가 예상된다면 지금 당장 상속에 대해 대비하는 것이 좋다. 이러한 관점에서 가족 간의 거래가 많이 발생하고 있다.

둘째, 적극적으로 절세 기회를 만들기 위해서다.

앞으로 예상되는 세금을 줄이기 위해 부동산을 이전하는 것은 소극적인 방법에 해당하나, 그 반대로 부동산 이전을 통해 적극적으로 절세 기회를 만들 수도 있다. 예를 들어 다주택자가 양도차익이 큰 주택에 대해 비과세를 받고 싶은데, 주택 수 때문에 비과세가 안 나올 때는 어떤 식으로든 주택 수를 조절해야 한다. 이때 가족 간의 거래를 선택할 수도 있다.

셋째, 자녀의 재산 형성을 돕기 위해서다.

가족 간 거래가 빈번한 이유 중에는 자녀의 재산 형성을 위한 목적도 있다. 증여나 매매 등을 통해 언제든지 자녀에게 자산이 이전될 수 있기 때문이다. 다만, 이 과정에서는 재산 분쟁이 뒤따를 수 있는데 이 문제도 사전에 고려할 수 있어야 한다.

가족 간 거래의 실익 1 :
상속세를 줄일 수 있다

　현실에서 보면 가족 간의 거래는 세금을 줄이기 위해서 시도되는 경우가 많다. 그중 대표적인 것이 바로 상속세다. 상속 대비가 늦으면 낭패를 겪는 경우가 많기 때문이다. 다음의 사례를 통해 이에 대해 알아보자.

(**Case**)

K 씨는 60대로 다음과 같은 자산을 보유하고 있다. 물음에 답하면?

자료

구분	내용	비고
상가	시가 20억 원	
주택	시가 20억 원 (2주택)	시가는 세법상의 시가를 말함.
현금자산	10억 원	

01 상속세는 얼마나 예상되는가? 단, 상속공제는 10억 원이라고 하자.

상속세는 상속가액에서 각종 공제액을 차감한 과세표준에 10~50%로 과세되는 세목에 해당한다.

- 상속세 과세표준 : 50억 원 – 10억 원 = 40억 원
- 상속세 산출세액 : 40억 원×50% – 4억 6,000만 원(누진공제)
  = 15억 4,000만 원

02 상속세를 줄이기 위해 어떤 자산을 줄이는 것이 좋을까?

상속세가 예상되는 경우에는 자산을 증가시키는 것보다는 줄이는 것이 좋다. 이를 위해서는 세금이 없거나 적고, 손쉽게 이전이 가능한 자산부터 이전하는 것이 좋다. 사례의 경우 '현금자산 → 상가 → 주택 등'의 순으로 한다.

03 부동산 중 일부를 줄이려고 한다. 이때 매매나 증여를 하면 어떤 세금이 발생할까?

매매하면 양도세, 증여하면 증여세가 발생한다. 그리고 이외 취득세가 발생한다. 따라서 이러한 대안을 선택하기 전에는 이와 관련된 세금의 크기를 확인한 후 실행 여부를 검토해야 한다.

(Consulting)

상속세를 줄이기 위한 수단으로 매매나 증여 등이 있다. 이러한 수단의 특징을 비교하면 다음과 같다.

- 매매는 생전에 자녀 등에게 재산이 유상으로 이전되는 것을 말한다.
- 매매하면 가격을 마음대로 정할 수 있고, 재산 분쟁을 예방하는 효과도 누릴 수 있다.

- 증여는 생전에 배우자와 자녀 등에게 재산이 무상으로 이전되는 것을 말한다.
- 증여는 마음만 먹으면 언제든지 소유권을 넘길 수 있다는 장점이 있다.

상속

- 상속은 사후에 상속인에게 재산이 무상으로 이전되는 것을 말한다.
- 상속은 사후에 정리되는 세금으로 비교적 세금이 저렴하게 나오는 장점이 있다.

* 채무를 포함해 증여하면 이를 '부담부 증여'라고 한다.

이 외에 법인도 개인의 자산을 상속이나 증여 또는 매매를 통해 취득할 수 있다.

앞의 K 씨는 보유하고 있는 주택 중 1채(시가 5억 원)를 줄이기로 마음 먹었다. 물음에 답하면?

Q1 주택을 증여하면 상속세는 줄어들까?

줄어드는 주택의 시가가 5억 원이고 이에 대해 50%의 세율을 적용 하면 2억 5,000만 원의 상속세가 감소할 것으로 예상한다.

☞ 사전 증여일로부터 10년 이내에 증여자가 사망한 경우에는 상속가액에 합산되 므로 이때는 상속세가 줄어들지 않는다.*

  * 단, 합산되는 증여가액은 증여일 현재의 평가액이 되므로 향후 해당 자산가격이 상승하더라도 이에 대해서는 상속세가 추가되지 않는다(사전 증여의 이점이 될 수 있다).

Q2 주택을 증여하면 증여세와 취득세는 얼마나 나올까?

증여세와 취득세는 시가로 각각 과세된다.

- 증여세 : (5억 원-5,000만 원)×20%-1,000만 원=8,000만 원
- 취득세 : 5억 원×4%=2,000만 원
- 계 : 1억 원

☞ 2023년부터 증여에 따른 취득세 과세표준이 시가 표준액(기준시가)에서 시가로 인상되고 세율이 최고 12%까지 인상되어 증여비용이 대폭 인상됐다.

Q3 주택을 자녀에게 매매하면 앞의 내용은 어떻게 달라질까?

앞의 Q1과 Q2의 경우와 비교해보자.

- Q1의 경우 : 매매를 선택해도 상속세가 줄어든다. 이때 매매가액은 상속가액에 합산되지 않는다.
- Q2의 경우 : 매매를 하면 양도세와 취득세가 부과된다. 이들 세금은 앞의 증여에 따른 증여세와 취득세와는 다른 구조로 계산한다. 사례의 경우에는 주어진 정보가 없으므로 계산을 할 수가 없다.

04 사례의 경우 증여가 좋을까, 매매가 좋을까?

증여하는 것이 좋을지 매매하는 것이 좋을지는 불분명하다. 여러 가지 변수를 고려해야 하기 때문이다.

가족 간 거래의 실익 2 : 양도세를 안 낼 수 있다

가족 간의 거래는 주로 상속세를 줄이는 관점에서 많이 시도되지만, 때로는 당면하는 세금인 보유세나 임대소득세 또는 양도세를 줄이기 위한 수단으로도 사용되고 있다. 더 나아가 적극적으로 나서 세금을 안 내는 상황을 만들 수 있다. 다음에서 사례를 통해 이에 대해 알아보자.

(Case)

K 씨 부부는 현재 2주택을 보유 중이다. 물음에 답하면?

- 주택 보유 현황
  - A 주택 : 기준시가 5억 원(남편 소유)
  - B 주택 : 기준시가 7억 원(배우자 소유)
- A 주택과 B 주택은 모두 조정지역에 소재하며 일시적 2주택 관계에 해당함.
- A 주택의 일시적 2주택의 처분기한이 얼마 남지 않았음.

01 K 씨 부부는 A 주택을 팔기 위해 노력하고 있지만, 최근 부동산 분위기가 얼어붙어 기한 내 파는 것이 힘들 것으로 여기고 있다. 이런 상황에서 일시적 2주택 처분기한 내에 자녀에게 양도할 계획을 세웠다. 이 경우 취득세는 일반과세, 양도세는 비과세를 받을 수 있는가?

일시적 2주택의 경우 양도세는 규제지역과 관계없이, 취득세는 신규주택이 규제지역 내에 소재하는 경우 3년의 처분기한을 두고 있다. 따라서 물음의 두 세목 모두 종전 주택을 신규주택의 취득일로부터 '3년' 내에 양도해야 이러한 혜택을 받을 수 있다. 따라서 다음과 같은 관계가 형성된다.

- 만일 자녀가 독립세대 요건을 갖춘 경우라면 : 취득세 일반과세, 양도세 비과세가 가능하다.
- 만일 자녀가 독립세대 요건을 갖추지 못한 경우라면 : 취득세는 중과세 (8%), 양도세는 과세가 된다.

참고로, 세법은 이 같은 거래에서 자금출처, 저가 양도 여부 등을 확인해 비정상적인 거래행위를 규제한다.

02 A 주택을 매수한 자녀는 비과세를 받을 수 있는가? 자녀는 별도 세대 요건을 갖추고 있다.

자녀가 독립된 세대로 A 주택을 매수 후 2년 보유 및 거주*한 경우라면 비과세를 받을 수 있다.

* 2017년 8월 3일 이후 조정지역 내에서 취득한 주택에 한한다.

03 만일 A 주택을 일시적 2주택 처분기한 내에 자녀에게 증여하면 취득세 일반과세와 양도세 비과세는 적용되는가?

자녀가 A 주택을 매수가 아닌 증여를 받은 경우라면 다음과 같은 결과가 나온다.

- 취득세 : 일시적 2주택 처분기한 내에 처분*했으므로 일반과세(1~3%)를 받을 수 있다.

  * 지방세법상 '처분'에는 양도는 물론이고 증여, 멸실 등을 포함한다. 즉, 기한 내에 주택 수가 줄어들면 이를 처분으로 본다.

- 양도세 : 양도세는 유상으로 양도해 발생하는 세목이므로 물음의 경우 이와는 관계가 없다.

04 Q3에서 자녀는 어떤 세금을 부담하는가?

이 주택을 증여받은 자녀에게는 증여세와 취득세 중과세(12%*)가 적용될 수 있다.

* 증여자가 1세대 2주택 이상인 상태에서 조정지역 내의 시가 표준액 3억 원 이상을 증여하면 12%의 세율이 적용된다.

🖐 이처럼 가족 간에 거래할 때는 거래당사자 모두에 대한 세금 문제를 정확히 파악할 수 있어야 한다.

(Consulting)

가족 간의 거래를 통해 양도세를 줄이는 사례들은 상당히 많다. 주요 내용을 정리하면 다음과 같다.

① 소유자가 비과세를 받고 싶을 때	• 다주택자가 1주택(일시적 2주택)을 만들면 비과세를 받을 수 있다. • 이 같은 상황에서 주택 수를 줄일 때 가족 간 거래에 나설 수 있다.
② 자녀를 통해 비과세를 받고 싶을 때	• 자녀가 취득한 주택이 1세대 1주택에 해당하고 비과세 요건을 갖추면 비과세가 가능하다.
③ 소유자가 양도세를 줄이고 싶을 때	• 자녀에게 저가로 양도해 양도세를 줄인다. • 배우자에게 시가로 증여한 후 이를 양도하면 양도세가 줄어든다.

앞과 같이 가족 간의 거래를 통해 양도세를 줄이는 방법은 무척 다양하다. 이에 세법은 이 과정에서 조세회피 등이 발생할 개연성이 높다고 보아 다양한 방법으로 이를 규제하게 된다. 예를 들면 다음과 같은 것들이 있다. 자세한 내용은 2장 이후부터 순차적으로 살펴볼 것이다.

• 자금출처의 확인 → 가장매매 여부를 확인한다.

• 시가 확인 → 저가 양도 여부를 확인한다.

• 수증자의 10년 내 양도 → 이월과세* 적용대상 여부를 확인한다.

  * 수증 후 10년 이내에 양도한 경우 취득가액을 증여자의 것을 이월시켜 양도세를 과세하는 제도를 말한다.

실전연습

앞의 K 씨 부부는 2주택을 보유 중이다. 자료가 다음과 같이 변경됐다고 하자. 물음에 답하면?

자료

- A 주택 : 기준시가 5억 원(남편 소유)
- B 주택 : 기준시가 7억 원(배우자 소유)
- A 주택과 B 주택은 모두 비조정지역에 소재하며, 양도세는 일시적 2주택 관계에 해당함.

---

01 A 주택을 일시적 2주택 처분기한 내에 자녀에게 양도하고자 한다. 이 경우 취득세는 일반과세, 양도세는 비과세를 받을 수 있는가?

일시적 2주택의 경우 양도세는 규제지역과 관계없이, 취득세는 신규주택이 규제지역 내에 소재하면 3년의 처분기한을 두고 있다. 따라서 물음의 경우 양도세만 신규주택의 취득일로부터 '3년' 내에 양도하면 되며, 취득세는 신규주택이 비조정지역에 소재하므로 이때는 처분과 관계없이 무조건 일반과세가 적용된다. 따라서 다음과 같은 관계가 형성된다.

- 만일 자녀가 독립세대 요건을 갖춘 경우라면 : 취득세 일반과세, 양도세 비과세가 가능하다.
- 만일 자녀가 독립세대 요건을 갖추지 못한 경우라면 : 취득세는 일반과세, 양도세는 과세가 된다.

02 A 주택을 매수한 자녀는 비과세를 받을 수 있는가? 자녀는 별도 세대 요건을 갖추고 있다.

자녀가 독립된 세대로 A 주택을 매수 후 2년 보유한 경우라면 비과세를 받을 수 있다. 이때는 2년 거주를 하지 않아도 된다. 2년 거주 요건이 취득 당시 조정지역에 해당해야 적용되기 때문이다.

03 만일 A 주택을 일시적 2주택 처분기한 내에 자녀에게 증여하면 취득세 일반과세와 양도세 비과세는 적용되는가?

자녀가 A 주택을 매수가 아닌 증여를 받은 경우라면 다음과 같은 결과가 나온다.

- 취득세 : 일시적 2주택이 아니므로 3년 내 처분이 필요 없다.
- 양도세 : 양도세는 유상으로 양도해 발생하는 세목이므로 물음의 경우 이와는 관계가 없다.

04 Q3에서 자녀는 어떤 세금을 부담하는가?

이 주택을 증여받은 자녀에게는 증여세와 취득세 일반과세(3.5%)*가 적용될 수 있다.

* 비조정지역 외의 증여주택에 대해서는 기준시가 불문하고 무조건 일반세율이 적용된다.

🖐 앞의 사례는 상황에 따라 관련 내용이 변할 수 있음을 알려주고 있다.

가족 간 거래의 실익 3 : 저가 양도로 다양한 효과를 누릴 수 있다

'저가 양도'라는 개념이 널리 알려졌다. 이는 주로 부동산을 시세보다 낮게 거래하는 것을 말하는데, 잘만 하면 증여보다 유리하게 부동산을 이전할 수 있는 수단이 되기 때문이다. 구체적으로 어떤 실익이 있을까?

(Case)

L 씨는 다음과 같은 주택을 보유하고 있는데, 자녀에게 이를 저가로 양도하고자 한다. 물음에 답하면?

> **자료**
> - L 씨의 부친은 시세 5억 원짜리 주택을 보유하고 있음.
> - 해당 주택에는 전세보증금 3억 원이 포함되어 있음.

01 저가 양도란 무엇을 의미하는가?

시가에 비해 싸게 양도하는 것을 '저가 양도'라고 한다. 참고로 원칙적으로 양수도는 시장에서 유상으로 거래하는 것이므로 당사자 간에 거래가액은 마음대로 책정할 수 있다.

02 앞 사례에서 비교 대상인 시가는 얼마인가?

시가는 시장에서 제3자 간에 거래되는 가격으로, 세법에서는 일정한 기간(평가기간) 내에 매매가액, 감정가액 등 다양한 방법으로 이에 대한 가격을 추출하고 있다. 세법상 시가는 가족 간의 거래 시 매우 중요한 내용으로, 이에 대한 자세한 내용은 3장에서 별도로 살펴본다.

03 앞의 시가가 5억 원으로 확정됐다면 얼마까지 저가가 허용되는가?

저가 양도를 무작정 허용하면 조세회피와 부의 이전이 동시에 일어날 수 있다. 따라서 세법은 저가 양도와 양수에 해당하면 양도세와 취득세는 시가로 과세하며, 이익을 본 자에게는 증여세를 과세한다. 다만, 세법은 전자는 시가의 5%(3억 원), 후자는 30%(3억 원) 이상 차이가 나는 때만 이러한 규정을 적용한다. 즉, 5% 또는 30% 정도의 편차는 인정해 주고 있다.

04 저가 양도가 상속세 과세에 미치는 영향은?

저가 양도는 유상으로 매매하는 것인 만큼 상속세 합산과세 등을 적용받지 않는다. 이러한 점이 증여에 비해 좋은 점이 될 수 있다. 자세한 것은 뒤에서 순차적으로 살펴보자.

(Consulting)

가족 간의 저가 양도가 증가하는 이유를 정리해보면 다음과 같다.

① 시세보다 낮게 재산을 넘겨줄 수 있다	• 양수자의 재산증식 기회가 커진다. • 자금출처 입증금액이 줄어드는 효과도 누릴 수 있다.

▼

② 합산과세를 피할 수 있다	• 매매는 상속가액과 합산되지 않는다. • 이때 매매대금이 상속재산에 해당한다.

▼

③ 유류분 청구대상에서 제외될 수 있다	• 사전 증여한 재산은 유류분* 청구의 대상이 된다. • 사전에 매매한 재산은 유류분 청구의 대상이 되지 않는다(매매 대금이 남아 있기 때문이다).

* 상속인이 최소한 받을 수 있는 지분으로 통상 법정 상속지분의 1/2(직계존속은 1/3)이 된다.

※ 저가 양도의 장단점 요약

장점	단점
• 시가보다 저렴하게 부동산을 이전할 수 있다. • 자금출처 입증금액이 줄어든다. • 증여보다 취득세가 저렴할 수 있다. • 상속세나 증여세 합산과세를 피할 수 있다. • 유류분 청구대상에서 제외된다.	• 매매가를 정하기가 어렵다. • 사후적으로 시가가 밝혀지면 양도세, 취득 세, 증여세 추징문제가 발생한다. • 자금출처조사를 받을 가능성이 크다.

저가 양도는 다양한 효과를 누릴 수 있지만 거래가액을 잘 정해야 한다는 쟁점이 발생한다. 다음 사례를 통해 대략 알아보자.

L 씨와 그의 자녀는 다음과 같은 계획을 세웠다. 물음에 답하면?

자료

- L 씨의 부친은 시가 5억 원짜리 주택을 보유하고 있음.
- L 씨는 이 주택을 3억 원에 매수할 예정임.
- 대가는 정확히 지급할 예정임.

---

01 저가 양도를 하면 세법상 어떤 문제가 발생하는가?

저가 양도자와 양수자는 부당행위계산(시가의 5% 또는 차액 3억 원) 이상 차이가 나게 거래하면 양도세와 취득세가 시가로 과세되며, 저가 양수자에게는 증여세가 추가로 부과될 수 있다(시가의 30% 또는 차액 3억 원 이상).

02 세법상 문제가 없어지려면 앞의 거래금액은 얼마로 하는 것이 좋을까?

시가가 확인되면 시가의 5%, 30% 기준을 고려해 적정 금액을 도출한다. 실무적으로 엑셀 등을 이용해 시뮬레이션할 수 있다.

03 매매를 통해 재산이 이전되면 그 가액은 상속가액에 합산되는가?

아니다. 증여가 아니기 때문이다. 하지만 저가 양도분 중 증여가액이 있다면 이는 상속가액에 포함되는 것이 원칙이다(합산기간은 상속인은 10년, 상속인 외의 자는 5년이다. 이에 대해서는 뒤에서 자세히 살펴본다).

Tip 부동산 종류별 세법상 시가 확인하는 방법

구분		원칙	예외
아파트/입주권/주택분양권		동일단지 내 유사한 아파트 등의 매매가액	기준시가
단독주택		기준시가	–
연립주택		동일단지 유사한 연립주택의 매매가액	기준시가
비주거용 부동산	토지	인근의 유사한 토지의 매매가액	기준시가 (단, 일부는 감정가액)*
	상가 등	기준시가 또는 임대료 환산가액	기준시가 (단, 일부는 감정가액)*

* 비주거용 부동산인 나대지와 상업용 건물을 기준시가나 임대료 환산가액으로 증여세 등을 신고 시 과세당국에서는 감정평가를 받아 이의 금액으로 과세할 수 있는 제도가 시행 중이다(국세청의 감정평가사업). 다만, 모든 비주거용 부동산이 이에 해당하는 것은 아니며, 시가와 기준시가의 차이가 10억 원 이상이 되어야 한다. 부록을 참조하기 바란다.

아파트처럼 유사한 재산의 거래가액이 있는 경우에는 이 금액이 세법상 시가에 해당할 수 있으므로, 이 경우에는 시가 확인에 주의해야 한다. 기타 상가 등 비주거용 부동산은 유사한 재산이 존재하지 않는 경우가 많으므로 기준시가로 신고하는 때도 많다. 하지만 기준시가로 신고하면 과세당국에서 신고 후에 감정가액으로 경정할 수 있는 제도가 적용되고 있으므로 이에 주의해야 한다.

가족 간의 거래를
주저하는 이유

앞에서 본 것과 같이 가족 간 거래는 다양한 이유에서 시도되는 경우가 많다. 특히 이 중 상속세를 줄이는 관점에서 많은 시도를 한다. 그런데 현장에서 보면 가족 간 거래가 실익이 있을 수 있음에도 이를 주저하는 경우가 상당히 많다. 왜 그럴까? 이에는 분명 무슨 이유가 있을 것이다.

첫째, 돈이 많이 들어가기 때문이다.

가족 간의 거래를 시도할 때 주로 매매나 증여, 부담부 증여, 법인 등을 대안으로 두고 이 중 하나의 방법을 선택하는 경우가 많다. 하지만 이 중 하나를 선택했다고 하더라도 끝내 실행하지 못하는 것은 이러한 방법을 선택할 때 당장 현금이 유출되기 때문이다.

- 증여를 선택하면 → 증여세와 취득세, 각종 수수료*가 발생한다.
- 매매를 선택하면 → 양도세와 취득세, 각종 수수료*가 발생한다.
  이 외 양수자는 자금출처 입증 문제도 발생한다.

  * 국민주택 채권할인료, 등기 관련 수수료, 컨설팅 수수료 등을 말한다.

이러한 현실적인 문제로 대안을 선택하지 못한 채 시간만 흘려보내는 경우가 많다.

☞ 어떤 대안을 선택해 실행할 때는 미리 자금이 얼마나 소요되는지, 그리고 세무 위험 등은 없는지 등을 여러모로 검토해야 한다.

둘째, 대안을 잘못 선택하면 오히려 손해를 볼 수 있기 때문이다.

예를 들어 자녀에게 자금을 증여한 후에 부모의 부동산을 매매로 하는 것과 부모와 전세 계약을 체결한 후에 부담부 증여로 매매하는 것 중 어떤 대안이 좋을까? 아마 대부분 이에 관한 판단을 쉽게 내리기도 힘들뿐더러, 첫 번째 대안을 선택했더라도 실제로는 두 번째 대안이 더 좋을 수가 있다. 실제 이러한 일이 벌어지기 때문에 전문가가 추천하는 안도 쉽게 받아들여지기 힘든 것이 작금의 현실이다.

☞ 대안을 선택한 후 후회가 없기 위해서는 사전에 종합적인 검토가 필요하다.

셋째, 과세당국의 감시를 많이 받기 때문이다.

가족 간의 거래는 특수관계인 간의 거래로 소법, 지법, 상증법 등에서 수많은 규제 장치를 두고 있다. 그래서 세법을 종합적으로 살펴볼 수 있는 눈이 없다면 그야말로 신고 후에 좌불안석이 될 수밖에 없다. 과세관청은 주로 다음과 같은 문제를 집중 조명한다.

- 아파트를 기준시가로 신고하면 어떤 수를 써서라도 시가로 과세하려고 한다.
- 매매가액으로 신고하면 더 높은 매매가액을 찾아 과세하려고 한다.
- 가족으로부터 부동산을 매수하면 자금출처조사를 한다. 이때 미성년인 자녀가 취득한 경우 취득세에 대해 출처조사도 한다.
- 가족 간 매매나 증여 등에서 대출금이나 전세보증금을 승계받으면

이에 대한 사후관리를 진행해 수시로 점검한다.

- 가족 간에 증여 등을 거친 후 제3자에게 양도 시 인위적인 세 부담 감소행위가 발생했는지 점검한다.

📢 이 책은 가족 간의 거래에 앞서 다양한 세무상 위험을 찾아보고 그에 대한 예방법을 다루고 있다.

사례

K 씨는 다음과 같은 아파트를 자녀에게 증여하고자 한다. 이 경우 세법상 문제는?

> **자료**
>
> - 기준시가 5억 원
> - 최근 1년 전부터 거래된 흔적은 없음.
> - 1년 10개월 전 10억 원에 거래된 1건이 존재함.

이와 같은 상황에서 기준시가로 증여세를 신고하면 10억 원으로 신고가액이 경정될 수 있다. 왜 그럴까?

세법은 거래일로부터 소급해 2년의 전의 거래가액에 대해서도 시가로 볼 수 있도록 하고 있기 때문이다.*

* 물론 사례의 가격을 시가로 인정하기 위해서는 과세당국이 재산평가심의위원회를 통해 가격변동이 없었음을 입증해야 하는 전제조건이 있으나, 궁극적으로 이러한 위험에 처할 수 있음에 유의해야 한다. 이에 대한 자세한 해법은 부록에서 살펴본다.

> 📢 **돌발퀴즈!**
>
> **앞의 사례에서 시가가 밝혀지면 취득세에도 영향을 주는가?**
>
> 그렇다. 2023년부터 증여에 따른 취득세도 시가를 기준으로 과세하도록 하고 있기 때문이다.

대안은 어떻게 선택하는 것이 좋을까?

　부동산은 시장에서 거래되는 것이 좋지만 시장 분위기가 좋지 않으면 이를 피할 수 없는 것이 인지상정 같다. 그렇다면 현실적으로 어떤 절차를 통해 대안을 선택하는 것이 좋을까?

　첫째, 당면한 문제점을 분석한다.

　현재 재산을 소유한 자가 겪고 있는 문제점을 발견한다. 예를 들면 많은 상속세가 예상되는지, 보유세가 문제가 되는지 등이 그렇다. 이렇게 문제점이 예상되면 그에 대한 세금을 예측한다. 예를 들면 상속세의 경우 다음과 같다.

구분	금액	비고
상속가액	XXX	사전 증여가액 합산(5~10년)
− 상속공제	XXX	일괄공제, 배우자 상속공제 등
= 과세표준	XXX	
× 세율		10~50%
− 누진공제	XXX	
= 산출세액	XXX	

둘째, 대안을 찾아본다.

상속세를 줄이기 위해서는 다양한 방법이 있을 수 있다. 이를테면 자산을 소비해 규모를 줄이거나 부동산의 경우에는 처분 등을 통해 재산을 슬림화시킬 수도 있다. 이때 가족 간의 거래를 할 때는 다음과 같은 방법을 통해 할 수 있다.

• 증여, 매매, 부담부 증여, 법인 등

셋째, 대안별로 예상되는 세무상 쟁점을 파악한다.

앞과 같이 대안이 마련됐다면 모든 관련 세금의 크기를 비교해보고, 그에 대한 실현 가능성 유무와 제약조건 등을 확인한다.

구분	증여	부담부 증여			매매
		증여	양도	계	
증여세	XXX	XXX	XXX	XXX	XXX
양도세	XXX	XXX	XXX	XXX	XXX
취득세	XXX	XXX	XXX	XXX	XXX
계	XXX	XXX	XXX	XXX	XXX
세무상 쟁점 등	• 시가과세 • 이월과세	• 시가과세 • 이월과세	• 시가과세 • 저가 양도	–	• 시가과세 • 자금출처 • 저가 양도

(돋보기) 법인으로의 매매, 증여, 상속 등도 별도로 검토한다. 8장을 참조하기 바란다.

넷째, 종합의사결정을 내린다.

앞과 같이 대안별로 세금 크기 및 세무상 쟁점 등을 확인했다면 그중 하나를 선택한다.

다섯째, 실행한다.

대안 중 하나를 선택했다면 이에 대해 실행 절차에 들어간다. 매매와 증여의 경우를 살펴보자.

- 매매 : 계약서를 쓰고 자금을 집행하고 등기하고 세무신고를 한다.
- 증여 : 계약서를 쓰고 등기하고 세무신고를 한다.

사례

K 씨는 성년인 그의 자녀에게 주택을 이전하려고 한다. 다음 자료를 통해 이에 대한 물음에 답하면?

자료

구분	금액	비고
시가	2억 원	
기준시가	1.1억 원	• 2~3년 미만 보유
전세보증금	1억 원	• 비조정지역에 소재함.
취득가액	1억 원	

01 매매, 증여, 부담부 증여를 한다면 관련 세금은? 세금은 모두 시가를 기준으로 계산한다.

구분	증여*	부담부 증여**			매매***
		증여	양도	계	
증여세	2,000만 원	500만 원	–	500만 원	–
양도세	–	–	580만 원	580만 원	1,860만 원
취득세	700만 원	350만 원	100만 원	450만 원	200만 원
계	2,700만 원	850만 원	680만 원	1,530만 원	2,060만 원

* 증여
  - 증여세 : (2억 원-누진공제 5,000만 원)×20%-1,000만 원(누진공제)=2,000만 원
  - 취득세 : 2억 원×3.5%=700만 원
**부담부 증여
  - 증여세 : (1억 원-누진공제 5,000만 원)×10%=500만 원
  - 양도세 : [(1억 원-1억 원×1억 원/2억 원)-250만 원]×6~45%=5,865,000원
  - 취득세 : 1억 원×3.5%+1억 원×1%=450만 원
*** 매매
  - 양도세 : [(2억 원-1억 원)-250만 원]×6~45%=18,685,000원
  - 취득세 : 2억 원×1%=200만 원

이상의 결과를 보면 '증여 > 매매 > 부담부 증여' 순으로 세금이 점점 적어진다. 다만, 매매는 당사자 간의 합의에 따라 거래가액을 줄일 수 있으므로 상황에 따라서는 '증여 > 부담부 증여 > 매매' 순이 될 수 있다.

⑫ 대안별 세무상 쟁점은?

앞의 세 가지 대안의 경우 세법상 시가가 있는지를 정확히 파악해야 한다. 아파트처럼 시가가 존재하는 경우에는 시가로 신고해야 하기 때문이다. 한편 매매를 선택할 때는 양수자는 자금출처를 증명할 수 있어야 한다.

☞ 자금출처는 본인의 소득, 대출금이나 전세보증금 등 채무, 사전에 증여받은 재산 등으로 입증해야 하며, 만일 이에 대한 입증이 힘든 경우, 매매는 신중히 선택해야 한다.

⑬ 어떤 대안을 선택하는 것이 좋을까?

앞의 세 가지 대안 중 어떤 것이 우월한지 아닌지는 불분명하다. 개인이 처한 상황에 따라 그 내용이 달라지기 때문이다. 이에 대한 답은 이 책을 통해 찾아보길 바란다.

앞으로 상속과 증여에 대한 각종 세무 문제를 해결하고 절세전략을 마련하기 위해서는 기초지식이 있어야 한다. 기초가 약하면 더는 진전이 안 되는 것은 어느 분야나 같다. 다음에서 상속과 증여 그리고 매매의 성격을 비교해보고, 올바른 대안선택에 관한 내용을 정리해보자.

1. 상속과 증여 그리고 매매의 비교

다음과 같이 A의 재산이 있다고 하자. 재산은 크게 적극적인 재산과 소극적인 채무로 구분할 수 있다. 그렇다면 이 재산을 합법적으로 B로 가져오는 방법에는 어떤 것들이 있을까?

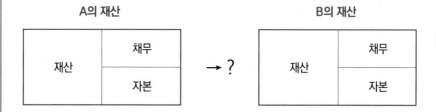

1) 적극적 재산의 이전방법

먼저 A의 재산을 가져올 방법을 생각해보자.

이에는 크게 매매와 증여 또는 상속이 있다. 그런데 이러한 재산의 이전방법 중 대가를 주고받으면 A와 B의 총재산 변동이 없다. A의 경우 특정한 재산을 주고 그에 대한 대가를 받기 때문이다. 따라서 가족 간에는 보통 매매가 아닌 상속이나 증여의 방법으로 재산이 한 사람에게서 다른 사람으로 이전되는 것이 일반적이다. 다만, 최근에는 증여에 대한 세금이 많이 증가하면서 증여 대신 매매를 선택하는 경우가 늘어나고 있다.

2) 소극적 재산(채무)의 이전방법

다음으로 채무를 이전하는 방법을 알아보자.

채무도 가족 간 매매나 증여 또는 상속 등을 통해 이전되는 경우가 많다. 매매의 경우 대출이나 전세보증금을 승계시키는 식으로, 증여는 채무를 인수하는 조건(부담부 증여)으로, 상속은 상속재산과 채무가 동시에 상속인에게 승계되는 식이 된다. 재산과 채무가 동시에 증여(이를 '부담부 증여'라 함)되는 경우에는 재산가액 중 채무를 제외한 금액에 대해서는 증여세가, 채무에 대해서는 양도세가 과세되는 것이 원칙이다.

💶 한편 앞의 재산과 채무는 법인에 매매나 증여, 상속 등의 방법으로 이전될 수 있다.

2. 합리적인 재산 이전방법의 선택

1) 무상으로 이전하는 방법

이상과 같이 재산 이전방법에는 여러 가지가 있다. 이러한 방법 중 받는 사람이 가장 선호하는 방법을 꼽으라면 그것은 다름 아닌 상속과 증여다. 둘 다 유상의 대가가 수반되지 않은 상태에서 공짜로 재산을 받기 때문이다. 그런데 상속과 증여에 대해서는 다른 세목과는 달리 세율이 꽤 높다. 본인이 노력해 일군 재산을 자녀 등에게 주는데 무슨 문제가 있어서 그럴까? 가만히 보면 상속과 증여행위는 법적으로 이를 제한시킬 수 없다. 정당한 재산권 행사에 해당하기 때문이다. 하지만 이런 행위를 아무런 제재 없이 내버려두면 부의 대물림이 심화되고 사회의 부가 소수에게 편중될 수 있다. 따라서 이런 문제점을 해결하고자 상당히 많은 세금을 부과하고 있다.

2) 유상으로 이전하는 방법

가족 간 부동산을 이전하는 방법 중 증여가 손쉬우나, 최근 취득세 등이 인상되고 상속재산에 합산과세가 되는 등의 부작용이 발생함에 따라 그 대안으로 '매매' 형식으로 재산을 이전하는 경우가 늘어나고 있다. 가족 간에 매매하면 일정 부분 거래가액을 낮출 수 있는 한편, 앞의 문제점 등을 예방할 수 있기 때문이다. 다만, 양수자가 자금 능력이 약한 경우에는 매매방식을 동원하기가 힘들 수 있다. 그래서 그 대안으로 증여와 채무를 결합한 부담부 증여방식이 동원되기도 한다.

Tip 상속 대 증여 대 양도(법인 포함)의 합산과세 등 비교

앞으로 상속이나 증여에 대한 세무 문제를 잘 다루기 위해서는 양도라는 변수도 같이 보는 것이 좋다. 법인도 마찬가지다.

구분	상속	증여	양도	부담부 증여
개념	사후에 재산의 무상이전	생전에 재산의 무상이전	생전에 재산의 유상이전	증여와 양도를 동시에 진행
상증세 합산과세	증여분 : 상속 합산과세(10년, 상속인 외의 자는 5년)	동일인 증여분 : 증여 합산과세 (10년)	-	증여분 : 상속 또는 증여 합산과세 (10년 등)
유류분	-	청구대상	-	증여분 : 청구대상

※ 법인이 상속, 증여, 매매를 통해 부동산을 취득한 경우

구분	상속	증여	양도	부담부 증여
개념	법인의 상속	법인이 수증	법인에 양도	법인이 수증 (채무 인수)
상증세 합산과세	증여분 : 상속 합산과세(5년)	-**	-	-
유류분*	-	청구대상	-	증여분은 청구대상

* 유류분 청구대상에 양도는 포함되지 않는다. 물론 저가 양도나 가장 양도 시 증여세가 나올 수 있는데 이때는 청구대상에 포함된다고 해석된다.

** 법인이 증여를 여러 차례 받아도 증여 합산과세는 하지 않는다. 어차피 법인세로 과세되기 때문이다.

제 **2** 장

가족 간 거래에
필요한 부동산 세금
기초지식 쌓기

부동산 거래 시
발생하는 세금들

가족 간에 부동산을 거래하면 다양한 세무상 쟁점이 발생한다. 그런데 이에 대한 문제점을 한눈에 파악하는 것이 녹록지 않다. 규제제도가 거미줄처럼 얽혀 있기 때문이다. 실제 가족 간에 매매, 증여, 부담부증여, 상속, 법인 중에서 어떤 방법을 선택했는지에 따라 그에 적용되는 제도 자체가 달라진다. 이러한 이유로 가족 간의 거래 시 세무처리에 어려움을 겪는 경우가 상당히 많다. 이러한 관점에서 가족 간 부동산 거래 시 마주하게 될 기본적인 세제부터 정리해보고자 한다.

1. 취득세

취득세는 부동산을 취득(유·무상 불문)함에 따라 과세되는 지방세에 해당한다. 이의 과세표준은 원칙적으로 시가를 기준으로 하나, 상속의 경우와 일부 증여에 대해서는 시가 표준액으로 하고 있다. 세율은 1~12%까지 광범위하게 적용되고 있다.

※ 취득세 요약

구분		유상취득		무상취득	
		일반(비특수관계)	가족(특수관계)		
			매매	상속	증여
과세표준	원칙	실거래가액	좌동	시가 표준액	시가 인정액*
	예외		시가 인정액*		시가 표준액**
세율		1~12%***	1~12%***	2.8%	3.5~12%***

* 시가 인정액은 평가기간 내의 매매가액, 감정가액 등을 포함한다.

** 증여도 시가 인정액으로 하나 시가 인정액이 불분명하거나 시가 인정액이 1억 원 이하면 시가 표준액을 과세표준으로 한다.

*** 2024년 중에 세율이 변경될 가능성이 있다.

💰 가족 간의 거래를 통해 부동산을 취득하면 실제 취득가액(상속은 시가 표준액)의 1~12%까지 취득세가 발생한다. 상당히 중요한 세목에 해당한다.

2. 보유세

보유세는 부동산을 보유할 때 부과되는 세금으로 크게 재산세와 종부세를 말한다. 전자는 지방세, 후자는 국세에 해당한다. 가족 간의 거래에 따라 보유세 관계가 일정 부분 변할 수 있다.

구분	재산세	종부세
과세기준일	매년 6월 1일	좌동
과세표준	기준시가 × 공정시장가액비율*	(기준시가 − 공제액) × 공정시장가액비율*
세율	• 주택 : 0.1~0.4% • 건물 : 0.25~4.0% • 토지 : 0.07~4.0%	• 주택 : 0.5~5.0% • 건물 : 0%(토지는 별도로 과세됨) • 토지 : 0.5~3.0%
신고·납부	7월, 9월	12월

* 공정시장가액비율이란 일종의 세 부담 완충장치로 매년 정부에서 정하고 있다. 60~70% 선에서 결정되고 있다.

보유세 부담이 상당히 큰 경우에는 재산분산을 시도할 수 있다. 이때 가족 간에 거래하는 때도 있다. 예를 들어 주택 종부세는 개인별로 3주택 이상 보유하면서 과세표준이 12억 원(기준시가로 환산 시 대략 30억 원) 이상 시 중과세율(2~5%)이 적용되는데 이런 층에서 재산분산이 필요할 수 있다.

3. 종합소득세

종합소득세는 근로소득이나 사업소득 등을 합산해 6~45%로 과세하는 세금을 말한다. 임대소득도 사업소득에 포함된다. 임대소득은 크게 주택과 주택 외로 구분해 살펴볼 수 있다.

구분	원칙	예외
주택	연간 2,000만 원 초과 시 종합과세	연간 2,000만 원 이하 시는 종합과세와 분리과세 중 선택
주택 외	수입금액 불문 종합과세	–

상가 등 상업용 부동산을 임대하면 임대소득세가 많이 나올 수 있다. 그런데 이러한 부동산은 향후 상속세가 많이 나올 가능성이 크다. 이러한 상황에서는 당장 임대소득세뿐만 아니라 상속세의 절감을 위해 가족 간의 매매나 증여, 부담부 증여 등을 통해 재산분산을 시도하는 경우가 많다.

4. 양도세

양도세는 부동산을 처분했을 때 발생하는 소득에 부과되는 세금을 말한다. 다만, 양도세는 과세가 원칙이나 1세대 1주택으로 비과세 요건을 갖춘 경우라면 비과세도 가능하다.

1) 비과세

구분	내용	비고
1세대 1주택	2년 보유 및 거주	양도일(잔금) 현재를 기준으로 비과세 판단을 함.
1세대 1주택의 특례	• 일시적 2주택 • 상속·합가·농어촌주택 등 +일반주택(2주택)	
일시적 3주택	상속주택 등 + 일시적 2주택(3주택 이상)	

🈷 2년 이상 보유한 1세대 1주택(일시적 2주택)을 자녀에게 양도하면 비과세를 받을 수 있다. 이때 세법에서 허용한 범위 내에서 저가로 양도하면 자금이 덜 소요되는 상태에서 부동산을 이전할 수도 있다.

2) 과세

구분	내용	비고
양도차익	양도가액– 취득가액	이월과세 적용 시 취득가액을 증여자의 것으로 함.
과세표준	양도차익-각종 공제	
세율*	• 일반세율 : 70%, 60%, 6~45% • 중과세율 : 6~45%+10~30%P	지방소득세 별도
감면	조특법에 규정된 바에 따름.	

* 2024년 중에 세율이 변경될 가능성이 있다.

🈷 가족 간의 거래로 취득한 부동산을 양도할 때 이곳에서 다양한 쟁점들이 파생한다. 대표적인 것이 바로 이월과세라는 제도다. 이 제도는 양도가액에서 차감되는 취득가액을 증여 당시의 가액이 아니라 당초 증여자가 취득한 가액으로 해서 세 부담을 늘리는 제도에 해당한다.

5. 상속·증여세

상속세는 개인의 사망 등의 원인으로 이전되는 재산에 부과되는 세금이며, 증여세는 살아생전에 무상으로 이전되는 재산에 부과되는 세금이다. 상속세와 증여세는 거의 유사한 구조로 과세되며 이들의 세율은 각각 10~50%로 같다. 이들을 정리하면 다음과 같다.

구분	상속세	증여세
과세 대상	상속재산(자산-채무)	증여재산
과세표준	상속재산 – 상속공제*	증여재산 – 증여공제**
세율	10~50%	10~50%

* 배우자 생존 시 10억 원, 부존 시 5억 원을 최소한 적용한다.

** 배우자 6억 원, 성년자 5,000만 원을 적용한다.

부동산을 상속한 경우에는 시가로 과세되는 것이 원칙이며 이외에는 별다른 규제사항이 없다. 그 대신 각종 공제 등을 통해 세 부담을 줄여주는 제도가 많이 발달해 있다. 한편 증여는 인위적으로 부동산을 이전하는 것에 해당하므로 시가과세는 물론이고, 증여를 통해 양도하면 다양한 규제를 하고 있다. 대표적으로 취득가액 이월과세가 이에 해당한다. '증여 → 10년 내 양도'의 형식을 취해 전체적인 세 부담을 줄일 수 있기 때문이다.

6. 법인세

법인은 법인등기로 설립된 인격체로 주주가 중심이 되어 운용되는 회사를 말한다. 법인이 개인과 거래하면 법인에는 법인세와 취득세가, 그 법인의 주주에게는 증여세 등이 부과될 수 있다.

구분	법인	주주
상속	법인세, 취득세(2.8%)	상속세(10~50%)
증여	법인세, 취득세(1~12%)	증여세(10~50%)
매매	취득세(1~12%)	증여세(저가 매수)

최근에는 법인을 통해 부동산을 거래하는 행위들도 많아지고 있다. 예를 들어 개인 대신 법인이 상속 또는 증여를 받거나 법인이 매수하는 식이 된다. 따라서 이 책의 독자들은 가족 간 거래수단의 하나로 법인도 있음을 알아두고, 이에 대한 지식을 갖춰두는 것이 좋을 것으로 보인다(8장 참조).

Tip 부담부 증여

부담부 증여는 증여재산에 담보된 채무와 함께 증여하는 것을 말한다. 이 경우 채무는 유상취득으로, 나머지는 무상취득에 해당하므로 다음과 같이 세금이 발생한다.

증여자	수증자		
양도세	증여세	유상취득세	증여취득세
양도가액(채무)	증여가액(시가-채무)		
- 취득가액* 등		양도가액(채무)	증여가액(시가-채무)
= 양도차익	- 증여공제		
- 공제			
= 과세표준	= 과세표준	= 과세표준	= 과세표준
× 세율(일반, 중과)	× 세율(10~50%)	× 세율(1~12%)	× 세율(3.5~12%)
= 산출세액	= 산출세액	= 산출세액	= 산출세액

* 증여가액이 기준시가, 임대료 환산가액, 임대보증금 등으로 결정됨에 따라 양도가액이 이의 금액으로 결정되면, 취득가액은 취득 당시의 기준시가가 됨에 유의해야 한다(6장 참조).

부담부 증여는 증여와 양도가 결합한 거래방식으로 증여와 양도의 장단점이 결합해 있다. 가족 간의 거래유형을 선택할 때 그 대안으로 검토의 대상이 된다.

가족 간 거래에서 파생하는
세무상 쟁점들

앞의 내용을 토대로 거래유형별로 세금 문제를 정리하면 가족 간의 세금 문제도 그리 어렵지 않다고 느껴질 수 있다. 예를 들어 가족 간 매매 시 양도자와 양수자에게 양도세와 취득세가 어떤 식으로 과세되는지만 점검하면 되기 때문이다. 하지만 현실은 그렇지 않다. 일반적인 거래보다 챙겨야 할 것들이 상당히 많기 때문이다. 그 이유는 무엇일까?

(Case)

L 씨는 다음과 같은 계획을 세웠다. 물음에 답하면?

- L 씨의 부친은 시가 5억 원짜리 주택을 보유하고 있음.
- L 씨는 이 주택을 3억 원에 매수할 예정임.
- 대가는 정확히 지급할 예정임.

01 양도자에게 적용되는 규정은?

양도자는 특수관계인에게 세법상의 시가보다 낮은 가액으로 양도하면 양도세가 줄어든다. 이에 소법은 시가보다 5%(또는 차액 3억 원) 이상 차이가 나면 부당행위계산을 적용해 이 거래를 부인하고 시가로 과세를 한다. 따라서 사례의 경우 시가가 확인된 경우에는 5억 원을 양도가액으로 보아 양도세를 재계산할 수 있다. 물론 시가가 확인되지 않으면 이러한 제도를 적용하기 힘들다.

02 양수자에게 적용되는 규정은?

양수자는 우선 취득세를 부담하는데 이때 시가보다 저가로 양수하면 취득세가 적게 나온다. 이에 지법은 앞의 소법처럼 5% 이상 등의 차이가 나면 시가에 맞춰 취득세를 부과할 수 있다. 물론 시가가 확인되지 않으면 해당 거래금액을 인정할 수밖에 없을 것이다. 한편 저가 양수에 따른 증여세 문제가 있다. 이 경우 거래금액이 시가의 30%(또는 차액 3억 원) 이상 벌어지면 증여세가 과세되는데, 이 역시 시가가 확인되지 않으면 과세될 일은 없다.

03 만일 대가관계가 확인되지 않으면 앞의 내용은 어떻게 변경되는가?

대가관계가 확인되지 않으면 이는 사실상 증여를 매매로 가장한 것에 해당한다. 따라서 이 경우 증여에 해당해 다음과 같은 세금 관계가 형성된다.

구분	양도자	양수자
양도세	-	-
취득세	-	증여 취득세
증여세	-	증여세 과세

(Consulting)

가족 간의 거래 시에는 조세회피가 발생할 가능성이 크다. 그래서 거래 당시뿐만 아니라, 거래 후에도 다양한 규제 장치가 있다. 이러한 내용을 요약하면 다음과 같다.

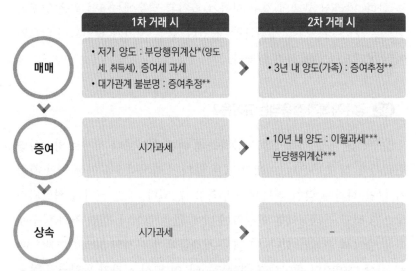

	1차 거래 시	2차 거래 시
매매	• 저가 양도 : 부당행위계산*(양도세, 취득세), 증여세 과세 • 대가관계 불분명 : 증여추정**	• 3년 내 양도(가족) : 증여추정**
증여	시가과세	• 10년 내 양도 : 이월과세***, 부당행위계산***
상속	시가과세	–

* 가족에게 저가로 양도하면 소득세와 취득세가 줄어들며, 편법으로 부가 이전된다. 이에 세법은 전자에 대해 소법과 지법은 부당행위계산, 후자에 대해서는 상증법에서 증여세제도를 적용한다.

** 가족 간 매매를 한 경우에 대가관계가 입증되지 않으면 증여로 보는 제도를 말한다.

*** 증여로 받은 부동산을 10년(2022년 이전 증여분은 5년) 이내에 양도하면서 세 부담이 줄어든 경우에 적용되는 제도를 말한다. 이에는 대표적으로 이월과세와 부당행위계산제도가 있다.

실전연습

K 씨는 현재 다음과 같이 2주택 등을 보유 중이다. 이 중 A 주택을 자녀에게 이전하고자 한다. 물음에 답하면?

> **자료**
> - A 아파트 : 시세 7억 원, 기준시가 4억 원임. 최근 6개월 이전에 거래된 가액은 없음.
> - B 단독주택 : 시세 10억 원, 기준시가 6억 원임.
>   – 두 주택 모두 조정지역에 소재함.

Q1 A 아파트의 시가는 어떻게 정해야 하는가?

가족 간에 거래할 때 가장 먼저 확인할 것은 시가다. 그런데 사례처럼 거래가액이 없는 경우에는 기준시가를 선택할 수밖에 없다. 다만, 평가 기준일* 이후에 매매가액 등이 발생하면 이 가액이 시가로 바뀔 수 있다. 또한, 기준시가로 신고한 경우 과세당국에서 매매가액을 찾아 이의 금액으로 신고가액을 경정하는 때도 있다. 따라서 사례의 아파트 시가는 7억 원으로 보는 것이 합리적이다.

* 매매는 양도일과 취득일, 증여는 증여일, 상속은 상속개시일을 말한다.

Q2 A 아파트에 대한 감정가액은 5억 원이다. 이 금액을 기준으로 거래하면 Q1에 대한 문제점이 치유되는가?

그렇다. 감정가액이 최우선으로 적용되기 때문이다.

Q3 A 아파트를 자녀에게 증여하면 증여세와 취득세는 얼마나 예상되는가? 이때 감정가액으로 신고한다고 하자.

구분	증여세	취득세
과세표준	4억 5,000만 원(5억 원-5,000만 원)	5억 원
세율	20%(누진공제 1,000만 원)	12%
산출세액	8,000만 원	6,000만 원

04 증여받은 아파트를 자녀가 양도하면 아무런 문제가 없는가? 단, 자녀는 증여받은 후 1세대 1주택으로 2년 이상 보유 및 거주했다.

증여받은 아파트는 자녀의 소유가 된다. 그런데 세법은 증여받은 부동산을 10년 이내에 양도 시 이월과세 또는 부당행위계산을 적용한다. 전자는 양도세가 과세되는 상황에서 후자는 전자가 적용되지 않는 상황에서 적용된다. 따라서 사례는 다음과 같이 세제가 적용된다.

- 이월과세는 적용되지 않음 → 1세대 1주택 비과세가 성립되기 때문임(단, 고가주택의 양도차익은 이월과세가 적용됨. 78, 202페이지 등 참조).
- 부당행위계산은 적용됨 → 가족 간의 거래를 통해 세 부담이 축소됐기 때문임. 단, 이 경우 해당 소득이 양수자인 자녀에게 귀속되면 이 제도를 적용하지 않음.

05 만일 자녀는 A 아파트를 증여 대신 시가에 맞춰 매수했고 이후 1세대 1주택 비과세 요건을 갖춰 이를 양도했다면 비과세 받는 데 아무런 제한을 받지 않는가?

그렇다. 이 경우에는 증여가 아닌 정상적으로 매수를 했으므로 조세회피의 가능성이 그리 크지 않다. 따라서 해당 주택은 제한 없이 비과세가 가능하다.

참고로 자녀가 매수한 부동산을 매수일로부터 3년 이내에 가족에게 재차 양도하는 경우에는 증여추정을 적용한다. 증여추정은 대가관계를 입증하지 못하면 증여세를 과세하는 제도를 말한다. 물론 대가관계가 확실하다면 이 규정을 적용하지 않는다.

Tip 가족 간 거래 시 주의해야 할 내용

• 어떤 거래유형을 선택하더라도 세법상 시가*를 먼저 확인해야 한다.

• 매매를 선택할 때는 시가 대비 저가(또는) 매매에 해당하는지를 확인해야 한다. 물론 이때 자금출처 입증도 중요하다.

• 증여를 선택할 때는 시가 확인은 물론이고, 증여받은 부동산의 양도 시 이월과세제도에 주의해야 한다.

* 국세청 등은 다음과 같은 식으로 시가를 확인한다.

  – 감정가액으로 신고한 경우 → 적정하게 평가됐으면 문제로 삼지 않는다.

  – 매매가액(아파트)으로 신고한 경우 → 매매가액이 잘 선정됐는지를 점검한다. 여러 유사매매 가액이 있는 경우 기준시가의 차이가 가장 작은 것을 우선한다(과세당국의 편의적인 발상).

  – 기준시가(또는 임대료 환산가액)로 신고한 경우 → 추정시가와 기준시가 등과의 차이가 10억 원 이상인 경우 국세청이 감정평가를 받아 이의 금액을 재산평가심의위원회에다 심의를 요청해 그 결과에 따른 가액을 시가로 보아 신고가액을 경정한다(납세자의 재산권이 부당하게 침해되는 결과를 낳게 됨).

취득세 기초지식 1 :
취득의 개념과 납세의무자

가족 간의 거래를 통해 발생하는 취득세도 일반적인 매매와는 달리 다소 복잡하다. 가족 간의 거래유형에 증여나 상속, 부담부 증여, 법인 같은 형태도 있기 때문이다. 따라서 가족 간의 거래를 할 때는 취득세를 제대로 공부해야 한다. 특히 최근 증여에 따른 취득세 부담도 상당히 커지고 있으므로 이 부분을 놓쳐서는 안 된다. 취득의 개념, 납세의무자, 부당행위계산 등부터 정리해보자.

1. 취득의 개념

지법 제6조 제1호에서는 취득을 '매매, 교환, 상속, 증여, 기부, 법인에 대한 현물출자, 건축, 개수, 공유수면의 매립, 간척에 의한 토지의 조성 등과 그 밖에 이와 유사한 취득으로서 원시취득, 승계취득 또는 유상·무상의 모든 취득'으로 정의하고 있다.

🔑 이에 따라 부동산의 매매, 교환, 상속, 증여 등도 취득세 과세 대상이 된다.

2. 납세의무자

원래 취득세의 납세의무자는 앞의 취득유형에 따라 부동산을 취득한 자(개인과 법인)를 말한다. 그런데 여기서 몇 가지 주의해야 할 것이 있다.

1) 배우자 또는 직계존비속이 부동산을 취득한 경우

배우자 등이 가족으로부터 부동산을 취득하면 지방세법은 이를 증여로 취득한 것으로 본다(지법 제7조 제11호). 다만, 유상으로 취득했음이 입증되면 유상취득으로 본다. 이때 공·경매, 교환 또는 다음과 같이 대가를 지급하는 사실이 입증되어야 한다.

- 그 대가를 지급하기 위한 취득자의 소득이 증명되는 경우
- 소유재산을 처분 또는 담보한 금액으로 해당 부동산을 취득한 경우
- 상속 또는 수증 재산의 가액으로 그 대가를 지급한 경우
- 앞의 경우에 준하는 것으로서 취득자의 재산으로 그 대가를 지급한 사실이 입증되는 경우

📌 여기에서의 쟁점은 소득 능력이 없는 배우자나 자녀 등이 가족으로부터 부동산을 매수하면 증여에 대한 취득세가 부과될 수 있다는 것이다. 따라서 가족 간의 매매 시에는 반드시 소득 능력이 있는지를 확인해야 한다.

2) 부담부 증여로 취득한 경우

증여자의 채무를 인수하는 부담부 증여의 경우 그 채무는 부동산을 유상으로 취득한 것으로 보게 되나, 이때 배우자나 직계존비속으로부터 부담부 증여를 받은 경우 앞의 1)과 같은 식으로 해석해 전체 금액을 증여로 볼 수 있다(지법 제7조 제12항).

3. 부당행위계산

가족 간에 부동산을 유상거래(매매 또는 교환을 말함)하면서 취득세를 부당하게 감소시키는 것으로 인정(부당행위계산)되면 시가 인정액으로 취득세를 계산할 수 있다(지법 제10조의 3). 이때 부당행위계산의 유형은 특수관계인으로부터 시가 인정액보다 낮은 가격으로 부동산을 취득한 경우로서 시가 인정액과 사실상 취득가격의 차액이 3억 원 이상이거나 시가 인정액의 100분의 5에 상당하는 금액 이상인 경우로 한다.

👉 고가로 취득한 금액에 대해서는 조세감소가 없었으므로 이 규정을 적용하지 않는다.

취득세 기초지식 2 : 취득세 과세표준과 취득세율

앞에서 본 내용을 바탕으로 가족 간 거래유형에 따른 취득세 과세방식을 알아보자. 취득세는 원칙적으로 과세표준에 1~12%의 세율이 적용된다. 그런데 이때 거래유형에 따라 과세표준이 다양하게 결정되며 세율 또한 차이가 난다. 이러한 취득세 과세방식은 가족 간의 거래유형 선택에 매우 중요한 역할을 하고 있다.

1. 매매

취득세에서 매매는 부동산을 유상으로 취득한 것을 말한다. 비특수관계와 특수관계로 나눠 취득세 과세표준과 세율을 살펴보자.

구분	비특수관계	특수관계
납세의무자	취득자	취득자
과세표준	사실상의 취득가액	좌동 단, 부당행위계산* : 시가 인정액**

구분	비특수관계	특수관계
세율	1~12%***	좌동****

* 부당행위계산은 특수관계인으로부터 시가 인정액보다 낮은 가격으로 부동산을 취득한 경우로서 시가 인정액과 사실상 취득가격의 차액이 3억 원 이상이거나 시가 인정액의 100분의 5에 상당하는 금액 이상인 경우로 한다.

** 취득일 전 6개월부터 취득일 후 3개월 이내의 기간(평가기간)에 취득 대상이 된 부동산에 대해 매매, 감정, 경매 또는 공매한 사실이 있는 경우의 그 가액을 말한다.

*** 구체적인 세율은 다음 Tip에서 살펴보자.

**** 가족 간의 매매 시 양수자가 소득 능력이 없는 경우에는 증여로 본다. 따라서 이 경우에는 증여취득에 따른 세율이 적용될 수 있다.

2. 증여

가족으로부터 부동산을 증여받으면 다음과 같이 취득세 과세표준과 세율이 결정된다.

구분	원칙	예외
과세표준	시가 인정액	시가 표준액 : 시가 인정액이 불분명하거나 시가 표준액이 1억 원 이하인 경우*
세율	3.5%	주택 : 3.5~12%**

* 증여의 경우 시가 인정액이 없거나 시가 표준액이 1억 원 이하일 때만 시가 표준액을 과세표준으로 할 수 있다.

** 시가 표준액 3억 원 이상인 조정지역 내의 주택을 증여받으면 12%가 적용된다(단, 증여자가 1세대 1주택인 경우에는 제외한다).

3. 부담부 증여

부담부 증여는 채무와 함께 증여하는 것을 말하는데, 이때 다음과 같은 식으로 취득세가 과세된다.

1) 시가 인정액이 있는 경우

시가 인정액 중 채무는 유상취득, 나머지는 증여취득으로 구분해 취득세를 부과한다.

2) 시가 인정액이 없는 경우

시가 인정액이 없는 경우에는 부득이하게 시가 표준액(기준시가)으로 할 수밖에 없다. 이때는 다음과 같은 방식으로 취득세가 과세된다.

① 시가 표준액 > 채무 : 채무는 유상취득, 나머지는 증여취득으로 구분해 취득세를 부과한다.
② 시가 표준액 < 채무 : 채무에 대해서만 유상취득으로 본다.

※ 부담부 증여취득세

구분	유상취득	무상취득
시가가 있는 경우	채무×1~12%	(시가 − 채무)×3.5~12%
시가가 없는 경우		(시가 표준액 − 채무)*×3.5~12%

* 채무 > 시가 표준액인 경우 무상취득에 대해서는 취득세가 발생하지 않는다.

🔔 소득 능력이 안 되는 배우자 또는 직계존비속에게 전세보증금이 낀 상태에서 부담부 증여를 하면 전체 금액을 증여로 볼 가능성이 있다.

4. 상속

부동산을 상속으로 취득한 경우 취득세 과세표준과 세율은 다음과 같이 결정된다. 상속은 부득이한 취득이므로 시가가 아닌 시가 표준액에 대해 세율을 낮게 적용한다.

구분	원칙	예외
과세표준	시가 표준액	-
세율	2.8%	0.8%(상속받은 주택이 1가구 1주택에 해당하는 경우)

5. 법인

이는 부동산을 법인이 매매나 상속으로 취득한 것을 말한다. 이때 주요 쟁점은 취득세 과세표준과 세율의 크기다.

구분	과세표준	세율
매매	사실상의 취득가액 (부당행위계산 : 시가 인정액)	1~12%
증여	시가 인정액	3.5~12%
상속	시가 표준액	2.8%

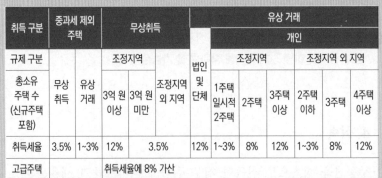

Tip 신규주택 적용 취득세율

취득 구분	중과세 제외 주택		무상취득			유상 거래							
						법인 및 단체	개인						
규제 구분			조정지역				조정지역			조정지역 외 지역			
총소유 주택 수 (신규주택 포함)	무상취득	유상거래	3억 원 이상	3억 원 미만	조정지역 외 지역		1주택 일시적 2주택	2주택	3주택 이상	2주택 이하	3주택	4주택 이상
취득세율	3.5%	1~3%	12%	3.5%		12%	1~3%	8%	12%	1~3%	8%	12%
고급주택	취득세율에 8% 가산											

* 주택 수 산정방법 및 세율 적용법 등은 저자의 《부동산 세무 가이드북 실전편》, 《2024 확 바뀐 부동산 세금 완전분석》 등을 참조하기 바란다.

양도세 기초지식 1 : 양도의 범위와 양도 시기 등

가족 간의 거래에서 가장 많은 쟁점이 생기는 세목은 다름 아닌 양도세다. 비과세부터 중과세 그리고 감면제도가 동시에 적용되는 것도 복잡한데, 가족 간에 상속이나 증여, 매매 등을 거치면서 이러한 과세방식이 다양하게 변동하기 때문이다. 따라서 이에 대한 세금 체계를 이해하기 위해 이에 대한 기초지식부터 쌓을 필요가 있다. 먼저 양도의 범위와 양도 시기 등부터 알아보자.

1. 양도의 범위

양도는 자산에 대한 등기 또는 등록과 관계없이 매도, 교환, 법인에 대한 현물출자 등을 통해 그 자산을 유상으로 사실상 이전하는 것을 말한다.

☞ 가족 간에는 매도, 교환 등이 발생한다. 참고로 양도는 '유상'이 전제되므로 만일 이 부분이 확인되지 않으면 양도가 아닌 증여로 보게 된다.

2. 양도세 과세 대상

양도세 과세 대상에는 다음과 같은 것들이 포함된다.

- 부동산(토지와 건물)
- 부동산에 관한 권리[부동산을 취득할 수 있는 권리(주택분양권, 입주권), 지상권, 전세권과 등기된 부동산 임차권]
- 기타자산(부동산 등과 함께 양도하는 영업권, 시설물 이용권, 특정 주식, 신탁의 이익을 받을 권리 등)

이러한 과세 대상 중 부동산과 부동산을 취득할 수 있는 권리(입주권, 분양권), 시설물 이용권에 대해서는 취득가액 이월과세가 적용된다. 이의 적용대상이 아닌 양도세 과세 대상 자산에 대해서는 부당행위계산이 적용된다.

3. 양도 시기 또는 취득 시기

1) 양도차익 계산 시

자산의 양도차익을 계산할 때 그 취득 시기 및 양도 시기는 대금을 청산하는 날이 원칙이지만, 다음과 같은 예외적인 경우도 있다(소법 98조).

- 대금청산 전에 소유권이전 등기를 한 경우 : 등기접수일
- 상속·증여로 취득한 경우 : 상속이 개시된 날 또는 증여를 받은 날*

  * 취득가액 이월과세 적용 시 증여자가 취득한 날을 기준으로 양도차익을 계산한다.

2) 장기보유특별공제 적용 시

자산의 양도차익에 대해 6~80%를 공제할 때의 보유기간은 해당 자산의 취득일부터 양도일까지로 계산한다. 다만, 다음과 같은 예외적인 경우가 있다(소법 제95조 제4항).

- **취득가액 이월과세*가 적용되는 경우 : 증여한 배우자 또는 직계존비속이 해당 자산을 취득한 날부터 계산한다.**

  * 증여받은 부동산을 수증일로부터 10년 이내에 양도 시 취득가액을 당초 증여자의 것으로 하는 제도를 말한다.

※ 장기보유특별공제 요약

구분	내용
1세대 1주택	3년 이상 보유 12%부터 매년 4%씩 추가 공제하며 10년 이상은 40% 한도로 공제하고, 3년 이상 거주 12%(다만 보유기간 3년 이상자 중 2년 이상 거주는 8%)부터 매년 4%씩 추가 공제하며 10년 이상은 40% 한도로 공제(소법 제95조 제2항 표2) ▶ 2년 미만 거주 시에는 6~30%가 적용된다.
1세대 1주택 외	3년 이상 보유 6%부터 매년 2%씩 추가 공제하며 15년 이상은 30% 한도로 공제(소법 제95조 제2항 표1)
장기보유특별공제 적용 배제	보유기간 미충족 또는 미등기 양도자산, 중과대상 다주택 등에 해당해 장기보유특별공제가 배제되는 경우
장기일반 민간임대주택 (조특법 제97조의 3)	10년 이상 계속 임대한 후 양도하는 경우 임대기간에 발생한 소득의 70% 공제(8년 이상은 50%)
장기임대주택 (조특법 제97조의 4)	6년 이상 임대한 후 양도하는 경우 소법 제95조 제2항 표1의 공제율에 임대기간 6년 이상부터 매년 2%씩 추가공제(총 40%)

3) 세율 적용 시

세율 적용 시 보유기간은 해당 자산의 취득일부터 양도일까지로 한다. 다만, 다음 각 호의 어느 하나에 해당하는 경우에는 각각 그 정한 날을 그 자산의 취득일로 본다(소법 제104조 제2항).

- 상속받은 자산 : 피상속인이 그 자산을 취득한 날
- 취득가액 이월과세가 적용되는 자산 : 증여자가 그 자산을 취득한 날

※ 양도세율 등 현황

구분		내용	비고
양도세	1. 주택/입주권 양도세 세율	70%, 60%, 6~45%	보유기간에 따라 달라짐.
	2. 주택 중과세율	Max[위 단기 세율, 6~45%+20~30%P]	• 양도 시 조정지역(현 강남구 등 4곳)에 한함. • 입주권은 중과배제 • 2년 이상 보유한 주택 2024년 5월 9일까지 중과배제(2025. 5. 9 연장됨)
	3. 주택분양권 세율	70%, 60%	조정지역 불문
	4. 토지/상가 세율	50%, 40%, 6~45%	토지 중과세율 : Max[좌 단기 세율, 6~45%+10%P]
	5. 오피스텔 세율	• 주택 : 위 주택 세율 적용 • 비주택 : 위 상가 세율 적용	주거용 오피스텔인지 아닌지는 사실 판단사항임(단, 지방세는 형식판단).
양도세 외	1. 부동산 매매업	• 양도세 중과세 : 비교과세 [Max(양도세, 소득세)] • 양도세 일반과세 : 일반과세 (6~45%)	양도세 중과세 미적용 시 매매업 이점이 강화됨.
	2. 부동산 관련 법인	• 주택 : 추가과세(20%) • 비사업용 토지 : 추가과세 (10%)	양도세와 무관하게 주택/비사업용 토지면 추가과세를 적용함.

4. 양도세 비과세

1) 비과세양도소득의 범위

현행 소법 제89조에서는 다음과 같은 소득을 비과세양도소득으로 하고 있다.

- 파산선고에 의한 처분으로 발생하는 소득
- 농지의 교환 또는 분합(分合)으로 인하여 발생하는 소득
- 1세대 1주택(1세대가 1주택을 양도하기 전에 다른 주택을 대체취득하거나 상속, 동거봉양, 혼인 등으로 인하여 2주택 이상을 보유하는 경우로서 대통령령으로 정하는 주택 포함)
- 1세대 1입주권(1조합원입주권 외에 1주택을 보유한 경우 포함)

2) 비과세 적용을 위한 보유기간과 거주기간

① 보유기간

2년 보유기간을 산정할 때는 소법 제95조 제4항을 준용하여 해당 자산의 취득일부터 양도일까지를 기준으로 한다. 다만, 취득가액 이월과세가 적용되는 경우에는 증여한 배우자 또는 직계존비속이 해당 자산을 취득한 날부터 계산한다(소령 제154조 제5항).

② 거주기간

주민등록표 등본에 따른 전입일부터 전출일까지의 기간으로 한다(소령 제154조 제6항).

③ 보유기간과 거주기간의 통산

위 보유기간과 거주기간을 계산할 때 다음 각 호의 기간을 통산한다(소령 제154조 제8항).

- 소실·무너짐·노후 등으로 인하여 멸실되어 재건축한 주택인 경우에는 그 멸실된 주택과 재건축한 주택에 대한 거주기간 및 보유기간
- 상속받은 주택으로서 상속인과 피상속인이 상속개시 당시 동일세대인 경우에는 상속개시 전에 상속인과 피상속인이 동일세대로서 거주하고 보유한 기간

Tip 보유기간 요약

구분	매매	증여	상속
비과세 2년 보유	취득일	• 원칙 : 수증일 • 예외 : 증여자의 취득일*	• 원칙 : 상속개시일 • 예외 : 피상속인의 취득일**
장기보유특별공제	상동	상동	상속개시일
양도세 세율	상동	상동	피상속인의 취득일***

* 취득가액 이월과세가 적용되는 경우를 말한다.
** 동일세대원이 1세대 1주택을 상속받은 경우를 말한다.
*** 별도 세대원도 피상속인의 취득일로부터 세율 적용을 위한 보유기간을 산정한다.

양도세 기초지식 2 : 1세대 1주택 비과세 요건

가족 간의 거래 시 가장 쟁점이 많이 등장한 곳 중 하나가 바로 양도 시 1세대 1주택 비과세와 관련된 곳이다. 상속이나 증여 또는 매매 등을 거치면서 비과세 요건이 흔들리기 때문이다. 이와 관련된 쟁점들을 확인해보자.

1. 1세대 1주택 비과세 요건

1세대 1주택에 대한 비과세를 받기 위해서는 다음과 같은 요건을 동시에 충족해야 한다. 참고로 양도세 비과세는 앞에서 본 양도일(양도 시기=양도 시점)에 맞춰 요건을 판단한다.

첫째, 1세대가 1주택을 보유할 것
둘째, 2년 이상 보유할 것
셋째, 2년 이상 거주할 것

2. 1세대와 관련된 쟁점

1) 1세대의 개념

양도세에서 '1세대'의 요건은 다음과 같다.

- 양도일 현재 거주자 및 그 배우자가 그들과 같은 주소 또는 거소에서 생계를 같이하는 가족을 말한다.
- 가족은 거주자와 그 배우자의 직계존비속(그 배우자*를 포함한다) 및 형제자매**를 말한다.

  * 며느리, 사위도 1세대에 포함되는 가족에 해당한다.

  **형수나 처남댁은 1세대에 포함되는 가족에 해당하지 않는다.

- 취학, 질병의 요양, 근무상 또는 사업상의 형편으로 본래의 주소 또는 거소에서 일시 퇴거한 사람도 생계를 같이하는 것으로 본다.
- 다만, 대통령령으로 정하는 경우*에는 배우자가 없어도 1세대로 본다.

  * 30세 이상, 중위소득(12개월간 경상적·반복적 소득기준. 2024년 개정)의 40% 이상 소득이 발생한 경우 등

2) 1세대와 관련된 쟁점

양도세 비과세를 받기 위해서는 1세대가 보유한 주택 수가 중요하다. 이때 1세대는 생계를 같이하는 가족이 되는데, 세대구성에 따라 다양한 쟁점들이 등장한다.

① 동일세대와 별도 세대

동일세대는 모두 1세대로 간주하며 세대 요건을 충족한 별도 세대는 각각 1세대로 인정된다. 양도세 비과세는 주로 1세대가 1주택을 보유한 상태에서 주어지는 것이 원칙이다.

② 동일세대의 세대 분리

동일세대원 중 부부를 제외한 나머지 가족들이 세대 분리를 하면 각각 별도 세대가 된다. 물론 자녀의 경우 30세 이상이 되어야 하는 등의 요건을 충족해야 한다.

🔞 양도세 과세를 피하고자 세대 분리 후 재합가한 경우에는 일시 퇴거로 보아 세대 분리를 인정하지 않을 수 있다. 이혼의 경우에는 취득가액 이월과세를 적용한다.

③ 별도 세대의 세대 합가

별도 세대가 동거봉양이나 혼인으로 세대를 합가하는 때도 있다. 이렇게 되면 세대원이 증가하고 그에 따라 주택 수가 증가할 수 있다.

🔞 세법은 동거봉양이나 혼인으로 합가해 주택 수가 증가하더라도 양도세 비과세를 쉽게 받을 수 있는 특례제도를 운영하고 있다.

3. 2년 보유기간과 관련된 쟁점

1세대 1주택 비과세를 적용할 때 2년의 보유기간이 필요하다. 가족으로 상속 등을 받으면 이 요건은 다음과 같이 적용한다.

1) 상속으로 취득한 경우

동일세대원이 상속을 받으면 피상속인이 취득한 날로부터 2년 보유기간을 산정한다. 하지만 별도 세대원이 상속을 받으면 상속개시일이 취득일이 되므로 이날을 기준으로 2년 보유기간을 산정한다.

2) 증여로 취득한 경우

동일세대원이 증여를 받으면 증여자가 취득한 날로부터 2년 보유기간을 산정한다. 하지만 별도 세대원이 증여를 받으면 증여를 받은 날이 취득일이 되므로 이날을 기준으로 2년 보유기간을 산정한다.

3) 매매로 취득한 경우

동일세대원이 매수한 경우 매도인이 취득한 날로부터 2년 보유기간을 산정한다. 하지만 별도 세대원이 매수한 경우에는 잔금을 청산한 날이 취득일이 되므로 이날을 기준으로 2년 보유기간을 산정한다.

4. 2년 거주기간과 관련된 쟁점

1세대 1주택 비과세 적용을 위한 거주기간도 앞의 보유기간과 같은 원리를 적용한다. 참고로 이때 거주기간은 아래와 같이 적용한다.

- 2017년 8월 3일 이후 조정지역 내에서 취득한 경우에 2년 이상 거주해야 한다.
- 양도 당시에 조정지역에서 해제됐다고 하더라도 취득 당시 조정지역이면 거주 요건이 적용됨에 유의해야 한다.
- 2024년 12월 말일까지 상생 임대차계약 등을 맺으면 거주 요건을 면제받을 수 있다.
- 기타 거주 요건에 관한 내용은 저자의 《부동산 세무 가이드북 실전 편》 등을 참고하기 바란다.

Tip 1세대 1주택 비과세의 특례와 쟁점

1. 유형

유형		비과세 특례 적용요건	적용 조문*
1. 종전 주택 + 일반주택 (일시적 2주택)		종전 주택을 취득하고 1년 이상이 지난 후 일반주택을 취득 및 일반주택 취득일부터 3년 이내 종전 주택을 양도하는 경우	소령 §155①
2. 상속(공동)주택 + 일반주택	상속주택 + 일반주택	일반주택을 양도하는 경우	소령 §155②
	공동상속주택 + 일반주택	일반주택을 양도하는 경우	소령 §155③
3. 일반주택 + 일반주택 (동거봉양)		동거봉양 합가일부터 10년 이내 먼저 양도하는 주택	소령 §155④
4. 일반주택 + 일반주택 (혼인 합가)		혼인 합가일부터 5년 이내 먼저 양도하는 주택	소령 §155⑤
5. 문화재 주택 + 일반주택		일반주택을 양도하는 경우	소령 §155⑥
6. 농어촌주택 + 일반주택		일반주택을 양도하는 경우	소령 §155⑦
7. 수도권 밖에 소재하는 주택 + 일반주택		일반주택을 양도하는 경우(부득이한 사유가 해소된 날부터 3년 이내에 양도하는 경우)	소령 §155⑧
8. 장기임대주택+일반주택 (거주 주택)		거주 주택을 양도하는 경우(2년 이상 보유, 2년 이상 거주)	소령 §155⑳

* 2024년 중에 조문체계가 변경될 예정이다. 참고로 이 책은 가족 간의 부동산 거래에 대한 세무상 쟁점 등을 분석한 것에 해당한다. 따라서 비과세 등에 대한 자세한 내용을 알고 싶다면《부동산 세무 가이드북 실전 편》, 정부의 세제정책을 알고 싶다면《2024 확 바뀐 부동산 세금 완전분석》등을 참조하기 바란다.

2. 쟁점

위 표의 2~4에서 다양한 쟁점이 발생한다. 구체적인 내용을 뒤에서 살펴본다.

양도세 기초지식 3 :
양도세 과세방식

가족 간 매매를 하거나 거래를 거친 부동산을 양도 시 과세가 되는 경우를 알아보자. 여기에서도 다양한 쟁점들이 발생할 수밖에 없는데 초보자로서는 좀 복잡할 수 있다. 그래서 이곳에서는 좀 더 기초적인 내용 위주로 살펴보고 구체적인 내용은 뒤에서 살펴보기로 한다.

1. 가족에게 양도하는 경우

1) 양도가 아님에도 양도로 등기한 경우

가족 간에도 매매(양도와 양수)할 수 있음은 누차 설명했다. 그런데 실제 양도가 아님에도 양도로 처리하면 어떤 결과가 나올까?

당연히 이때는 양도가 취소되는 대신 증여로 보게 된다. 그러면 다음과 같이 세금 관계가 변한다.

첫째, 양도세와 유상취득에 따른 취득세는 취소된다.

따라서 이에 대해서는 모두 환급조치가 되어야 한다.

둘째, 양수자에게는 증여세와 증여취득세가 과세된다.

2) 저가(또는 고가)로 양도한 경우

시장에서 형성된 가격(시가)이 있음에도 불구하고 가족 간에 싸게 또는 비싸게 거래하는 때도 있다. 이에 세법은 이 과정에서 조세회피가 일어난 한편, 가족 간에 편법적인 부의 이전이 발생한 것으로 보아 다음과 같은 식으로 규제를 한다.

① 저가 양도·양수 시

첫째, 저가로 양도함에 따라 양도세와 취득세가 줄어들었다.

따라서 양도세와 취득세는 시가로 재계산한다(소법 제101조 제1항, 지법 제10조의 3 제2항).

🔖 단, 이 규정을 적용하기 위해서는 우선 시가가 밝혀져야 하고, 밝혀진 시가의 5%(3억 원) 이상 차이가 나게 거래해야 한다. 5%(3억 원) 미만이면 문제가 없다.

둘째, 저가로 양수한 자는 증여이익이 발생한다.

다만, 증여세를 과세하기 위해서는 시가의 30%(3억 원) 이상 차이가 나게 거래해야 한다. 30%(3억 원) 미만이면 문제가 없다(상증법 제35조).

② 고가 양도·양수 시

고가 양도·양수는 저가 거래보다 잘 발생하지 않는데 결과만 간단히 나열해보자.

- 고가 양도자는 시가의 30%(3억 원) 이상 차이 나게 거래하면 증여세가 과세될 수 있다.
- 고가 양도자의 양도가액은 '고가 양도가액-증여가액'으로 한다.
- 고가 양수자의 향후 양도 시의 취득가액은 '고가 취득가액-증여가액'으로 한다. 취득세는 그대로 내야 한다.

2. 가족으로부터 취득한 부동산을 양도 시

1) 매수일, 증여일, 상속일로부터 10년 내 양도하는 경우

매매 등을 통해 취득한 부동산을 10년(2022년 이전 증여분은 5년) 이내에 양도하는 경우 양도세 과세방식이 어떻게 되는지 요약하면 다음과 같다.

구분	매매	증여		상속
		이월과세 미적용	이월과세 적용	
양도가액				
– 취득가액	매수 당시의 가액	수증자의 취득가액	증여자의 취득가액	상속세 신고가액
– 기타필요경비	유상취득세 등	수증자의 취득세	증여자의 경비 (자본적 지출 포함) + 수증자의 증여세액	상속 취득세 등
= 양도차익				
– 장기보유특별공제	매수일~양도일	수증일~양도일	증여자의 취득일 ~양도일	상속개시일~양도일
= 양도소득 금액				
– 기본공제				
= 과세표준				
× 세율	매수일~양도일	수증일~양도일	증여자의 취득일 ~양도일	피상속인 취득일~ 양도일
= 산출세액				

앞의 표를 자세히 보면 증여와 상속의 경우 취득가액, 필요경비, 장기보유특별공제, 세율 등의 적용방법 등이 매매와 차이가 있음을 알 수 있다. 특히 상속의 경우 장기보유특별공제는 상속개시일로부터 보유기간을 산정하는데, 세율은 피상속인이 취득한 날로부터 이를 산정하고 있음에 유의하자.

2) 매수일, 증여일, 상속일로부터 10년 후 양도하는 경우

매매 등을 통해 취득한 부동산을 10년 후에 양도하는 경우 양도세 과세방식은 어떻게 되는지 요약하면 다음과 같다.

구분	매매	증여	상속
양도세 계산	상동	상동 (이월과세 미적용 시와 동일)	상동

양도세 기초지식 4 : 양도세 취득가액 이월과세

증여를 거친 부동산을 10년(2022년 이전 증여분은 5년) 이내에 양도하면 취득가액을 증여자의 것으로 해서 과세할 수 있는데 이를 '취득가액 이월과세제도'라고 한다. 물론 증여가 아닌 상속이나 매매를 거친 부동산은 이 제도가 적용되지 않으며, 증여일 이후 비과세 요건을 갖춘 1세대 1주택도 이 제도를 적용하지 않는다.

1. 이월과세의 개관

- 이 제도는 배우자*와 직계존비속(비속의 배우자는 제외)한테 증여받은 자산을 증여받은 날로부터 10년(2022년 이전 증여분은 5년) 이내에 양도할 때 취득가액을 그 배우자 또는 직계존비속의 취득 당시의 가액으로 하는 제도를 말한다.

  * 양도 당시 이혼한 경우를 포함하나 사망한 경우에는 그렇지 않다.

- 토지와 건물, 부동산을 취득할 수 있는 권리(입주권, 분양권), 특정 시설물 이용권에 대해서만 이 제도를 적용한다.

- 납세의무자는 증여받은 배우자와 직계존비속이다.
- 취득가액은 증여자가 취득한 가액(취득세, 자본적 지출)과 수증자가 부담한 증여세 상당액이 포함된다.
- 장기보유특별공제 보유기간은 '증여자의 취득일 ~ 양도일'로 한다.
- 세율 적용 시 보유기간 계산도 '증여자의 취득일 ~ 양도일'로 한다.
- 다만, 다음 사유*에 해당하면 이 제도를 적용하지 않는다.

  * ① 수용되는 경우(사업인정고시일부터 소급해 2년 이전에 증여)

  ② 이월과세를 적용할 경우 1세대 1주택 비과세가 적용되는 경우(증여일로부터 2년 미만 보유 후 양도 시에 발생함)

  ③ '이월과세 적용 후의 양도세 < 이월과세 미적용 시의 양도세'인 경우(이 제도의 적용으로 세 부담이 오히려 감소하는 문제점을 방지)

※ **이월과세 적용대상**

이월과세 적용대상은 배우자와 직계존비속으로 한정되어 있다. 며느리나 사위, 형제자매 등은 포함되지 않는다. 즉, 이월과세는 부당행위계산제도가 아니므로 국기법상 특수관계인에게 적용되는 것이 아니라 그 중 일부를 그 적용대상으로 삼고 있다.

구분	포함	제외
① 배우자	법률혼 배우자 포함(사실혼 제외) ▶ 양도 당시 혼인 관계가 소멸한 경우 포함	사망으로 혼인 관계가 소멸된 경우 제외
② 직계존비속	포함	직계존비속 외 (사위, 며느리, 형제자매 등)

2. 적용사례

사례를 통해 앞의 내용을 확인해보자.

K 씨는 부모로부터 다음과 같은 상가를 증여로 취득했다. 물음에 답하면?

1. 증여자의 취득현황

구분	취득일	취득가액	취득세	자본적 지출액
상가	2005년 10월	5,000만 원	100만 원	2,000만 원

2. 증여현황

구분	증여일	증여가액	증여세 부담액	취득세 부담액
상가	2022년 10월	2억 5,000만 원	2,900만 원	1,000만 원

3. 기타현황
   - K 씨는 현재 35세로 독립세대에 해당함.
   - 현재 해당 상가의 시세는 3억 원 정도 됨.

01 K 씨가 이 상가를 2024년에 양도하면 양도세는 얼마나 예상되는가?

단, 기본공제 250만 원은 적용하지 않기로 한다.

K 씨가 증여받은 상가를 양도하면 다음과 같은 세금이 예상된다.

구분	금액	비고
양도가액	3억 원	
– 취득가액 등	2억 6,000만 원	증여가액 + 증여취득세 (증여세는 취득가액에 불포함)
= 양도차익	4,000만 원	
– 장기보유특별공제	0원	증여 후 3년 미만 보유로 공제 불가
= 과세표준	4,000만 원	
× 세율	15%	
– 누진공제	126만 원	
= 산출세액	474만 원	

02 만일 이 상가를 K 씨의 부모가 양도한다고 했을 때 양도세는 얼마나 예상되는가? 단, 이때 필요경비에는 K 씨가 부담한 증여세도 포함된다고 하자.

만일 이 상가를 K 씨의 부모가 양도했다고 가정하면 다음과 같이 양도세가 예상된다.

구분	금액	비고
양도가액	3억 원	
– 취득가액 등	1억 원	취득가액 + 취득세 + 자본적 지출 + K 씨가 부담한 증여세액
= 양도차익	2억 원	
– 장기보유특별공제	6,000만 원	30%(취득일~15년 이상)
= 과세표준	1억 4,000만 원	
× 세율	35%	
– 누진공제	1,544만 원	
= 산출세액	3,356만 원	

03 K 씨는 Q1과 같은 세금을 내면 될까?

아니다. 사례처럼 가족으로부터 증여를 받은 후 이를 10년(2022년 이전 증여분은 5년) 이내에 양도하면 취득가액을 당초 증여자의 것으로 하는 이월과세가 적용되기 때문이다. 따라서 K 씨는 Q2에서 계산된 세액을 기준으로 양도세를 납부해야 할 것으로 보인다.

만일 Q2의 양도세가 더 적게 나오면 이 경우에도 이월과세가 적용되는가?

아니다. 이때는 이 제도를 적용하지 않도록 하고 있다.

> ※ 소법 제97조의 2
> ② 다음 각 호의 어느 하나에 해당하는 경우에는 제1항(이월과세)을 적용하지 아니한다.
>   3. 제1항을 적용하여 계산한 양도소득 결정세액이 제1항을 적용하지 아니하고 계산한 양도소득 결정세액보다 적은 경우

Tip 이월과세의 적용과 적용배제(소법 제97조의 2)

① 거주자가 양도일부터 소급하여 10년 이내에 그 배우자(양도 당시 혼인 관계가 소멸된 경우를 포함하되, 사망으로 혼인 관계가 소멸된 경우는 제외한다) 또는 직계존비속*으로부터 증여받은 제94조 제1항 제1호에 따른 자산이나 그 밖에 대통령령으로 정하는 자산의 양도차익을 계산할 때 양도가액에서 공제할 필요경비는 제97조 제2항에 따르되, 다음 각호의 기준을 적용한다(2023.12.31. 개정).

1. 취득가액과 필요경비 : 증여자가 취득할 당시의 취득원가(부대비용 포함)와 자본적 지출액

2. 증여세 : 수증자가 납부한 증여세 상당액

* 직계비속의 배우자나 기타친족은 이월과세 대상이 아니나, 소법상 부당행위계산에 해당할 수 있다. 물론 소득이 수증자에 귀속되면 부당행위계산제도를 적용할 수 없다.

② 다음 각 호의 어느 하나에 해당하는 경우에는 제1항을 적용하지 아니한다.

1. 사업인정고시일부터 소급하여 2년 이전에 증여받은 경우로서 공익사업을 위한 토지 등의 취득 및 보상에 관한 법률이나 그 밖의 법률에 따라 협의 매수 또는 수용된 경우

2. 제1항을 적용할 경우 제89조 제1항 제3호 각 목의 주택[같은 호에 따라 양도소득의 비과세 대상에서 제외되는 고가주택(이에 딸린 토지를 포함한다)을 포함한다]의 양도에 해당하게 되는 경우*

* 이월과세를 적용하는 것이 더 유리해지는 것을 방지하기 위한 규정이다. 즉, 이월과세를 적용하게 되면 보유기간이 당초 증여자가 취득한 날로부터 소급하므로 수증자가 바로 양도해도 비과세가 적용될 수 있다. 따라서 수증자가 증여받은 주택을 비과세 받고자 한다면 수증일 이후부터 2년 보유 등을 해야 한다.

3. 제1항을 적용하여 계산한 양도소득 결정세액이 제1항을 적용하지 아니하고 계산한 양도소득 결정세액보다 적은 경우(2016. 12. 20 신설)*

* 이월과세를 적용해 나온 세액이 이를 적용하지 않았을 때의 세액보다 더 적게 나오면 이 규정을 적용하지 않는다는 것을 의미한다(일종의 비교과세). 이월과세는 세 부담을 늘리는 제도에 해당하기 때문이다.

※ 이월과세제도의 요약

구분	내용	비고
개념	증여받은 자산을 10년 이내에 양도 시 취득가액 등을 증여자가 취득한 가액 등으로 하는 제도	2022년 이전 증여분은 5년
적용배제	• 수용(사업인정고시일 소급 2년 전) 시 • 증여받은 후 2년 미만 보유한 비과세 대상 주택 • 이월과세 적용 시 오히려 세 부담이 감소 시(비교과세 바로 다음 참조)	적용배제 시 이월과세 적용하지 않고 정상과세를 함.

이월과세 비교과세방식 = max[①, ②]*

구분	① 이월과세 적용 시	② 이월과세 미적용 시
납세의무자	수증자	수증자
양도가액	제3자에 양도한 가액	좌동
취득가액	증여자가 취득한 가액	증여가액
필요경비	증여자가 지출한 비용 + 증여세 납부세액	증여취득세 등
장기보유특별공제 보유기간	증여자가 취득한 날~양도일	증여일~양도일
세율	증여자가 취득한 날~양도일	증여일~양도일

* 세부적인 비교과세의 유형은 뒤에서 정리한다.

양도세 기초지식 5 : 양도세 부당행위계산제도

증여받은 부동산을 10년(2022년 이전 증여분은 5년) 이내에 양도하면 앞에서 본 취득가액 이월과세가 적용된다. 그런데 이 제도를 적용받지 않은 경우가 있는데, 예를 들면 증여받은 주택을 2년 후에 양도해 비과세를 받는 것이 대표적이다. 그렇다면 이런 상황에서 모든 상황이 종료되는 것일까? 아니다. 마지막 관문이 하나 남아 있다. 그것은 바로 소법 제101조 제2항에서 두고 있는 부당행위계산제도다. 이는 가족으로부터 증여받은 부동산 등을 10년 이내에 양도하면 이를 부당행위로 보아 증여자가 직접 양도하는 것으로 보고 양도세를 납부하도록 하는 제도를 말한다.

1. 양도소득 부당행위계산

1) 이 제도의 취지

가족으로부터 증여를 받고 10년 이내에 이를 제3자에게 양도하는 때도 있다. 이 경우 원칙적으로 증여를 받은 자의 자산이므로 증여일을 기준으로 양도세를 과세하는 것이 원칙이다. 하지만 이렇게 거래하는 것이 조세회피를 가져올 수 있으므로 당초 증여자가 양도할 경우를 가정했을 때의 양도세(①)와 수증자의 증여세와 양도세의 합계액(②)을 비교해 ①이 더 많다면 당초 증여자가 제3자에게 직접 양도한 것으로 본다.

2) 부당행위계산 적용배제

이 제도가 거래의 안정성을 해치고 가혹한 측면이 있으므로 수증자의 양도소득이 그에게 직접 귀속되는 경우에는 이 제도를 적용하지 않는다.

👉 결국, 앞의 부당행위계산에서 벗어나기 위해서는 수증자(양수자)가 양도한 소득을 수증자가 직접 사용해야 한다.

2. 적용사례

K 씨는 세대 분리가 된 자녀에게 주택을 증여했다. 해당 자녀는 그 집에서 계속 거주해왔으며 이번에 증여받은 주택을 양도하고자 한다. 다음 자료를 보고 물음에 답하면?

자료

• 양도 예상가액 : 5억 원
• 증여자가 취득한 가액 : 1억 원(취득일 2000년 1월 1일, 거주한 적 없음)
• 증여가액 : 3억 원
• 수증일 : 2023년 1월 1일

---

01 **K 씨의 자녀가 이 주택을 2024년에 양도하면 비과세를 받을 수 있는가?**

비과세를 받을 수 없다. 증여받은 날로부터 2년 이상 보유해야 하기 때문이다.

02 **K 씨의 자녀가 이 주택을 2025년 이후에 양도하면 비과세를 받을 수 있는가?**

증여받은 날로부터 2년 보유 등을 했으므로 비과세가 가능하다.

03 **Q2와 같이 2025년 이후에 양도했지만, 해당 금액이 증여자인 K 씨로 귀속되면 어떤 문제점이 있는가?**

이 경우에는 소법 제101조에 있는 부당행위계산을 검토해야 한다. 이 제도에 해당하면 납세의무자가 K 씨의 자녀가 아니라 K 씨가 된다. 다만, 이의 적용을 위해서는 다음의 조건을 충족하는 세 부담 회피행위가 있어야 한다.

- 자녀의 증여세+양도세 ＜ K 씨의 양도세

04 **K 씨의 자녀가 안전하게 비과세를 받으려면 어떻게 해야 하는가?**

증여받은 날로부터 2년 보유(거주)를 한 상태에서 양도하고, 양도대금을 자녀에게 귀속시키면 된다. 이렇게 되면 이월과세와 부당행위계산이 적용되지 않는다.

소법 제101조 제1항(저가 양도)과 제2항(10년 내 양도)에서는 두 가지 유형을 부당행위계산 유형으로 보고 있다.

구분	저가 양도	10년 내 양도(우회 양도)
조항	소법 제101조 제1항	소법 제101조 제2항
개념	저가로 양도(고가로 양수) 시	증여 후 10년 이내에 양도 시
적용요건	시가보다 5% 등 저가 양도	조세 부담이 부당하게 감소* (증여자의 양도세 부담액 > 수증자의 세 부담액(증여세+양도세))
적용대상	특수관계인	특수관계인(이월과세가 적용되는 배우자와 직계존비속은 제외)*
적용배제	(요건 충족 시 무조건 적용)	양도가액이 수증자에게 귀속 시 부당행위계산을 적용하지 않음.
적용내용	시가로 과세함.	증여자가 직접 양도한 것으로 간주함.
기타	양수자는 상증법상 증여세 과세	증여세는 환급함.

* 취득가액 이월과세가 적용되면 우회 양도에 따른 부당행위계산은 적용하지 않는다(이중과세 방지의 취지). 다음 내용을 참조하기 바란다.

※ 우회 양도에 대한 부당행위계산제도 요약

- 이 규정은 증여받은 자산을 10년 이내에 양도할 때 적용된다. 다만, 이 규정이 적용되려면 조세 부담이 부당하게 감소*되어야 한다.
  * 증여자가 직접 양도할 경우의 양도세보다 수증자가 부담한 증여세와 양도세의 합계액이 적은 경우를 말한다.
- 소법 제97조의 2 이월과세를 적용받으면 이 규정을 적용하지 않는다. 또한 수증자가 양도한 대금이 수증자에게 귀속된 경우에도 이 규정을 적용하지 않는다.
- 이 규정이 적용되는 경우 납세의무자는 당초 증여자가 된다. 따라서 수증자가 부담한 증여세는 반환대상이 된다.
- 부당행위계산에 따른 양도세계산 시 당초 증여자의 취득가액, 취득일로부터 세율 등을 적용한다.

양도세 기초지식 6 :
이월과세와 부당행위계산 비교

가족으로부터 증여를 받은 후 10년 이내에 양도하면 소득세법에서는 두 가지 제도를 두어 규제를 하고 있다. 그중 하나는 이월과세이며, 다른 하나는 부당행위계산이다. 그런데 이 두 제도는 유사한 측면이 있으나 제도도 다르고 적용법도 다르다. 다음에서 이에 대해 알아보자.

1. 이월과세와 부당행위계산제도 비교

가족으로부터 증여받은 부동산을 10년 이내에 양도하면 다음과 같은 두 가지 중 하나의 제도가 적용될 수 있다.

구분	이월과세	부당행위계산
제도 요약	소법 제97조의 2	소법 제101조 제2항
	취득가액을 증여자의 것으로 하는 제도(납세의무자 : 수증자)	조세 부담이 부당하게 감소 시 납세의무자를 증여자로 하는 제도 (납세의무자 : 증여자)

구분	이월과세	부당행위계산
제도 요약	배우자와 직계존비속 대상	소법상 특수관계인(배우자, 4촌 혈족, 3촌 인척 등) 대상
	수용, 수증 후 2년 미만 보유주택, 이월과세 적용으로 양도세 감소 시 적용배제	양도 대가가 수증자에게 귀속 시 적용배제
	둘의 관계 : 이월과세 적용되면 부당행위계산 적용하지 않음. (이중과세 방지)	

구분	이월과세 적용 시 계산	부당행위계산 적용 시 계산
양도가액	수증자의 양도가액	좌동
– 취득가액	증여자의 취득가액	좌동
– 기타필요경비	증여자의 필요경비 (수증자의 증여세 포함)	좌동 (수증자의 증여세는 환급)
= 양도차익		
– 장기보유특별공제	증여자가 취득한 날부터 기간 기산	좌동
= 과세표준		
× 세율	증여자가 취득한 날로부터 기간 기산	좌동
= 산출세액		

이 둘의 관계를 요약하면 다음과 같다.

첫째, 이월과세가 적용되면 부당행위계산을 적용하지 않는다.
이중규제가 되기 때문이다.

둘째, 이월과세는 양도세가 과세될 때 적용된다.
따라서 비과세 요건을 충족한 1세대 1주택은 이월과세가 아닌 부당행위계산이 적용된다(단, 고가주택은 양도차익 계산 시 이월과세가 적용된다).

셋째, 부당행위계산이 적용되더라도 해당 양도소득이 수증자에게 귀속되지 않으면 이 규정도 적용되지 않는다.

2. 적용사례

사례를 통해 앞의 내용을 확인해보자.

> **사례**
>
> L 씨는 다음과 같은 부동산을 자녀에게 증여했다. 물음에 답하면?

> **자료**
>
> - 토지는 20년 전 1억 원에 취득
> - 자녀는 2022년 7,000만 원에 토지를 증여받음(증여세는 200만 원 부담).
> - 이 토지를 2024년에 양도할 경우 3억 원에 양도할 수 있음.

Q1 이 경우 이월과세가 적용되는가?

이를 위해서는 이월과세를 적용할 때와 적용하지 않을 때의 세액을 비교해봐야 한다.

구분	이월과세를 적용하지 않을 때의 세액	이월과세를 적용할 때의 세액
양도가액	3억 원	3억 원
– 취득가액	7,000만 원	1억 원
– 기타필요경비	0원	500만 원(증여세)
= 양도차익	2억 3,000만 원	1억 9,500만 원
– 장기보유특별공제(0%, 30%)	0원*	5,850만 원

구분	이월과세를 적용하지 않을 때의 세액	이월과세를 적용할 때의 세액
= 과세표준	2억 3,000만 원	1억 3,650만 원
× 세율	38%	35%
− 누진공제	1,994만 원	1,544만 원
= 산출세액	67,460,000원	32,335,000원

* 수증일로부터 3년 미만이므로 이 공제를 받을 수 없다.

앞의 결과를 보면 이월과세를 적용하지 않는 경우가 세 부담이 더 크다. 이러한 상황이 발생하면 소법 제97조의 2 제2항에서는 이월과세를 적용하지 않도록 하고 있다. 따라서 이 경우 6,746만 원이 양도세로 결정된다.

02 **Q1에 따라 이월과세가 적용되지 않으면 해당 세금을 납부하는 것으로 종료되는가? 양도대금은 자녀에게 귀속됐다고 가정하자.**

이때는 소법상 부당행위계산을 검토해야 한다. 다만, 양도대금이 자녀에게 귀속된 경우라면 이 제도를 검토할 필요가 없다.

☞ 만일 양도대금이 자녀에게 귀속되지 않은 경우라면 소법상 부당행위계산을 검토해야 하나, 이 경우 조세 부담이 부당하게 감소해야 한다.

먼저, 증여자가 직접 양도할 경우를 가정하면 양도세는 3,356만 원이다.

구분	증여자의 양도세	비고
양도가액	3억 원	
− 취득가액	1억 원	증여자의 취득가액
− 기타필요경비	0원	
= 양도차익	2억 원	
− 장기보유특별공제(30%)	6,000만 원	증여자의 취득일~양도일 기준
= 과세표준	1억 4,000만 원	
× 세율	35%	
− 누진공제	1,544만 원	
= 산출세액	33,560,000원	

다음으로 수증자가 증여받아 이를 양도하는 경우의 양도세와 증여세의 합계액은 6,946만 원(6,746만 원+200만 원)이다. 따라서 후자의 세액이 크기 때문에 이 사례의 경우에는 세 부담 감소가 일어나지 않았으므로 부당행위계산을 적용하지 않는다.

가족 간의 거래에 대해 문제가 되는 세목은 주로 소득세와 취득세 그리고 증여세와 관련 있다. 이 세 가지 세법에서 몇 가지 제도를 두어 가족 간의 거래에 대해 규제하고 있기 때문이다.

1. 소법상의 규제

1) 이월과세

• 이월과세제도가 적용되는 경우의 세금 계산은 다음과 같이 한다 (소법 제97조의 2).

구분	내용	비고
납세의무자	수증자	
취득가액	증여자가 취득한 취득가액 (취득세 포함)	
필요경비	양도 시 중개수수료 및 증여세*	수증자(양도자)가 증여받을 당시 부담한 취득세는 공제되지 않음.
세율 적용 보유기간	증여자의 취득일~양도일	
장기보유특별공제 보유기간	증여자의 취득일~양도일	

* 수증자가 부담한 증여세는 필요경비로 처리된다. 저자는 환급이 타당하다고 본다.

• 이 제도는 비과세 되는 주택(단, 고가주택은 제외)에 대해서는 적용하지 않는다. 또한, 앞의 이월과세를 적용해 나온 양도세와 수증자의 양도세 중 후자가 더 큰 경우에도 이를 적용하지 않는다.

2) 부당행위계산

소법상 부당행위계산은 특수관계인 간의 거래로 양도소득에 대한 조세 부담을 부당하게 감소시킨 것으로 인정되는 경우에는 두 가지 형태로 규제한다(소법 제101조 제1~2항).

① 저가 양도(또는 고가 양수)

저가로 양도하거나 고가로 양수한 경우 부당행위계산제도를 적용한다(시가로 양도가액 및 취득가액을 수정해 양도세 과세).

② 수증 후 10년 내 양도

증여받은 부동산을 10년 내 양도하는 경우 부당행위계산제도를 적용한다(증여자가 양도한 것으로 봄). 단, 앞 1)의 이월과세가 적용되는 경우에는 이를 적용하지 아니한다.

2. 지법상 제도

지방 제10조의 3에서는 저가 취득에 대해서는 부당행위계산제도를 적용한다.

3. 상증법상 제도

현행 상증법상 증여는 완전포괄주의 과세방식을 도입해 거래 등을 통해 무상으로 이익 등이 증여되면 이에 대해 증여세를 과세하고 있다.

1) 본래의 증여재산

증여는 무상으로 유형·무형의 재산 또는 이익을 이전(移轉)(현저히 낮은 대가를 받고 이전하는 경우를 포함한다)하거나 타인의 재산 가치를 증가시키는 것을 말한다. 따라서 다음과 같은 것들은 본래의 증여재산에 해당한다(상증법 제35조).

• 저가 양수 또는 고가 양도에 따른 이익의 증여 등

2) 증여추정

증여추정은 거래당사자가 증여가 아님을 입증하지 못하면 증여로 보는 것을 말한다. 이에는 다음과 같은 유형이 있다(상증법 제44조).

• 배우자 등에게 양도한 경우 증여추정
• 재산취득자금 등의 증여추정(자금출처조사)

Tip	가족 간에 매매 또는 증여 시 세법상 규제원리 요약			
구분		소유자	취득자
① 매매	가족에 양도 시	증여추정*(상증법 제44조)	–
	저가 양도 시	양도세 부당행위계산 (소법 제101조 제1항)	• 취득세 부당행위계산 (지법 제10조의 3) • 증여이익 과세 (상증법 제35조)
	고가 양도 시	증여이익 과세 (상증법 제35조)	양도세 부당행위계산 (소법 제101조 제1항)**
② 증여	증여 후 10년 내 양도 시	–	• 이월과세(소법 제97조의 2) • 부당행위계산 (소법 제101조 제2항)***

* 가족에게 양도하거나 가족으로부터 취득한 부동산을 3년 내 가족에게 다시 양도 시 증여추정이 적용된다. 증여추정은 대가관계를 입증하면 양도, 못하면 증여로 보는 제도를 말한다.

** 고가로 취득한 부동산을 양도 시 취득가액은 고가 취득가액에서 증여가액을 차감한다.

*** 이 규정이 적용되면 증여자가 양도세 납세의무자가 된다. 단, 소득이 양도자(수증자)에게 귀속되면 이 규정을 적용하지 않는다. 참고로 이월과세와 부당행위계산이 모두 적용되는 경우에는 이월과세를 먼저 적용한다.

앞의 내용 중 실무에서 가장 많이 등장한 유형은 저가 양도에 관련된 것이다. 기타 증여추정과 부당행위계산은 자금관계를 정확히 처리하면 실무상 문제가 거의 발생하지 않는다.

Tip 비교과세의 유형

부당행위계산 등은 세법의 관점에서 실익이 있어야 적용된다. 해당 제도를 적용하는 것이 세금을 오히려 축소하는 경우에는 이를 적용할 필요가 없기 때문이다. 그래서 두 대안을 비교해 세금을 늘리는 쪽으로 제도를 적용하는데 이를 실무상 '비교과세' 라고 한다. 이러한 제도는 세법 곳곳에 있어 있다. 대표적인 것 몇 가지만 정리하면 다음과 같다.

구분		내용	비고
양도세율 적용	1. 하나의 자산에 둘 이상의 세율이 적용	둘 중 높은 세율	
	2. 한 해에 2회 이상 양도	다음 중 많은 세액 ① 자산별 양도세의 합계 ② 과세표준을 합계해 6~45%로 적용한 산출세액	합산과세에 의한 세금 증가
가족 간 거래 시 규제	1. 취득가액 이월과세	이월과세 적용배제 : ① < ②인 경우 ① 이월과세를 적용할 경우의 양도세 ② 이월과세를 적용하지 않을 경우의 양도세	이월과세 적용으로 세 부담이 증가하는 경우만 적용
	2. 부당행위계산	부당행위계산 적용배제 : ① > ②인 경우 ① 증여자의 양도세 ② 수증자의 증여세+양도세	부당행위계산 적용으로 세 부담이 증가하는 경우만 적용
	3. 증여추정	3년 내 가족에게 양도 시 증여추정 적용배제 : ① > ②인 경우 ① 당초 양도자 + 양수자의 양도세 ② 양수자의 증여세	우회 양도에 따른 세 부담이 증가하는 경우만 적용

제 **3** 장

부동산 가격 산정방법이
중요한 이유

부동산 가격과
세무상 쟁점

앞에서 살펴보았듯이 가족 간의 매매나 증여, 상속 등을 할 때 가장 먼저 점검해야 할 것은 부동산 가격체계다. 이를 어떤 식으로 결정하느냐에 따라 세금의 크기뿐만 아니라 적용되는 규제의 내용이 달라지기 때문이다. 특히 최근에는 상속세나 증여세는 물론, 취득세까지도 시가로 과세하는 바람에 이에 대한 중요성이 매우 커지고 있다.

(Case)

다음과 같은 부동산이 있다. 물음에 답하면?

구분	시가	공시가격*
주택	5억 원	3억 원

* 공시가격은 기준시가, 시가 표준액과 같은 의미를 가진 용어에 해당한다.

01 세법에서 사용하는 부동산의 가격에는 어떤 것들이 있는가?

세법에서는 주로 다음 세 가지 정도의 가격을 가지고 세제에 적용하고 있다.

구분	내용	비고
1. 시가	시장에서 거래되는 가격	유사한 재산의 매매가액 등 포함
2. 감정가액	감정평가사가 평가한 가격	
3. 기준시가/시가 표준액	정부에서 정해 고시한 가격	기준시가는 국세법, 시가 표준액은 지법상의 용어임.

02 세법상 시가(취득세는 시가 인정액)는 무엇을 의미하는가?

시가는 시장에서 제3자 간에 거래되는 가격을 말한다. 그런데 해당 재산이 거래되지 않으면 시가를 알기가 힘들다. 이에 세법은 간접적인 방법을 통해 시가를 추출해 이를 시가로 사용하고 있다. 이를 요약하면 다음과 같다.

구분	시가의 종류	시가 산정방법
상증세	매매가액, 감정가액, 공매가액 등	• 해당 재산 : 상속개시일 전후 6개월(증여는 증여일 전 6개월 증여일 후 3개월)*의 매매가액 등을 말함. • 유사한 재산** : 상속개시일 전 6개월(증여는 증여일 전 6개월)~신고일의 매매가액 등을 말함. • 상속개시일(증여일) 전 2년 이내~상속세 등 신고·납부기한(위 평가기간 제외) 후 9개월(증여는 6개월) 내 평가심의위원회의 심의***를 거친 경우 그 가액을 포함함.
양도세		위와 같음(단, 평가기간은 양도일 전후 3개월, 즉 6개월로 함).
취득세****		위와 같음(단, 평가기간은 취득일 전 6개월 후 3개월, 즉 9개월로 함).

* 이를 평가기간이라고 한다.

** 평가대상이 되는 재산과 위치, 면적, 용도 등이 유사한 재산을 말한다. 유사한 재산으로 해당 재산의 가격을 간접적으로 추출하고 있다.

*** 평가기간 밖(2년~결정기한 중 평가기간을 제외)의 매매가액 등은 평가심의위원회의 심의를 통해 가격을 산정할 수 있음을 알 수 있다. 이때 기준시가로 신고한 비주거용 부동산은 과세당국이 감정평가를 받아 이의 금액으로 가격산정을 할 수 있다.

**** 취득세의 평가기간은 증여와 같은 방식으로 되어 있다. 참고로 취득세는 평가기간 내의 매매가액 등을 시가 인정액으로 부르고 있다.

앞의 내용을 종합하면 다음과 같이 정리해볼 수 있다.

구분	① 평가기간 전날~2년	② 평가기간*	③ 평가기간 다음 날~결정기한
상속		상속개시일 전후 6개월(1년)	평가기간 경과 후~9개월
증여	상동	증여일 전 6개월~후 3개월(9개월)	평가기간 경과 후~6개월
취득		취득일 전 6개월~후 3개월(9개월)	평가기간 경과 후~6개월
양도		양도일 전후 3개월(6개월)	명시적인 규정 없음.

* 평가기간은 세목별로 차이가 있다(상속은 1년, 증여와 취득은 9개월, 양도는 6개월).

세목별로 정해진 평가기간(상속은 1년, 증여와 취득은 9개월, 양도소득은 6개월 등) 내에 매매가액 등*이 있으면 해당 가액은 특별한 절차 없이 해당 세목의 시가로 확정된다. 다만, ②에서 시가를 확인할 수 없다면 ①과 ③에서 시가를 찾게 되는데 이때는 평가심의위원회를 개최해야 하고, 이곳에서 가격변동이 없음을 과세관청이 입증해야 한다. 이러한 이유로 실무에서는 ①과 ③에 따라 시가가 결정되는 경우가 많지 않다. 참고로 평가기간 밖의 심의평가제도는 주로 과세관청이 사용하지만, 납세자도 이를 이용할 수 있다. 다만, 상속은 신고기한 만료 4개월 전, 증여는 70일 전에 신청해야 하는 등의 요건이 있다(상증령 제49조의 2).

* 매매는 계약일, 감정평가는 가격산정 기준일과 감정가액평가서 작성일, 수용이나 공·경매는 보상가액 등이 결정된 날을 말한다.

03 **시가 표준액과 기준시가, 공시가격의 차이는?**

이를 정리하면 다음과 같다.

공시가격	기준시가	시가 표준액
정부에서 매년 발표하는 가격 • 단독주택 : 개별주택가격 • 공동주택 : 공동주택가격 • 토지 : 개별공시지가	소법 등 국세에서 사용하는 정부의 공시가격	지방세에서 사용하는 정부의 공시가격

(**Consulting**)

부동산 가격에 관한 세무상 쟁점을 세목별로 정리해보면 다음과 같다. 참고로 보유세는 외부에서 거래되는 것이 아니므로 기준시가(재산세는 시가 표준액)를 사용한다.

취득

• 제3자와의 거래 시에는 실제 거래가액을 기준으로 취득세를 부과한다.
• 특수관계인 간의 거래가 부당행위(5%)에 해당하면 시가 인정액을 과세표준으로 한다.
• 증여취득 시에는 시가 인정액으로, 상속취득 시에는 시가 표준액을 과세표준으로 한다.

양도

• 제3자와의 거래 시에는 실제 거래가액을 기준으로 한다. 앞 취득세와 같다.
• 특수관계인 간의 거래가 부당행위(5%)에 해당하면 시가를 양도가액으로 한다.

상속/증여

• 상속이나 증여의 경우 시가(매매가액, 감정가액 등 포함)로 과세하는 것이 원칙이다.
• 시가가 없는 경우 보충적 평가법(기준시가, 임대료 환산가액)으로 평가한다.
• 보충적 평가로 신고한 경우라도 결정기한 내 평가심의위원회가 심의한 가액*을 평가액으로 할 수 있다.

* 매매가액, 감정가액 등을 말한다. 특히 비주거용 부동산은 과세당국에서 감정평가를 받아 심의를 요청할 수 있음에 유의해야 한다(부록 참조).

K 씨는 다음과 같은 부동산을 보유하고 있다. 이 부동산을 가족에게 양도하고자 한다. 물음에 답하면?

구분	현 시세	공시가격	비고
아파트	6억 원	5억 원	3개월 전에 7억 원대에 거래된 적이 있음.
단독주택	?	3억 원	

01 앞의 아파트를 자녀가 취득하면 거래가액은 어떻게 정해야 하는가?

사례에서 해당 아파트와 유사한 아파트가 3개월 전에 거래된 것이 있으므로 이를 고려해 거래가액을 정해야 할 것으로 보인다. 물론 7억 원에 꼭 맞춰 거래가액을 정할 필요는 없다(5% 이내는 문제가 없다).

🖝 이처럼 현 시세보다 매매가액이 더 높을 때도 있다면 이때는 감정평가를 받은 금액을 기준으로 거래금액을 정하는 것이 좋다.

📢 **돌발퀴즈!**

만일 앞의 매매가액이 3개월 전이 아니라 1년 전에 있다면 이 금액이 시가로 될 수 있을까?

평가기간을 벗어난 기간에 대해서는 가격변동이 없음을 전제로 평가심의위원회의 심의를 거칠 수 있다. 이때 해당 가액을 시가로 심의하면 신고가액이 경정될 수 있다. 실무적으로 아파트를 기준시가로 신고하는 경우에는 이러한 제도가 적용될 가능성이 있으므로 주의해야 한다.

---

02 앞의 단독주택을 자녀가 취득하면 거래가액은 어떻게 정해야 하는가?

단독주택은 시가를 확인할 방법이 없으므로 당사자 간에 정하는 가격을 거래가액으로 하면 될 것으로 보인다.

03 **앞의 부동산을 매매가 아닌 상속 또는 증여를 하면 재산가액은 어떻게 평가해야 하는가?**

단독주택은 시가를 확인할 방법이 없으므로 이 경우 기준시가(또는 임대료 환산가액)를 상속·증여가액으로 하면 될 것으로 보인다. 다만, 아파트의 경우에는 시가가 확인되므로 7억 원으로 평가될 가능성이 크다.*

* 증여세는 시가가 확인되면 해당 가액으로 평가해야 한다. 하지만 앞의 매매는 당사자 간에 임의로 정해도 된다.

🔎 이렇게 되면 현재 시세보다 더 높은 금액이 상속·증여가액으로 둔갑할 수 있다. 그래서 아파트의 경우 감정평가를 받은 후 이 금액을 신고가액으로 하는 경우가 많다.

04 **단독주택을 기준시가로 상속세 또는 증여세를 신고하면 국세청이 감정평가를 받아 이의 금액으로 과세할 수 있는가?**

국세청의 감정평가사업의 대상은 비주거용 부동산 중 시가와 기준시가 등의 차이가 큰 부동산을 대상으로 하고 있다. 따라서 단독주택의 경우에는 이러한 제도는 적용되지 않으므로 사후적으로 문제는 없다고 판단된다(부록 참조).

상증법상의 시가와
세무상 쟁점

현행 상증세는 시가를 원칙으로 과세하고 있다. 하지만 부동산을 상속이나 증여하게 되면 시장에서 직접 거래되는 것이 아니므로 시가를 직접 확인하기가 힘들다. 그래서 상증법에서는 시가과세를 위해 다양한 제도를 두고 있다. 참고로 지법상의 시가 인정액이나 소법상의 시가 제도는 모두 상증법에서 온 것들이다.

(Case)

다음과 같은 부동산을 증여하려고 한다. 물음에 답하면?

자료

구분	시세	공시가격
① 아파트	5억 원	3억 원
② 다세대주택	3억 원	2억 원

01 **① 아파트의 증여가액은 어떻게 산정하는가?**

부동산 등에 대한 증여가액은 원칙적으로 시가를 기준으로 산정한다. 따라서 사례의 경우 5억 원이 증여가액이 될 가능성이 크다.

참고로 2023년부터 증여세와 이에 따른 취득세가 동조화되고 있다. 즉, 다음과 같이 세금 관계가 형성된다.

- 증여세가 시가로 과세되면 취득세도 시가로 과세된다.
- 증여세가 기준시가로 과세되면 취득세도 기준시가(시가 표준액)로 과세된다.

02 **① 아파트의 시가가 확인되지 않았다면 증여가액은 어떻게 파악해야 할까?**

만일 시가(평가기간 내와 밖의 시가 포함)를 알 수 없다면 보충적 평가방법인 기준시가로 신고를 할 수밖에 없다. 단, 아파트는 여러 경로를 통해 시가가 확인되는 경우가 많아 감정평가를 받아 이를 기준으로 신고하는 경우가 많다.

03 **② 다세대주택의 증여가액은?**

다세대주택은 아파트처럼 시가를 파악하기 힘들어 기준시가(시가 표준액)로 증여가액을 산정해도 무방할 것으로 보인다.

상속이나 증여의 경우 재산가액은 다음과 같이 파악하는 것이 원칙이다.

구분	원칙	예외
상속	시가(매매가액 등 포함)	시가가 없는 경우 보충적 평가법*
증여	상동	상동

* 기준시가나 임대료 환산가액 등을 말한다.

상증법상 시가에는 평가기간 내의 매매가액 등이 포함된다.

> ※ **상증법 제60조**
> ② 제1항에 따른 시가는 불특정다수인 사이에 자유롭게 거래가 이루어지는 경우에 통상적으로 성립된다고 인정되는 가액으로 하고 수용가격·공매가격 및 감정가격 등 대통령령으로 정하는 바에 따라 시가로 인정되는 것을 포함한다(2010. 01. 01 개정).

※ **상증법상 시가**

구분	해당 재산	유사한 재산*
원칙	상속개시일 전 6개월~후 6개월(평가기간) 내 매매가액, 감정가액, 공매·경매가액	상속개시일 전 6개월~상속세 신고일의 매매가액, 감정가액, 공매·경매가액
	증여일 전 6개월~후 3개월(평가기간) 내 매매가액, 감정가액, 공매·경매가액	증여일 전 6개월~증여세 신고일의 매매가액, 감정가액, 공매·경매가액
예외	취득일 전 2년 이내의 기간~신고·납부기한일로부터 9(증여는 6)개월의 평가기간 밖에서 평가심의위원회가 심의한 가격(매매가액, 감정가액 등) ▶ 가격변동 등이 없어야 함.	

* 해당 부동산과 위치, 면적, 용도, 기준시가가 같거나 유사한 경우를 말한다. 공동주택에 대한 유사한 재산의 범위는 다음 Q1의 답변을 참조하기 바란다.

앞에서 매매가액은 국세청 홈택스나 국토교통부 홈페이지의 실거래가 조회 등을 통해, 감정평가는 감정평가사를 통해 확인할 수 있다.

앞 사례 아파트의 가격정보를 다시 한번 보자. 물음에 답하면?

구분	시세	기준시가
아파트	5억 원	3억 원

01 앞의 아파트를 자녀에게 3억 원에 증여하려고 한다. 이때 시가는 어떻게 파악할 수 있을까?

증여일 전 6개월부터 증여세 신고 시까지 유사한 재산에 대한 거래가액 정보를 찾아야 한다. 아파트의 경우 평가기간 내에 다음의 요건을 모두 충족한 것이 유사한 재산이 된다. 만약 이에 해당하는 유사한 아파트가 다수이면 기준시가의 차이가 가장 작은 것을 말한다.

가. 산정대상 공동주택과 동일한 공동주택단지 내에 있을 것
나. 산정대상 공동주택과의 주거전용면적 차이가 산정대상 공동주택의 주거전용면적을 기준으로 100분의 5 이내일 것
다. 산정대상 공동주택과의 공동주택가격 차이가 산정대상 공동주택의 공동주택가격을 기준으로 100분의 5 이내일 것

🖐 납세자로서는 여러 건의 매매가액 중 어떤 것이 기준시가의 차이가 가장 작은지를 알기가 힘들다는 문제점이 있다. 따라서 이 규정은 삭제하는 것이 타당해 보인다.

02 만일 앞의 아파트를 4억 원에 감정평가 받으면 다른 매매가액으로 과세될 수는 없는가?

해당 재산에 대한 감정가액은 유사한 재산의 매매가액보다 우선한다. 따라서 이 경우 4억 원을 시가로 보게 된다.

아파트처럼 거래가액이 널뛰기 할 때는 앞과 같이 감정평가를 받으면 좋다(일반적으로 1개, 기준시가가 10억 원 초과 시는 2개가 필요하다).

03 앞의 아파트를 기준시가로 신고하면 사후적으로 문제는 없는가?

시가가 발견되지 않으면 문제가 없다. 다만, 증여일 전 2년 이내에 유사한 재산에 대한 매매가액 등 시가가 발견되면, 평가심의위원회의 심의를 거쳐 해당 금액으로 증여가액이 변경될 수도 있다.

> **Tip 매매가액 해결하는 방법**
>
> 상속이나 증여에 있어서 유사한 재산의 매매가액도 시가로 간주하는데, 이때 유사한 재산이란 해당 재산과 면적, 위치, 용도, 종목 및 기준시가가 같거나 유사한 것을 말한다(☞ 이 부분에 관한 판단이 부동산에 대한 상속과 증여가 발생할 때 가장 핵심적인 부분이 된다). 증여의 경우 이에 대한 해법을 정리하면 다음과 같다.
>
> - 국토교통부 홈페이지나 국세청 홈택스에서 증여일 전 6개월부터 신고예정일 사이 기간에 매매가액이 있는지를 찾는다.
> - 매매가액이 있는 경우에는 증여 시기를 조절한다. 참고로 매매가액의 대상이 되는 부동산은 부동산 계약일을 기준으로 6개월 등을 따진다(잔금청산일이 아님에 주의).
> - 매매가액이 없는 경우에는 신고를 최대한 앞당긴다. 증여일 이후는 신고 시까지 발생한 매매가액만을 인정하기 때문이다. 다만, 신고일 전에 이미 발생한 것이 뒤늦게 발견된 경우에는 해당 금액으로 증여가액이 경정될 수 있음에 유의해야 한다.*
>   * 이러한 문제를 예방하기 위해 미리 감정평가를 받아 이를 기준으로 신고하거나, 또는 이를 통해 신고하지 않더라도 향후 시가 입증을 위해 감정평가서를 미리 보관하는 것이 좋다.
> - 증여일 전 6개월~2년 전 또는 신고일~6개월 이내에 매매가액 등이 있다면 이 가액으로 경정이 될 수 있으므로 이러한 상황이 예견되면 감정평가서를 받아 증여가액을 고정하는 노력을 할 필요가 있다.
> - 매매가액으로 신고했는데 이후 새로운 매매가액이 발견되면 평가기간 내에는 이를 벗어날 방법이 거의 없다. 하지만 평가기간 밖이라면 과세당국이 '시가의 변동이 없음'을 입증해야 하므로 이의신청 등을 해 적극적으로 대응하는 것이 좋다.

실전연습

※ 증여재산 평가전략

(단위 : 개)

구분	평가기간 내 매매가액	평가기간 밖 매매가액		평가전략
		2년 이내	신고 후 결정기한	
상황 1	1	0	0	평가기간 내의 매매가액과 (탁상)감정가액* 비교
상황 2	1	1	0	
상황 3	0	1	0	평가기간 밖의 매매가액과 감정가액 비교(가격변동 없음을 관청이 입증해야 함. 불복)
상황 4	5	10	10	평가기간 내 기준시가 차이가 가장 작은 매매가액과 감정가액 비교
상황 5	0	0	2	신고 후에 평가심의위원회에서 신고가액 심의 시 적극적으로 불복 ▶ 미리 감정평가를 받아 이를 입증자료로 활용하는 방안 강구

* 감정평가의 유용성은 이 장의 '실력 더하기' 참조

지방세법상의 시가와
세무상 쟁점

지법상 취득세는 크게 유상취득(유상 승계취득)과 무상취득으로 구분해 취득가액을 정하고 있다. 이때 전자의 경우 특수관계인 간의 거래 시, 후자의 경우 증여 시 시가 인정액으로 과세될 수 있으므로 주의해야 한다. 참고로 이러한 시가 인정액 제도는 국세법인 상증법을 그대로 차용하고 있다는 사실에 주목하기 바란다.

(Case)

다음과 같은 부동산을 취득하려고 한다. 물음에 답하면?

구분	시세	시가 표준액
① 아파트	5억 원	3억 원
② 다세대주택	3억 원	2억 원

01 ① 아파트를 제3자로부터 2억 원에 매입했다. 취득세 과세표준은?

부동산 가격은 시장에서 당사자가 만나 정하게 된다. 따라서 시세와 시가 표준액보다 낮게 거래됐다고 해서 이를 부인할 수가 없다. 사례의 경우 2억 원이 취득가액이 된다.

02 ① 아파트를 아버지로부터 3억 원에 매입했다. 취득세 과세표준은?

특수관계인 간의 거래는 거래가격을 담합할 수 있다. 이에 지법은 취득가액을 줄여 취득세 부담을 줄이는 행위를 부당행위로 보고, 시가 인정액으로 과세할 수 있다.

※ 지법 제10조의 3

② 지방자치단체의 장은 특수관계인 간의 거래로 그 취득에 대한 조세 부담을 부당하게 감소시키는 행위 또는 계산한 것으로 인정되는 경우(이하 '부당행위계산'이라 한다)에는 제1항에도 불구하고 시가 인정액을 취득당시가액으로 결정할 수 있다.

③ 부당행위계산의 유형은 대통령령으로 정한다.*

* 부당행위계산은 특수관계인으로부터 시가 인정액보다 낮은 가격으로 부동산을 취득한 경우로서 시가 인정액과 사실상 취득가격의 차액이 3억 원 이상이거나 시가 인정액의 100분의 5에 상당하는 금액 이상인 경우로 한다.

만일 시가 인정액을 알 수가 없다면 해당 거래가액을 인정할 수밖에 없다.

03 ① 아파트를 아버지로부터 증여받고자 한다. 취득세 과세표준은?

2023년부터 증여에 따른 취득세도 시가 인정액으로 신고해야 한다. 다만, 해당 부동산의 시가 표준액이 1억 원 이하이거나 시가 인정액이 불분명하면 시가 표준액으로 취득세 과세표준을 산정하게 된다.

04 ② 다세대주택을 아버지로부터 매입하거나 증여받고자 한다. 취득세 과세표준은?

다세대주택은 아파트처럼 시가 파악을 하기가 힘들어 매입은 실제 거래가액으로, 증여는 시가 표준액으로 취득세 과세표준을 정하는 것이 타당하다.

(Consulting)

취득세 과세표준은 다음과 같이 유상취득과 무상취득으로 구분해 살펴볼 수 있다.

구분		원칙	예외
유상취득	제3자 간의 거래	실제 거래가액	– (시가 표준액 이하의 거래가액도 인정)
	특수관계인 간의 거래	상동	지법상 부당행위 해당 시 시가 인정액
무상취득	증여	시가 인정액	• 시가 표준액 1억 원 이하는 시가 표준액 • 시가 인정액이 불분명한 경우 시가 표준액
	상속	시가 표준액	–

특수관계인 간에 거래하거나 증여를 받으면 지법에서도 시가 인정액으로 과세할 가능성이 크다. 이러한 시가 인정액은 다음을 말한다.

> 취득 시기 현재 불특정다수인 사이에 자유롭게 거래가 이루어지는 경우 통상적으로 성립된다고 인정되는 가액(매매가액, 감정가액, 공매가액 등 대통령령으로 정하는 바에 따라 시가로 인정되는 가액을 말한다(지법 제10조의 2 제1항).

※ 취득세 시가 인정액

구분	해당 재산	유사한 재산*
원칙	취득일 전 6개월~취득일 후 3개월(평가기간) 내 매매가액, 감정가액, 공매·경매가액	취득일 전 6개월~취득세 신고일까지의 매매가액, 감정가액, 공매·경매가액
예외	취득일 전 2년 이내의 기간~신고·납부기한일로부터 6개월의 평가기간 밖에서 지방세심의위원회가 심의한 가격(매매가액, 감정가액 등) ▶ 가격변동 등이 없어야 함.	

* 해당 부동산과 위치, 면적, 용도, 시가 표준액이 같거나 유사한 경우를 말한다.

🔘 앞에서 매매가액은 국세청 홈택스나 국토교통부 홈페이지의 실거래가 조회 등을 통해, 감정평가는 감정평가사를 통해 확인할 수 있다. 지법상 시가 인정액 제도는 상증법상의 시가 파악제도와 궤를 같이 한다.

앞 사례 아파트의 가격정보를 다시 한번 보자. 물음에 답하면?

구분	시세	시가 표준액
① 아파트	5억 원	3억 원

01 앞의 아파트를 부친으로부터 3억 원에 매입하려고 한다. 이때 시가 인정액은 무엇을 의미할까?

취득일 전 6개월부터 취득세 신고 시까지 유사한 재산에 대한 거래가액 정보를 찾아야 한다. 아파트의 경우 평가기간 내에 다음의 요건을 모두 충족한 것이 유사한 아파트가 된다. 만약 이에 해당하는 유사한 아파트가 다수이면 시가 표준액 차이가 가장 작은 것을 말한다.

가. 산정대상 공동주택과 동일한 공동주택단지 내에 있을 것
나. 산정대상 공동주택과의 주거전용면적 차이가 산정대상 공동주택의 주거전용면적을 기준으로 100분의 5 이내일 것
다. 산정대상 공동주택과의 공동주택가격 차이가 산정대상 공동주택의 공동주택가격을 기준으로 100분의 5 이내일 것

02 만일 4억 원에 감정평가를 받아 이를 근거로 거래가액을 잡아도 될까?

해당 재산에 대한 감정가액은 유사한 재산의 매매가액보다 우선한다. 따라서 이 경우 4억 원을 시가 인정액으로 보게 된다.

👉 아파트 등 거래가액이 널뛰기할 때는 앞과 같이 감정평가를 받으면 좋다(일반적으로 1개, 시가 표준액이 10억 원 초과 시는 2개가 필요하다).

실전연습

03 앞의 아파트를 부친으로부터 증여받고자 한다. 이때 시가 인정액이 없어 시가 표준액으로 취득세를 신고하면 사후적으로 문제가 없을까?

시가 인정액이 발견되지 않으면 문제가 없다. 다만, 증여일 전 2년 이내에 유사한 재산에 대한 시가 인정액이 발견되면 지방세심의위원회의 심의를 거쳐 해당 금액으로 취득세 과세표준이 변경될 수도 있다.

🖝 이는 앞에서 본 증여세와 같은 원리에 해당한다. 실무적으로는 증여세 과세표준이 경정되면 이를 근거로 취득세 추징이 나설 것으로 보인다.

소득세법상의 시가와
세무상 쟁점

소법상 시가는 주로 특수관계인 간 거래를 할 때 필요한 개념에 해당한다. 구체적으로 저가나 고가로 양도할 때 시가의 개념이 필요하다. 참고로 소법상의 시가 제도는 앞의 상증법과 지법에서 본 것 같은 원리로 적용된다.

Case

다음과 같은 부동산을 양도하려고 한다. 물음에 답하면?

자료

구분	시세	공시가격(기준시가)
① 아파트	5억 원	3억 원
② 다세대주택	3억 원	2억 원

01 ① 아파트를 제3자한테 2억 원에 양도하려고 한다. 양도가액은 문제가 없는가?

부동산 가격은 시장에서 당사자가 만나 정하게 된다. 따라서 시세와 기준시가보다 낮게 거래됐다고 해서 이를 부인할 수가 없다. 사례의 경우 2억 원이 양도가액이 된다.

02 ① 아파트를 자녀에게 3억 원에 양도했다. 양도가액은 문제가 없는가?

특수관계인 간의 거래는 거래가격을 담합할 수 있다. 이에 소법은 양도가액을 줄여 양도세 부담을 줄이는 행위를 부당행위로 보고 시가로 과세할 수 있다(저가 양도에 따른 부당행위계산).

> ※ **소법 제101조**
> ① 납세지 관할 세무서장 또는 지방국세청장은 양도소득이 있는 거주자의 행위 또는 계산이 그 거주자의 특수관계인과의 거래로 인하여 그 소득에 대한 조세 부담을 부당하게 감소시킨 것으로 인정되는 경우*에는 그 거주자의 행위 또는 계산과 관계없이 해당 과세기간의 소득금액을 계산할 수 있다.
>
> * '조세의 부담을 부당하게 감소시킨 것으로 인정되는 경우'란 다음 각 호의 어느 하나에 해당하는 때를 말한다. 다만, 시가와 거래가액의 차액이 3억 원 이상이거나 시가의 100분의 5에 상당하는 금액 이상인 경우로 한정한다(소령 제167조 제3항).

☞ 다만, 시가를 알 수 없다면 해당 거래가액을 인정할 수밖에 없다.

03 ① 자녀에게 아파트를 3억 원에 양도했다. 이때 자녀에게 증여세 문제는 없는가?

시가보다 저렴하게 매수하면 이익 일부가 증여되는 결과가 된다. 이에 상증법 제35조에서는 이익을 본 자에게 증여세를 과세한다. 이러한 원리는 고가 양수한 때도 적용된다.

구분	특수관계가 있는 경우	특수관계가 없는 경우*
이익의 증여판단 기준	30%, 3억 원	30%
증여가액	차액-Min (시가의 30%, 3억 원)	차액-3억 원

* 정당한 사유가 있으면 이 규정을 적용하지 않는다.

04 ② 자녀에게 다세대주택을 2억 원에 양도했다. 양도가액은 문제가 없는가?

다세대주택의 경우 시가를 알기가 힘들어서 해당 거래가액이 인정될 가능성이 크다.

(Consulting)

양도세에서 양도가액(거래가액)은 다음과 같은 기준에 따라 산정된다.

구분	원칙	예외
제3자 간의 거래	실제 거래가액	– (기준시가 이하의 거래가액도 인정)
특수관계인 간의 거래	상동	소법상 저가 양도 부당행위계산에 해당 시는 시가

특수관계인 간에 저가로 거래하면 소법에서도 시가로 과세할 가능성이 크다. 이러한 시가는 다음을 말한다.

※ 양도세에서의 시가개념

구분	해당 재산	유사한 재산*
원칙	양도일 전 3개월~양도일 후 3개월(평가기간) 내 매매가액, 감정가액, 공매·경매가액	양도일 전 3개월~양도세 신고일의 매매가액, 감정가액, 공매·경매가액
예외	양도일 전 2년 이내의 기간~신고·납부기한일로부터 3개월**의 평가기간 밖에서 평가심의위원회가 심의한 가격(매매가액, 감정가액 등) ▶ 저가 양도나 고가 양수 시 증여세 과세가 되기 때문에 궁극적으로 이 제도가 적용될 가능성이 큼. 따라서 이 과정에서 시가가 밝혀지면 양도가액도 수정이 되어야 할 것으로 보임.	

* 해당 부동산과 위치, 면적, 용도, 시가 표준액이 같거나 유사한 경우를 말한다.

** 양도세의 경우 평가기간 밖에서 평가심의위원회가 심의한 가격으로 과세되는 경우는 극히 드물다고 할 수 있다. 하지만, 저가 양도 등에 의해 먼저 증여세가 과세되면 그 결과에 따라 양도세가 추가로 과세될 가능성이 있어 궁극적으로 이 제도가 적용될 가능성이 있다. 참고로의 여기서 '3개월'은 명시적으로 규정되어 있지 않으므로 과세당국을 통해 확인하기 바란다.

📌 앞에서 매매가액은 국세청 홈택스나 국토교통부 홈페이지의 실거래가 조회, 국세청 홈택스 등을 통해, 감정평가는 감정평가사를 통해 확인할 수 있다.

실전연습

K 씨는 다음과 같은 부동산을 자녀에게 매도하려고 한다. 물음에 답하면?

자료

• 아파트 : 시가 5~6억 원
• 기준시가 : 4억 원

---

① 매매가격을 4억 원으로 하면 어떤 문제가 있을까?

시가가 밝혀지지 않으면 문제가 없으나, 아파트의 경우 다양한 경로를 통해 시가가 확인되는 경우가 많다. 따라서 향후 시가가 밝혀지면 이를 기준으로 과세되는 문제점이 발생한다.

② 시가에 맞춰 거래하고자 할 때 매매가격을 어떻게 잡아야 할까?

다음의 홈페이지 등을 통해 해당 재산과 유사한 재산의 매매가액 등을 찾는다.

구분	국토교통부	국세청 홈택스
매매가액	실거래가 조회	증여재산평가 조회

③ 감정평가를 받아서 이를 참고하면 어떻게 될까?

감정가액은 모든 가격에 우선한다. 따라서 정당하게 평가됐다면 이 금액이 시가로 인정된다. 따라서 이를 시가로 보고 이를 참작해 거래가격을 정하면 세법상 문제가 없을 것으로 보인다.

Tip 저가 양도(또는 고가 양도) 시 세목별 과세방식 비교

구분		저가 양도		고가 양도	
		양도자	양수자	양도자	양수자
취득세		–	부당(5% 등)* : 시가 인정액 과세	–	–
국세	소득세	부당(5% 등)* : 시가과세	–	–	부당(5% 등)* : 취득가액은 시가로 정정
	증여세	–	증여(30% 등) : 과세**	증여(30% 등) : 과세**	–

* 부당 : 부당행위계산을 말하며 특수관계인 간의 거래에 적용됨.

** 증여세는 특수관계를 불문하고 적용한다. 단, 특수관계인이 아닌 경우로서 저가 양도 등을 판단할 때는 30%의 기준만 사용한다(증여이익 계산 시에는 대가와 시가의 차액에서 3억 원을 공제함).

법인세법상의 시가와
세무상 쟁점

시가는 시장에서 거래되는 가격으로 세법에서 과세기준을 판단할 때 중요한 잣대로 사용한다. 그렇다면 법인세법상의 시가는 어떤 식으로 규정하고 있는지 살펴보자. 단, 쉽게 이해하기 위해 먼저 상증법, 소득세법을 살펴보고 이와 비교하는 식으로 살펴보자.

1. 상증법

1) 상증법상 시가의 용도

주로 상속세와 증여세를 부과하기 위한 기준으로 사용하고 있다.

2) 상증법상 시가

상증법상 시가는 시장에서 거래되는 가격을 말하며, 평가기간 내와 밖의 시가를 포함한다. 이에 대해서는 앞에서 자세히 살펴보았다.

2. 소득세법

1) 소득세법상 시가의 용도

소득세법 제101조에서 규정하고 있는 양도소득의 부당행위계산 규정을 적용하기 위해 시가를 정하고 있다.

2) 소득세법상 시가

소득세법상의 시가는 상증법상 제60조부터 제66조까지와 같은 법 시행령 제49조 등의 규정을 준용해 평가한 가액에 의한다. 이 경우 상증법 시행령 제49조 제1항 본문 중 '평가 기준일 전후 6월(증여재산의 경우에는 3월로 한다) 이내의 기간'은 '양도일 또는 취득일 전후 각 3월의 기간'으로 본다.

3. 법인세법

1) 법인세법상 시가의 용도

법인세법 제52조에서 규정하고 있는 특수관계인 간의 부당행위계산 부인규정을 적용하기 위해서다.

2) 법인세법상 시가

법인세법상 시가의 범위는 법인세법 시행령 제89조에서 자세히 정하고 있다. 이를 요약해보자.

첫째, 시가는 해당 거래와 유사한 상황에서 해당 법인이 특수관계인 외의 불특정다수인과 계속 거래한 가격 또는 특수관계인이 아닌 제3자

간에 일반적으로 거래된 가격이 있는 경우에는 그 가격(주권상장법인이 발행한 주식을 한국거래소에서 거래한 경우 해당 주식의 시가는 그 거래일의 한국거래소 최종시세 가액)을 말한다.

☞ 법인세법상의 시가는 앞에서 본 상증법이나 소법 등과는 달리 평가기간 내와 밖의 시가평제도를 두고 있지 않다. 하지만 '해당 거래와 유사한 상황'에서 매매가액 등을 시가로 할 수 있도록 하는 등 추상적으로 되어 있으므로 주의해야 한다. 과세당국은 여러 가지 정보를 통해 시가를 파악할 수 있기 때문이다.

둘째, 시가가 불분명할 때는 다음 각 호를 차례로 적용해 계산한 금액에 따른다.

1. 감정한 가액이 있는 경우 그 가액(감정한 가액이 2 이상이면 그 감정한 가액의 평균액). 다만, 주식 등은 제외한다.

☞ 시가가 불분명한 경우 감정을 받으면 해당 가액이 시가가 된다. 실무에서는 아파트의 경우 대부분 감정평가를 받아서 일 처리를 도모하고 있다.

2. 상증법 제38조(합병)·제39조(증자)·제39조의 2·제39조의 3, 제61조부터 제66조*까지의 규정을 준용해 평가한 가액

   * 기준시가로 평가하는 규정을 말한다.

☞ 법인세법은 상증법 제60조를 준용하지 않는다. 따라서 평가기간 내와 밖의 시가평가제도는 적용되지 않는다고 해석된다.

셋째, 금전의 대여 또는 차용의 경우에는 무조건 당좌대출이자율 등을 시가로 한다.

넷째, 금전 외 자산 또는 용역의 경우 앞의 첫 번째와 두 번째 규정을 적용할 수 없는 경우에는 다음의 규정에 따라 계산한 금액을 시가로 한다.

• 유형 또는 무형의 자산을 제공하거나 제공받는 경우에는 당해 자산 시가의 100분의 50에 상당하는 금액에서 그 자산의 제공과 관련해 받은 전세금 또는 보증금을 차감한 금액에 정기예금이자율(2.9%)을 곱해 산출한 금액

4. 앞의 세 가지 법과 시가의 관계

소법은 상증법상의 시가 규정을 준용하고 있으나, 평가기간에서는 차이가 있다. 즉, 평가 기준일 전후의 6개월을 3개월로 변형해 준용하고 있다. 한편 법인세법은 자체적으로 시가 규정을 두고, 이 법에 따른 시가가 없는 경우 감정가액, 그리고 상증법상의 보충적 평가방법(기준시가 등)을 적용하도록 하고 있다. 따라서 매매가액이나 감정가액이 없다면 기준시가도 시가에 해당한다. 그런데 여기서 문제가 있다. 부동산 과다보유법인(자산비율이 50% 이상)의 비주거용 부동산(나대지와 상업용 건물)은 국세청의 감정평가사업의 대상이 될 수 있기 때문이다. 즉 이 법인이 상증법상 보충적 평가방법에 따라 주식 평가 등을 해 상속세나 증여세 등을 신고하면 국세청이 감정평가를 받아 이의 금액으로 신고가액을 경정할 수 있다는 것을 의미한다. 이에 대한 자세한 내용은 부록에서 확인할 수 있다.

세법상 시가 제도의 비교

구분	상증법	소법	지법	법인세법
시가가 있는 경우	• 평가기간 내 : 매매가액 등 • 평가기간 밖 : 매매가액 등 (단, 평가심의위원회 심의를 통과해야 함)			매매가액 등 (기간 특정하지 않음)
시가가 불분명한 경우	보충적 평가방법(기준시가 등)			감정가액 → 보충적 평가방법*

* 부동산 과다보유법인의 비주거용 부동산은 국세청의 감정평가대상이 될 수 있다(부록 참조).

가족 간에 부동산 매매나 증여 또는 상속을 받을 때는 미리 재산을 어떻게 평가하는지부터 검토하는 것이 안전하다. 이를 그르치면 가산세 등의 제재를 피할 수 없기 때문이다. 이러한 관점에서 감정평가가 중요하다.

Case

서울 강남구 역삼동에 거주하고 있는 K 씨는 올해 모친이 거주하고 있는 아파트를 증여받았다. 증여세를 신고해야 하는데 증여세는 얼마가 나올까?

다음과 같은 절차를 통해 K 씨가 궁금해하는 것을 해결해보자.

Step 1 세금예측

앞에서 K 씨가 시가로 신고하는 경우와 기준시가로 신고하는 경우의 세금 차이를 계산해보자.

구분	① 시가로 신고하는 경우	② 기준시가로 신고하는 경우	차이(=①-②)
증여가액	3억 원	2억 원	1억 원
- 증여공제	5,000만 원	5,000만 원	-
= 과세표준	2억 5,000만 원	1억 5,000만 원	1억 원
× 세율(10~50%)	20%, 1,000만 원 (누진공제)	20%, 1,000만 원 (누진공제)	-
= 산출세액	4,000만 원	2,000만 원	2,000만 원

이 표를 보면 기준시가로 신고하는 경우가 시가로 신고하는 경우에 비해 2,000만 원 정도 저렴하다.

Step 2 K 씨는 ①과 ②의 방법 중 유리한 것을 선택해 신고할 수 있을까?

그렇지 않다. 세법은 세금을 제대로 거두기 위해서 '시가과세원칙'을 표방하고 있다. 따라서 원칙적으로 시가로 세금을 내야 한다.

Step 3 시가는 스스로 정할 수 있는가?

그렇지 않다. 가격을 임의로 정하면 제대로 세금을 부과할 수 없다. 따라서 누가 봐도 인정할 수 있는 근거가 필요하다. 따라서 다음과 같은 결론을 내릴 수 있다.

• 만일 객관적인 시가가 존재한다면 → 시가로 증여세를 내야 한다.
• 만일 객관적인 시가가 존재하지 않는다면 → 기준시가로 증여세를 내야 한다.

Step 4 사례는 어떻게 해야 하는가?

시가의 변동성이 큰 경우에는 가격이 가장 낮을 때를 기준(증여일 전 6개월~증여일 후 3개월 사이)으로 감정평가를 받아 이를 기준으로 신고하도록 한다.

※ **객관적으로 시가(유사시가 포함)가 확인되는 경우**
• 당해 증여재산의 증여일 전 6개월~증여일 후 3개월 이내에 당해 재산이 매매된 경우
• 당해 재산의 증여일 전 6개월~증여일 후 3개월 이내에 당해 재산에 대한 경매가격, 감정가액, 수용보상가액이 있는 경우
• 당해 증여재산과 유사한 재산(면적, 위치 등이 유사)의 매매사례가격 등이 증여일 전 6개월~신고일 내에 존재하는 경우(☞ '유사매매가액'이라고 함)

(**Consulting**)

부동산 증여 등과 관련된 재산평가는 어떻게 하는지 알아보자.

구분	평가내용	평가전략
① 유사한 재산이 있는 경우	• 매매가액이 있는 경우	매매가액과 감정가액을 비교해 유리한 것으로 신고(매매가액으로 신고하더라도 감정평가서는 별도 보관)
	• 매매가액이 없는 경우	기준시가로 신고(감정평가서는 별도 보관)
② 유사한 재산이 없는 경우	기준시가	기준시가로 신고하더라도 아파트는 반드시 감정평가서 별도 보관
③ 비주거용 부동산*의 경우	• 추정시가와 기준시가의 차이가 10억 원 미만인 경우	보충적 평가방법으로 신고
	• 추정시가와 기준시가의 차이가 10억 원 이상인 경우	감정평가를 받아 신고(기준시가로 신고 시 반드시 감정평가서 2개를 보관).

* 나대지와 상업용 부동산을 말한다.

※ **감정평가를 해야 하는 경우와 하지 않아도 되는 경우**

앞의 그림에서 ①과 ③ 중 유사한 재산에 대한 매매가격이 있거나 추정시가와 기준시가의 차이가 큰 비주거용 부동산은 본인이 감정평가를 받으면 감정가액을 통제할 수 있다는 이점이 있다. 따라서 이들 부동산에 대해서는 적극 감정평가를 받는 것을 추천할 수 있다. 하지만 이외 부동산들은 감정평가의 실익이 별로 없다. 참고로 본인이 신고한 가액이 과세관청에 의해 수정되어 본세가 추가된 경우 이에 대한 모든 가산세는 부과되지 않는다. 평가방법에 따른 차이에 대해서는 신고불성실가산세와 납부지연가산세를 면제하기 때문이다.

앞의 사례에서 K 씨가 기준시가로 증여세를 신고했다고 하자. 이후 담당 세무서는 기준시가로 신고된 신고서를 그대로 통과시킬까?

일단 답은 그대로 통과시키지 않는다는 것이다. 현재 대부분 재산 관련 세제는 시가로 과세하는 것이 대원칙이기 때문이다.

그렇다면 시가는 어떤 식으로 밝혀낼까?

일단 증여일 전 6개월~증여일 후 3개월 사이에 해당 재산의 매매가액 등이 있거나 증여세 신고일까지의 기간에 유사한 재산이 거래됐는지 등을 조사하게 된다. 이때 조사는 보통 국세청이 가지고 있는 내부 전산망에 의존하는 것이 일반적이다. 이렇게 조사해서도 시가가 밝혀지지 않으면 K 씨가 신고한 서류는 그대로 통과되게 된다.

👉 단, 시가와 기준시가의 차이가 10억 원 이상이 난 비주거용 부동산은 과세당국이 감정평가를 받아 이의 금액으로 경정할 수 있으므로 주의해야 한다(감정평가사업에 대한 대응방법은 부록을 참조할 것).

Tip 감정평가가 유용한 경우

- 세법상 인정되는 '감정평가가액'은 보통 1~2개 이상의 감정기관이 감정한 가액을 평균한 금액을 말한다.
- 감정평가는 시가에 근접하게 평가하는 금액이므로 시가로 평가하면 좋을 상황에서 적극적으로 추천되는 방법이다.
- 시가로 평가하면 좋을 상황에는 다음과 같은 것들이 있다.
  - 특수관계인 간에 거래(매매, 임대차 등)할 때
  - 증여 후 양도세를 절세하고 싶을 때 → 배우자에게 시가로 증여한 후 10년 뒤에 양도하면 양도세가 절감됨.
  - 상속 후 양도세를 절세하고 싶을 때 → 부동산을 상속받은 후 양도할 때 취득가액을 시가로 해두면 양도세가 절감됨.

감정평가의 유용성이 점점 커지고 있다. 다음에서 상증법상 감정평가제도에 대해 유의해야 할 사항을 알아보자.

1. 유효한 감정평가

상증법상 감정가액이 시가로 인정되기 위해서는 다음의 요건을 충족해야 한다.

- 평가기간* 내 감정평가를 받을 것

  * 상속은 상속개시일 전·후 6개월~총 1년, 증여는 증여일 전 6개월~증여 후 3개월~총 9개월

- 위 평가기간 내에 가격산정 기준일과 감정가액평가서 작성일이 포함될 것

현행 상증법을 집행하는 국세청은 납세자가 평가기간이 지난 후 받은 감정가액은 상증법상의 가액으로 인정하지 않는다. 하지만 대법원은 소급감정에 해당해도 객관적이고 합리적인 방법으로 평가한 가액에 해당하면 하나의 감정가액도 시가로 본다고 판시(대법 2010두8751, 2010. 09. 30)하고 있다.

2. 감정평가 개수

해당 부동산의 기준시가가 10억 원 이하면 1개의 평가액이 가능하며, 이를 초과하면 2개 이상의 평가액이 필요하다.

※ 상속·증여세 신고 시 감정평가수수료 공제

- 부동산에 대한 감정평가법인 수수료 : 500만 원 한도
- 비상장 주식에 대한 신용평가기관(세무법인 등) 평가수수료 : 1,000만 원 한도
- 서화·골동품 전문가 평가수수료 : 500만 원 한도

3. 감정가액의 적용배제

감정가액이 일정한 기준에 미달한 경우에는 이를 인정하지 않는다. 다음 집행기준을 참조하기 바란다.

※ 시가로 보는 감정가격(상증세 집행기준 60-49-5)

① 감정평가서를 작성한 날이 평가기간 내에 속하는 경우로서 2개 이상의 공신력 있는 감정기관(기준시가 10억 원 이하 부동산의 경우 하나 이상의 감정기관)이 평가한 감정가액이 있는 경우에는 그 감정가액의 평균액은 시가로 인정된다. 단, 주식 및 출자지분의 감정가액은 인정되지 아니한다.

② 위 ①의 감정가액이 기준금액(보충적 평가방법으로 평가한 가액과 유사사례가액의 90% 가액 중 적은 금액)에 미달하거나 평가심의위원회의 심의를 거쳐 감정가액이 부적정하다고 인정되는 경우에는 세무서장 등이 다른 감정기관에 의뢰해 감정한 가액에 의하며, 그 가액이 납세자가 제시한 감정가액보다 낮은 경우에는 위 ①의 감정가액으로 한다.

4. 평가심의위원회의 역할

현행 상증법 시행령 제49조의 2에서는 다음 사항을 심의하기 위해 국세청 등에 평가심의위원회를 두도록 하고 있다.

- 평가기간 밖의 매매 등의 가액의 시가 인정
- 시가 불인정 감정기관의 지정
- 비상장 주식 등 가액평가 및 평가방법
- 건물, 오피스텔 및 상업용 건물 가치의 산정·고시를 하기 위한 자문

이러한 제도에 따라 비주거용 부동산은 보충적 평가방법(기준시가나 환산가액)으로 상속세나 증여세를 신고하면, 국세청에서 감정평가를 받아 이의 금액으로 과세할 수 있게 된다.

참고로 이 제도는 납세자도 신청 가능한데 상속세 과세표준 신고기한 만료 4개월 전(증여의 경우에는 증여세 과세표준 신고기한 만료 70일 전)까지 신청해야 한다.

🔖 재산평가심의위원회의 심의제도에 대한 대응전략은 부록에서 다루고 있다.

5. 적용사례

01 감정평가는 무조건 2개를 받아야 한다.

아니다. 기준시가 10억 원 이하는 1개만 받아도 된다.

02 여러 개의 상속재산 중 일부에 대해서만 감정평가를 받을 수 없다.

받을 수 있다.

03 감정평가는 감정가액평가서를 평가기간* 내에 작성하면 문제가 없다.

아니다. 가격산정 기준일도 평가기간 내에 해당해야 한다.

* 상속은 상속 전후 6개월(1년), 증여는 증여 전 6개월~증여 후 3개월(9개월)을 말한다.

04 감정평가는 상속세나 증여세 신고 후에 소급해 평가할 수 있다.

아니다. 세법은 이를 허용하지 않고 있다.

Q5 평가기간 내에 감정가액이 1개 있는 상황에서, 과세당국이 평가기간 밖에서 감정평가를 받아 이 가액들의 평균액을 재산평가심의위원회에 심의 요청할 수 있다.

그렇다. 다음 예규를 참조하자.

※ **기획재정부 재산세제과-816, 2022. 07. 25**

기준시가 10억 원을 초과하는 재산에 대하여 평가기간 밖 1개의 감정가액과 평가기간 내 1개의 감정가액이 존재할 경우 평가심의위원회 심의를 거쳐 2개의 감정가액의 평균액을 시가로 인정 가능함.

Q6 은행에 담보대출을 받을 때 받은 감정가액도 시가로 인정될 수 있다.

그럴 수 있다. 실제 은행 대출 시 담보목적으로 감정평가한 쟁점 부동산 감정가액 1개를 상속재산의 시가로 보아 상속세를 과세하는 사례가 있다(심사상속 2008-0013, 2008. 12. 03 참조).

Q7 감정가액은 의뢰자가 요청한 가액대로 평가를 받을 수 있다.

아니다. 감정평가 기준을 위반하면 감정평가사 등에게 징계가 뒤따를 수 있다. 한편 세법은 다음과 같은 규정을 두고 있기도 하다.

※ **재산평가심의위원회운영규정**

제40조 [시가 불인정 감정기관 심의대상]
영 제49조 제7항에 따라 납세자가 제시한 감정기관(이하 '원 감정기관'이라 한다)의 감정가액이 다른 감정기관(이하 '재감정기관'이라 한다)이 평가한 감정가액의 100분의 80에 미달하는 경우 해당 원 감정기관을 말한다.

08 기준시가로 신고된 모든 부동산에 대해 감정평가를 해서 재산평가심의위원회의 심의를 요청할 수 있다.

아니다. 비주거용 부동산 중 시가와 기준시가 등의 차이가 큰 부동산만 심의를 요청할 수 있다.

09 과세당국이 기준시가로 신고된 비주거용 부동산에 대해 감정평가를 할 수 있는 제도는 문제가 없는가?

이에 대해 조세심판원은 다음과 같은 태도를 보인다.

'상속세 법정 결정기한(신고기한~9개월) 내에 감정평가서 작성이 이뤄진 경우로서 평가 기준일부터 가격산정 기준일 또는 감정평가서 작성일까지의 기간 중에 가격변동의 특별한 사정이 없다고 보아 평가심의위원회의 심의를 거쳐 해당 감정가액을 시가로 판단한 것으로서 잘못이 없어 보인다(조심 2021서2705, 2021. 07. 12).'

010 감정평가를 받았지만, 이 금액으로 신고하지 않아도 되는가?

그렇다. 이렇게 받은 감정평가서는 향후 시가 입증자료로 사용할 수 있다.

011 감정평가수수료는 전액 공제가 가능하다.

아니다. 500만 원까지만 가능하다. 당해 평가된 가액으로 상속세 등을 신고·납부하는 경우에만 공제를 적용한다.

제 **4** 장

부동산 매매(교환 포함)의
선택과 절세 포인트

부동산 매매의
장단점

앞에서 살펴본 내용을 발판 삼아 이제부터는 가족 간의 소유권 이전 방법인 매매부터 이에 대한 세무상 쟁점을 살펴보자. 매매는 유상으로 소유권을 이전하는 방법으로 최근 중요성이 점점 커지고 있다. 증여 대신 매매를 선택하는 경우가 많아졌기 때문이다. 매매에 대한 장단점부터 정리해보자.

K 씨는 다음과 같은 부동산을 보유하고 있다. 물음에 답하면?

> **자료**
> • 주택과 상가 등 30억 원 정도가 됨.
> • K 씨의 나이는 75세임.
> • 10년 내 상속이 발생하면 5억 원 정도의 상속세가 예상됨(40% 세율).

01 만일 주택을 5억 원에 증여한 후 10년 이내에 상속이 발생하면 상속세가 줄어드는가?

다른 요인은 변동이 없다고 가정하면 동일하다. 상속개시일로부터 10년 이내에 증여한 재산가액은 상속가액에 합산되어 과세되기 때문이다.

02 만일 주택을 5억 원에 매매한 후 10년 이내에 상속이 발생하면 상속세가 줄어드는가?

상속세는 줄어들 가능성이 크다. 매매가액은 상속가액에 합산되지 않기 때문이다.

03 만일 주택을 5억 원에 매매하면 유류분 청구대상이 되는가?

사전에 증여한 재산이 유류분 청구대상이 된다. 따라서 매매는 원칙적으로 이에 해당하지 않는다.

(Consulting)

가족 간 매매에 대한 장단점을 비교해보자.

장점	단점
• 매매가격을 조절할 수 있다. • 대금 지급방법을 다양하게 할 수 있다(전세 보증금 승계 등). • 일시적 2주택 비과세를 받을 수 있다. • 상속세 합산과세가 적용되지 않는다. • 유류분 청구대상이 되지 않는다.	• 시가의 적정성 논란이 많다. • 저가 양도에 따른 세법상의 규제가 심하다. • 자금출처조사 대상이 된다.

실전연습

L 씨는 다음처럼 주택을 보유하고 있다. 물음에 답하면?

> **자료**
> • A 주택 : 2020년 1월 취득
> • B 주택 : 2021년 3월 취득

Q1 A 주택은 언제까지 팔아야 비과세를 받는가?

A 주택에 대해 일시적 2주택 비과세를 받기 위해서는 B 주택을 취득한 날로부터 3년 이내에 양도해야 한다.

Q2 매수세가 없어 3년 이내에 A 주택을 팔 수 없다면 세대 분리된 자녀에게 양도해도 비과세를 받을 수 있는가?

독립세대로 인정되면 비과세를 받을 수 있다.

Q3 Q2에서 자신이 세운 법인에 양도해도 비과세를 받는 데 문제는 없는가?

그렇다. 다만, 이때 법인은 취득세와 향후 이의 양도 시 법인세를 내야 한다.

Q4 자녀나 법인에 양도해 A 주택에 대해 비과세를 받았다고 하자. 이후 해당 A 주택을 L 씨가 다시 매수하면 당초 비과세는 추징되는가?

양도세 비과세는 양도일 현재를 기준으로 판단하므로 이 당시에 비과세 요건을 갖추었다면 일단 비과세가 확정된다. 그리고 이후 가족 간 매매나 증여 또는 상속이 발생하면 이에 대해서는 별개의 거래로 보아 이와 관련된 규정을 적용하면 될 것으로 보인다. 사례의 경우에는 상증법 제44조 제2항에서 다음과 같은 규제를 적용하게 된다.

> ② 특수관계인에게 양도한 재산을 그 특수관계인(양수자)이 양수일부터 3년 이내에 당초 양도자의 배우자 등에게 다시 양도한 경우에는 양수자가 그 재산을 양도한 당시의 재산가액을 그 배우자 등이 증여받은 것으로 추정하여 이를 배우자 등의 증여가액으로 한다. 다만, 당초 양도자 및 양수자가 부담한 소법에 따른 결정세액을 합친 금액이 양수자가 그 재산을 양도한 당시의 재산가액을 당초 그 배우자 등이 증여받은 것으로 추정할 경우의 증여세액보다 큰 경우에는 그러하지 아니하다.(2015. 12. 15 개정)
>
> ③ 해당 재산이 다음 각 호의 어느 하나에 해당하는 경우에는 제1항과 제2항을 적용하지 아니한다.
>
> 　5. 배우자 등에게 대가를 받고 양도한 사실이 명백히 인정되는 경우로서 대통령령으로 정하는 경우 등

🔵 대가관계가 확인되면 증여추정을 하지 않으므로 비과세로 받은 금액은 추징되지 않는다.

※ 가족 간 매매 시 알아야 할 세무 상식들

- 증여(부담부 증여)와 양도 중 어떤 것이 유리한지 실익 분석을 한다(5~6장 참조).
- 양도를 선택하는 경우에는 반드시 자금출처에 대한 입증자료를 준비해두어야 한다.
- 당사자 간의 거래금액은 시가와 근접하게 정해야 한다.

가족 간 매매 전후로 발생하는
세무상 쟁점

가족 간에 부동산을 매매형식으로 거래할 때는 세무상 쟁점을 최소화하는 한편, 장점을 극대화하는 식으로 전략을 마련해야 한다. 그렇다면 가족 간 매매 시 대두되는 세무상 쟁점에는 어떤 것들이 있을까? 매매 당시와 매수한 부동산을 양도할 때로 구분해 이에 대해 좀 더 세부적으로 살펴보자.

1. 매매 당시의 세금

매매 당시에는 양도자에게는 양도세 문제가, 양수자에게는 취득세 문제가 발생한다. 이 외에 다음과 같은 쟁점들이 발생한다.

1) 가장매매를 하는 경우

증여로 부동산을 넘기고 싶은데, 증여세가 비싸거나 상속세 합산과세 등의 이유로 증여를 선택하는 것을 주저하는 경우가 많다. 이때 매매계약서를 작성해 매매로 처리하는 경우가 왕왕 있다.

⚖ 이에 대해 세법은 자금관계가 입증되지 않으면 매매가 아닌 '증여'로 보아 증여세를 추징한다.

2) 저가로 양도하는 경우

시가보다 저가로 매매하면 양도자와 양수자에게 다음과 같은 문제가 발생한다.

양도자	양수자
• 양도세 시가로 과세	• 취득세 시가로 과세 • 증여이익에 대해 증여세 과세

양도세와 취득세의 경우 특수관계인 간의 거래를 통해 조세를 부당하게 감소시킨 경우에 부당행위계산제도가 적용된다. 이와 별개로 저가로 양수한 자는 이익을 보게 되므로 증여세제도를 적용한다.

3) 고가로 양도하는 경우

시가보다 고가로 매매하면 양도자와 양수자에게 다음과 같은 문제가 발생한다.

양도자	양수자
• 양도가액 수정(고가 양도가액 – 증여가액)* • 증여이익에 대해 증여세 과세	• 취득세는 문제없음. • 향후 양도 시 취득가액 수정 　(고가 취득가액 – 증여가액)**

* 고가 양도분에 대해 증여세와 양도세가 이중으로 과세될 수 있으므로 양도가액을 수정한다.

** 고가 취득자에 대해서는 소법상 부당행위계산을 적용해 취득가액을 시가로 수정하도록 하고 있다. 높은 취득가액을 적용해 양도차익이 줄어드는 것을 방지하기 위해서다.

고가 양도자의 경우 양도가액을 시가로 수정해야 하며, 이익에 대해서는 증여세가 과세된다. 한편 고가 양수자가 향후 해당 자산 양도 시 취득가액이 시가로 수정된다. 고가 양수로 오히려 취득세는 증가했으므로 이에 대해서는 규제하지 않는다.

2. 매매 후 발생하는 세금

가족으로부터 매수한 부동산을 양도하는 경우에는 다음과 같은 쟁점이 발생한다.

1) 제3자에게 양도하는 경우

쟁점이 없다. 따라서 양도일 현재를 기준으로 비과세 또는 과세판단을 하면 된다.

2) 가족에게 다시 양도하는 경우

가족으로부터 매수한 부동산을 다시 가족에게 양도하는 경우에는 다음과 같은 식으로 이를 규제한다.

구분	3년 내 양도 시	3년 후 양도 시
적용되는 제도	증여추정	없음.
비고	대가 수반 시 증여추정 배제	

여기서 증여추정은 대가관계를 입증하지 못하면 증여로 보는 것을 말한다. 따라서 대가관계의 입증이 중요하다.

가족 간 매매 시 세무상 쟁점 요약

- 자금출처가 입증되지 않으면 증여세가 발생한다.
- 저가 양도 시 양도세와 취득세는 시가로 과세되며, 증여이익에 대해서는 증여세가 발생한다.
- 고가 양도 시 양도가액과 취득가액(양수자가 향후 양도할 때의 취득가액을 말한다)은 시가로 수정되며, 증여이익에 대해서는 증여세가 과세된다. 한편, 고가 양수자의 취득세는 부당행위에 해당하지 않으므로 별다른 조치가 없다.
- 가족으로부터 매수한 부동산을 3년 이내에 가족에게 다시 매매하면 증여추정제도가 적용된다.

가족 간 매매와
세무상 쟁점사례

가족 간에 매매방식으로 부동산을 이전할 때 발생할 수 있는 세무상 쟁점을 사례를 통해 좀 더 구체적으로 알아보자.

Case

K 씨는 다음과 같은 식의 거래를 생각하고 있다. 물음에 답하면?

- K 씨는 무주택자로 아버지로부터 주택을 매입하려고 함.
- 해당 주택은 아파트로서 시세는 5억 원으로 형성되어 있으나 공시가격은 3억 원임.
- 해당 주택을 탁상 감정받은 결과 4억 5,000만 원 정도가 됨.
- 해당 주택은 비조정지역에 소재함.
- K 씨는 33세로 세대 독립했으며 직장생활을 영위하고 있음.

01 K 씨는 이 주택을 취득하는 데 세법 외 문제는 없는가?

가족 간의 거래에 대해 이를 제한하는 법률 규정은 없다.

02 세법에서는 가족 간의 매매방식에 대해 어떤 식으로 규제할까?

특수관계인 간의 거래가 정상적인 거래에 비추어 세 부담을 부당히 낮추거나 부의 이전을 수반하면 취득세와 양도세에서 시가로 과세하는 한편, 증여세를 부과한다.

03 만일 K 씨가 해당 주택을 2억 원에 취득하면 취득세 과세표준은 어떻게 될까?

지법상 과세표준은 거래상대방에게 지급하거나 지급할 예정인 사실상의 취득가액을 말한다. 즉, 이러한 기준은 시장에서 거래된 가격을 전제로 하는 것으로 볼 수 있다. 그렇다면 사례처럼 거래금액을 정한 경우 지법은 이를 용인할까?

아니다. 현행 지령 제18조의 2에서는 다음과 같은 요건을 충족하면 이를 부당행위로 보고 시가에 맞춰 과세할 수 있도록 하고 있다. 참고로 이 규정은 양도세 부당행위 판단기준과 같다.

> 특수관계인으로부터 시가 인정액보다 낮은 가격으로 부동산을 취득한 경우로서 시가 인정액과 사실상 취득가격의 차액이 3억 원 이상이거나 시가 인정액의 100분의 5에 상당하는 금액 이상인 경우로 한다(2021. 12. 31 신설).

따라서 사례의 경우 시가로 과세될 가능성이 있다.

04 앞의 사례에서 시가 인정액은 어떻게 계산할까? 단, 정식 감정평가는 받지 않았다고 하자.

지법에서 말하는 시가 인정액은 평가기간* 내의 해당 재산이나 신고일까지의 유사한 재산의 매매가액, 감정가액 등을 말한다. 따라서 사례의 경우 해당 아파트와 유사한 아파트의 거래가액을 찾아야 한다.

* 취득일 전 6개월~취득일 후 3개월을 말한다.

- 만일 유사한 재산가액이 발견된 경우 : 해당 가격을 기준으로 취득세가 부과될 수 있다.
- 만일 유사한 재산가액이 발견되지 않은 경우 : 시가가 없으므로 해당 거래가액이 인정된다.

📢 **돌발퀴즈!**

만일 시가가 없는 상태에서 K 씨가 2억 원으로 과세표준을 신고하면 문제가 없을까?

아니다. 지령 제14조 제3항에서는 취득세 신고기한으로부터 6개월 이내에 매매가액 등이 발견되면, 지방세심의위원회의 심의를 거쳐 이 가격을 과세표준으로 할 수 있도록 하고 있기 때문이다.

👉 이상과 같이 특수관계인 간의 거래 시에는 거래가액을 제대로 평가하는 것이 중요함을 알 수 있다.

05 취득세 관점에서는 거래가격을 어떻게 정하는 것이 좋을까?

특수관계인 간의 거래가액은 다음 기준을 고려해 정하는 것이 좋다.

- 시가가 확인되는 경우 : 시가의 95% 이내의 금액
- 시가가 확인되지 않은 경우
  ① 매매가액이 존재할 가능성이 있는 경우 : 감정평가
  ② 매매가액이 존재할 가능성이 없는 경우 : 시가 표준액

(Consulting)

가족 간에 부동산을 거래할 때 발생할 수 있는 세무상 쟁점을 거래당사자별로 살펴보면 다음과 같다.

구분	양도자	양수자
양도세	• 양도세 과세(비과세) • 저가 양도 시 시가로 양도세 과세 (✓)	–
취득세	–	• 취득세 과세 • 저가 양수 시 시가로 취득세 과세 (✓, 고가 양수는 규제하지 않음)
증여세	고가로 양도 시 증여세 과세	• 저가로 양수 시 증여세 과세(✓) • 대가관계가 없으면 증여세 과세

가족 간의 매매와 관련해 쟁점이 자주 발생한 곳은 표 중 '✓'를 한 곳이다. 모두 저가 양도와 관련이 있다.

앞의 사례를 연장해보자. 다음 물음에 답하면?

01 거래가액을 2억 원으로 한 경우 그의 부친에게 어떤 제도가 적용되는가?

K 씨의 부친이 소법상 시가에 미달하게 양도하면 부당행위계산으로 보아 시가로 과세할 수 있게 된다.

02 저가 양수자인 자녀는 취득세와 증여세 문제는 없는가?

시가보다 저가로 양수하면 시가로 취득세가 부과될 수 있고, 저가 양수로 인해 얻은 이익에 대해서는 증여세가 부과될 수 있다.

03 취득세, 양도세, 증여세를 종합해볼 때 사례의 거래가액은 얼마로 하는 것이 좋을까?

취득세와 양도세는 시가의 5% 이내, 증여세는 30% 이내 등을 기준으로 규제하고 있다. 따라서 전자의 세금이 큰 경우에는 5% 이내에서, 그렇지 않으면 30% 이내에서 거래가격을 잡는 것이 좋을 것으로 보인다.

⑮ 특수관계인 간의 적정 거래가격을 잡기 힘든 경우에는 저자의 카페로 문의하기 바란다.

구분	양도세	취득세	증여세
규정	부당행위계산 (소법 제101조)	부당행위계산 (지법 제10조의 3)	이익의 증여 (상증법 제35조)
적용대상	특수관계인	좌동	특수관계인이 아닌 경우도 적용
과세내용	시가로 과세	시가로 과세	증여이익에 대해 증여세 과세 ▶ 증여이익 : (시가 - 대가) - Min[시가의 30%, 3억 원]**
적용요건	시가의 5% 이상 차이가 나는 경우 또는	좌동 (5%)	좌동 (30%)*
	시가와 거래가의 차이가 3억 원 이상 차이가 난 경우	좌동 (3억 원)	좌동 (3억 원)

* 특수관계인이 아닌 경우에는 30% 기준만 적용한다.

** 특수관계인이 아닌 경우에는 증여이익 계산 시 차액(시가-대가)에서 3억 원을 차감한다(특수관계인과는 적용 기준에서 차이가 있다).

저가 양도와
세무상 쟁점사례

저가 양도는 가족뿐만 아니라, 비특수관계인과도 행해진다. 그렇다면 세법은 이 두 대상 중 가족에게만 규제의 잣대를 들이밀까? 아니다. 비특수관계인에게 저가 양도 시에도 증여세를 과세할 수 있다. 물론 적용요건이 엄격하다. 다음에서 이에 대해 알아보자.

K 씨와 그의 부친은 다음과 같이 거래했다. 물음에 답하면?

> ### 자료
> • K 씨의 부친은 현재 1세대 2주택임.
> • 2024년 5월 5일 K 씨의 부친이 시가 10억 원(취득가액 6억 원)의 주택을 K 씨에게 6억 원에 매도함(여기서 시가는 매매가액 등으로 확인할 수 있음).
> • 앞의 거래 시 대가는 정확히 주고받거나 받을 예정임.

Q1 K 씨 부친이 K 씨에게 6억 원에 양도하는 경우 어떤 규정이 적용되는가? 취득세는 고려하지 않는다.

시가보다 저가에 거래 시 양도자에게는 소법상 부당행위계산제도, 양수자에게는 상증법상 증여세제도를 적용한다. 전자는 5%(3억 원), 후자는 30%(3억 원) 기준을 사용하므로 양측에게 해당 제도를 적용한다.

Q2 앞 Q1의 경우 양도차익과 증여세는 얼마나 예상되는가?

① 양도자

양도자의 경우 시가대로 양도세를 과세한다. 주어진 정보를 토대로 양도차익을 계산하면 다음과 같다.

구분	당초	수정
양도가액	6억 원	10억 원
– 취득가액	6억 원	6억 원
= 양도차익	0원	4억 원

② 양수자

저가 양도에 따라 양수자가 얻은 이익에 대해서는 증여세를 부과한다.

- **과세요건** : (시가 – 대가)≥Min[시가의 30%, 3억 원]
- **증여가액** : (시가 – 대가) – Min[시가의 30%, 3억 원]

사례의 경우 시가와 대가의 차액이 4억 원(10억 원-6억 원)이고, 시가의 30%는 3억 원이므로 증여가액은 다음과 같다.

- **증여가액** = 4억 원 – 3억 원 = 1억 원

따라서 이 경우 증여세는 다음과 같이 예상된다.

> • 증여세 과세표준 : 5,000만 원(1억 원 – 증여공제 5,000만 원) × 세율 10%
>   = 증여세 500만 원

사례의 경우 4억 원의 차익이 발생했으나 증여세는 500만 원밖에 발생하지 않는다. 이처럼 세 부담이 작은 이유는 차익에서 시가의 30%와 3억 원 중 작은 금액을 차감해주기 때문이다. 알아두면 좋을 정보에 해당한다.

> ### 📣 돌발퀴즈!
>
> **만일 얼마 전에 부친으로부터 1억 원을 증여받았다면 이 경우 증여세는 얼마나 추가될까?**
>
> 이 경우 10년 누적합산과세로 증여세 과세표준은 2억 원이 되고, 증여공제는 5,000만 원이 적용되므로 과세표준은 1억 5,000만 원이 된다. 따라서 산출세액은 20%와 누진공제 1,000만 원을 적용하면 2,000만 원이 되고, 결국 1,500만 원이 증가된다.

03 K 씨가 매수한 주택에 대해서는 취득세가 어떤 식으로 부과될까?

취득세의 경우 가족 간에 부당행위가 발생하면 시가로 과세할 수 있다. 이때 부당행위는 소법처럼 5%(3억 원) 기준을 사용한다. 따라서 사례의 경우 6억 원이 아닌 10억 원에 대해 취득세가 부과될 수 있다.

(Consulting)

특수관계인 또는 비특수관계인과 저가 양도를 하는 경우 세무상 쟁점을 세목별로 정리하면 다음과 같다.

	특수관계인*	비특수관계인
취득세	① 취득세는 원칙적으로 실제 거래가액으로 과세한다. ② 특수관계인 간의 저가 양도가 부당행위(5%, 3억 원)에 해당하면 시가 인정액을 과세표준으로 한다.	• 좌 ①에 따라 과세 • 좌 ②는 적용하지 않음.
양도세	① 양도세는 원칙적으로 실제 거래가액으로 과세한다. ② 특수관계인 간의 저가 양도가 부당행위(5%, 3억 원)에 해당하면 시가를 양도가액으로 한다.	• 좌 ①에 따라 과세 • 좌 ②는 적용하지 않음.
증여세	① 특수관계인 간의 저가 양도가 증여행위(30%, 3억 원)에 해당하면 증여세를 부과한다. ② 증여이익을 계산할 때 증여가액에서 시가의 30%와 3억 원 중 적은 금액을 차감한다.	• 좌 ① 적용함(30% 기준). • 좌 ② 적용함(3억 원 차감).

* 이 책에서 사용하는 특수관계인은 주로 다음을 말한다. 참고로 지방세도 다음과 대동소이하다(지방세기본법 제2조 참조).
  1. 4촌 이내의 혈족
  2. 3촌 이내의 인척
  3. 배우자(사실상의 혼인 관계에 있는 자를 포함한다)
  4. 친생자로서 다른 사람에게 친양자 입양된 자 및 그 배우자·직계비속
  5. 본인이 「민법」에 따라 인지한 혼인 외 출생자의 생부나 생모(본인의 금전이나 그 밖의 재산으로 생계를 유지하는 사람 또는 생계를 함께하는 사람으로 한정한다)

K 씨는 현재 시가 10억 원인 부동산을 5억 원 선에서 매도하려고 한다. 물음에 답하면? 참고로 비특수관계인에게 저가 양도 시에는 정당한 사유가 없다고 하자.

Q1 이를 특수관계인에게 양도하면 어떤 문제가 발생하는가?

주요 세목별로 정리하면 다음과 같다.

구분	양도세	취득세	증여세
저가 양도 해당 여부	해당함. (5%, 3억 원)	좌동	해당함. (30%, 3억 원)
적용 규정	시가과세	좌동	증여이익 증여세 과세

Q2 이를 비특수관계인에게 양도하면 어떤 문제가 발생하는가?

주요 세목별로 정리하면 다음과 같다.

구분	양도세	취득세	증여세
저가 양도 해당 여부	해당하지 않음.	좌동	해당함. (30%)
적용 규정	–	–	증여이익 증여세 과세

Q3 비특수관계인은 증여세를 얼마나 부담해야 하는가?

비특수관계인이 저가로 양수한 때는 다음과 같이 증여세를 계산한다.

- 증여이익 : (시가 - 대가 - 3억 원) = (10억 원 - 5억 원) - 3억 원 = 2억 원
- 증여세 : (증여가액 - 증여공제) × 10~50%
  = (2억 원-0원) × 20%-1,000만 원(누진공제) = 3,000만 원

04 비특수관계인에게 저가 양도하는 경우에 정당한 사유가 있다면 증여세가 부과되는가?

상증법 제35조 제2항에서는 다음과 같은 규정을 두어 비특수관계인에게도 증여세를 과세할 수 있도록 하고 있다. 다만, 거래의 관행상 정당한 사유가 있으면 증여세를 과세할 수 없도록 하고 있다.

② 특수관계인이 아닌 자 간에 거래의 관행상 정당한 사유 없이 재산을 시가보다 현저히 낮은 가액으로 양수하거나 시가보다 현저히 높은 가액으로 양도한 경우로서 그 대가와 시가의 차액이 대통령령으로 정하는 기준금액 이상인 경우에는 해당 재산의 양수일 또는 양도일을 증여일로 하여 그 대가와 시가의 차액에서 대통령령으로 정하는 금액을 뺀 금액을 그 이익을 얻은 자의 증여가액으로 한다(2015. 12. 15 개정).

돌발퀴즈!

앞에서 '정당한 사유'는 무엇이고 이에 대해서는 누가 입증해야 하는가?

이에 대해서는 다음 대법판례(대법원 2017두61089, 2018. 03. 15)를 참조하자.

'특수관계인이 아닌 자 간에 재산을 양수 또는 양도하는 경우로서 거래의 관행상 정당한 사유 없이 재산을 시가보다 현저히 낮은 가액으로 양수하거나 높은 가액으로 양도함으로써 이익을 얻으면 증여세가 과세된다. 이 경우 거래의 관행상 정당한 사유가 있는지에 대하여 현재 법령에서 규정하지 않고 있으며, 당해 거래의 경위, 거래당사자의 관계, 거래가액의 결정 과정 등을 감안할 때에 적정한 교환가치를 반영하여 거래하였다고 볼 수 있는지 등 구체적인 사실을 확인하여 판단할 사항이다(서면 4팀-116, 2005. 01. 14)'라고 하고 있다. 대법원은 '거래의 관행상 정당한 사유가 없다는 점'에 대한 입증책임이 과세관청에 있다고 하였다.

Tip 저가 양도에 따른 증여세 과세기준

세법상 시가 대비 다음 한도를 벗어나게 거래금액을 정하면 증여세 문제가 발생한다.

시가	30% 기준	3억 원 기준	한도
5억 원	1.5억 원	3억 원	1.5억 원
10억 원	3억 원	3억 원	3억 원
15억 원	4.5억 원	3억 원	3억 원
20억 원	6억 원	3억 원	3억 원

고가 양도와
세무상 쟁점사례

앞의 저가 양도와 반대로 고가 양도를 하면 어떤 세무상 쟁점이 발생하는지 사례를 통해 알아보자. 참고로 실무에서는 고가 양도에 대한 세무상 이슈가 잘 발생하지 않는다. 대부분 저가 양도에 관심이 많기 때문이다.

K 씨와 그의 부친은 다음과 같이 거래했다. 물음에 답하면?

> **자료**
> · K 씨의 부친은 현재 1세대 2주택임.
> · 2024년 5월 5일 K 씨의 부친이 시가 10억 원(취득가액 6억 원)의 주택을 K 씨에게 15억 원에 매도함(여기서 시가는 매매가액 등으로 확인할 수 있음).
> · 앞의 거래 시 대가는 정확히 주고받거나 받을 예정임.

01 K 씨 부친이 K 씨에게 15억 원에 양도하는 경우 어떤 규정이 적용되는가?

시가보다 고가로 양도 시 고가 양도자에게는 상증법상 증여세제도를 적용한다. 이때 주의할 것은 '대가-시가'의 차액에 대해 증여세와 양도세가 동시에 과세되면 안 되므로 양도가액에서 증여가액을 차감해야 한다는 것이다. 한편 고가 양수자는 소득세법상 부당행위계산을 적용해 향후 양수한 부동산을 양도할 때 취득가액을 양수한 금액에서 증여가액을 차감한 금액으로 수정한다. 결국, 양도가액과 취득가액은 시가로 수정해야 한다는 결론이 나온다.

참고로 상증법상 증여세 과세는 30%(3억 원), 소법상 부당행위계산은 5%(3억 원) 기준을 사용한다. 취득세는 세 부담 감소가 없었으므로 지법상 부당행위계산 규정을 적용하지 않는다.

※ 고가 양도에 대한 세목별 규제원리

구분	양도세	취득세	증여세*
규정	고가 양수에 따른 부당행위계산 (소법 제101조)	-	고가 양도에 대한 증여세 과세 (상증법 제35조)
적용대상	특수관계인	-	특수관계인이 아닌 경우도 적용
과세내용	취득가액 수정 (고가 취득가액-증여가액)	-	증여이익에 대해 증여세 과세 ▶ 증여이익 : (대가-시가)- Min[시가의 30%, 3억 원]*
적용요건	시가의 5% 이상 차이가 나는 경우 또는	-	좌동(30%)**
	시가와 거래가의 차이가 3억 원 이상 차이가 나는 경우	-	좌동(3억 원)

* 증여이익 계산 시 차액에서 3억 원을 차감한다(특수관계인과 적용 기준에서 차이가 있다).

** 특수관계인이 아닌 경우에는 30% 기준만 적용한다.

02 증여가액은 얼마인가?

고가 양도에 따라 양도자가 얻은 증여가액은 다음과 같이 계산한다.

- 증여가액 : (대가 - 시가) - Min[시가의 30%, 3억 원]
  = (15억 - 10억 원) - Min[10억 원×30%, 3억 원] = 2억 원

03 양도세는 얼마나 예상되는가?

양도세는 다음과 같이 계산한다. 다만, 장기보유특별공제율과 기본 공제율은 적용하지 않고 세율은 6~45%를 적용하기로 한다.

구분	당초	증여재산 차감 후
양도가액	15억 원	13억 원*
- 취득가액	6억 원	6억 원
= 양도차익	9억 원	7억 원
× 세율	42%	42%
- 누진공제	3,594만 원	3,594만 원
= 산출세액	3억 4,206만 원	2억 5,806만 원

* 15억 원 - 증여가액 2억 원 = 13억 원

📌 국가 입장에서는 고가 양도에 대해 증여세와 양도세를 동시에 과세하는 것보다 양도세로 과세하는 것이 더 많은 세수를 확보할 수도 있다. 따라서 고가 양도에 대해서는 엄격한 잣대를 대지 않을 가능성도 커 보인다.

04 K 씨가 매수한 주택에 대해서는 취득세가 어떤 식으로 부과될까?

취득세의 경우 세 부담액이 감소하지 않았으므로 15억 원의 3% 선에서 과세될 것으로 보인다.

(Consulting)

특수관계인 또는 비특수관계인과 고가 양도를 하는 경우 세무상 쟁점을 세목별로 정리하면 다음과 같다.

	특수관계인	비특수관계인
취득세	① 취득세는 원칙적으로 실제 거래가액으로 과세한다. ▶ 특수관계인 간의 고가 양도 시 지방세법상 부당행위계산제도를 적용하지 않는다.	좌 ①에 따라 과세
양도세*	① 양도세는 원칙적으로 실제 거래가액으로 과세한다. ② 특수관계인 간의 고가 양도 시 양도가액은 고가 양도가액에서 증여가액을 차감한다.	• 좌 ①에 따라 과세 • 좌 ②를 적용함.
증여세	① 특수관계인 간의 고가 양도가 증여행위(30%, 3억 원)에 해당하면 증여세를 부과한다. ② 증여이익을 계산할 때 증여가액에서 시가의 30%와 3억 원 중 적은 금액을 차감한다.	• 좌 ① 적용함(30% 기준). • 좌 ② 적용함(3억 원 차감).

* 세법에서는 특수관계 여부와 관계없이 고가 양도 시 양도자에게 증여세를 먼저 과세하고 그 증여가액을 양도가액에서 뺀 금액으로 하여 양도세를 계산하게 함으로써 이중과세 문제를 조정하고 있다.

▶ 특수관계가 있는 개인에게 고가 양도 시

① 양도자의 양도가액(실가) = 양도가액 – 증여가액

② 양도자의 증여가액 = 대가 – 시가 – Min(시가의 30%, 3억 원)

▶ 특수관계가 없는 개인에게 고가 양도 시

① 양도자의 양도가액(실가) = 양도가액 – 증여가액

② 양도자의 증여가액 = 대가 – 시가 – 3억 원

K 씨는 현재 시가 10억 원인 부동산을 15억 원 선에서 매도하려고 한다. 물음에 답하면? 참고로 비특수관계인에게 고가 양도 시에는 정당한 사유가 없다고 하자.

Q1 이를 특수관계인에게 양도하면 어떤 문제가 발생하는가?

주요 세목별로 정리하면 다음과 같다.

구분	양도세	취득세	증여세
고가 양도 해당 여부	해당함 (5%, 3억 원).	-	해당함 (30%, 3억 원).
적용 규정	양도가액에서 증여가액 차감	-	증여이익 증여세 과세

Q2 이를 비특수관계인에게 양도하면 어떤 문제가 발생하는가?

주요 세목별로 정리하면 다음과 같다.

구분	양도세	취득세	증여세
고가 양도 해당 여부	-	-	해당함 (30%).
적용 규정	(양도가액에서 증여가액 차감)	-	증여이익 증여세 과세

Q3 비특수관계인은 증여세를 얼마나 부담해야 하는가?

비특수관계인이 고가로 양도할 때는 다음과 같이 증여세를 계산한다.

- 증여이익 : (대가 - 시가 - 3억 원) = (15억 원 - 10억 원) - 3억 원
  = 2억 원
- 증여세 : (증여가액 - 증여공제)×10~50%
  =(2억 원-0원)×20%-1,000만 원(누진공제)
  = 3,000만 원

04 비특수관계인에게 저가 양도하는 것이 정당한 사유가 있다면 증여세가 부과되는가?

상증법 제35조 제2항에서는 다음과 같은 규정을 두어 비특수관계인에게도 증여세를 과세할 수 있도록 하고 있다. 다만, 거래의 관행상 정당한 사유가 있으면 증여세를 과세할 수 없도록 하고 있다.

> ② 특수관계인이 아닌 자 간에 거래의 관행상 정당한 사유 없이 재산을 시가보다 현저히 낮은 가액으로 양수하거나 시가보다 현저히 높은 가액으로 양도한 경우로서 그 대가와 시가의 차액이 대통령령으로 정하는 기준금액 이상인 경우에는 해당 재산의 양수일 또는 양도일을 증여일로 하여 그 대가와 시가의 차액에서 대통령령으로 정하는 금액을 뺀 금액을 그 이익을 얻은 자의 증여가액으로 한다(2015. 12. 15 개정).

비특수관계인이 시장에서 고가로 양도한 경우에는 대부분 정당한 거래에 해당하므로 세법이 이에 대해 관여할 이유가 없다.

가족 간 매매 시
자금수수법

가족 간의 매매가 세법상 매매로 인정되기 위해서는 정해진 금액에 따라 정확하게 자금이 수수되어야 한다. 대가관계가 확인되지 않으면 증여로 보기 때문이다. 그렇다면 자금은 어떤 식으로 관리해야 할까?

Case

K 씨는 그의 부친이 소유한 주택을 매입하고자 한다. 현재 주택의 시세는 5억 원이고, 거래가액도 이에 맞춰 정하려고 한다. 물음에 답하면?

01 부모와 자녀가 거래하면 증여에 해당하는가?

무조건 증여로 보는 것이 아니라, 자금거래를 입증하지 못하면 증여로 본다(증여추정제도). 이에 관해서는 상증법 제44조에서 다음처럼 규정하고 있다.

① 배우자 또는 직계존비속에게 양도한 재산은 양도자가 그 재산을 양도한 때에 그 재산의 가액을 배우자 등이 증여받은 것으로 추정하여 이를 배우자 등의 증여가액으로 한다.

③ 해당 재산이 다음 각 호의 어느 하나에 해당하는 경우에는 제1항과 제2항을 적용하지 아니한다.

　5. 배우자 등에게 대가를 받고 양도한 사실이 명백히 인정되는 경우로서 대통령령으로 정하는 경우* 등

　　* 교환, 대가를 지급한 사실이 입증되는 경우 등을 말한다.

결국, 가족 간에 거래할 때 대가관계가 확실하다면 증여로 보지 않는다.

02 거래가액을 시가보다 낮게 거래하면 어떤 문제가 발생하는가? 이때 대가관계는 확실하다.

대가관계가 확실하면 상증법 제44조의 증여추정제도가 적용되지 않는다. 하지만 이때는 상증법 제35에서 정하고 있는 저가 양수에 따른 증여제도를 적용한다. 시가와 동떨어지게 거래하는 방법을 통해 부의 이전이 일어나기 때문이다. 이에 대해 양도자와 양수자에게 다음과 같은 규정을 각각 적용하게 된다.

구분	양도자	양수자
적용 규정	소법상 부당행위계산 (소법 제101조)	상증법상 저가 양수 증여이익 (상증법 제35조)
적용 기준	거래가액이 시가의 5% (또는 차액 3억 원) 이상 차이가 난 경우	거래가액이 시가의 30% (또는 차액 3억 원) 이상 차이가 난 경우
적용 효과	시가로 양도세를 부과	증여이익에 대해 증여세 과세

03 가족 간의 거래 시에는 자금을 어떤 식으로 수수해야 하는가?

이때는 다음과 같은 지침을 참조한다.

- 거래금액에 맞춰 정확하게 자금을 주고받는 것이 원칙이다.
- 잔금 등을 지급하지 않고 미루면 자금관계가 불명확하므로 이 경우 증여로 볼 가능성이 크다.

☞ 직계존비속 간의 거래인 경우에도 불특정다수인 간의 매매와 같이 계약금, 중도금 등 거래절차를 이행하는 경우에는 그 거래를 증여로 보지 아니하고 실제 매매로 인정한다.

- 부모의 주택을 매수하고 그 주택에서 부모가 계속 거주한 경우에는 전세보증금을 매매대금과 상계시킬 수 있다.

04 가족 간의 매매 시 자금출처조사의 가능성은 얼마나 될까?

양도세 신고서 작성 시 특수관계 여부를 포함하게 되어 있고, 이를 토대로 소득 능력이 안 되는 자녀 등이 매수를 하면 이에 대한 조사의 가능성이 크다. 물론 무조건 조사한다고 할 수는 없다.

05 자금출처조사가 나왔다고 하자. 이 경우 취득자금의 몇 %까지 입증하면 되는가?

취득가액의 80%를 입증하면 되나, 거래가액이 10억 원이 넘어가면 2억 원을 초과한 금액에 대해 출처를 입증해야 한다.

(Consulting)

가족 간의 거래 시 자금에 대한 세무상 쟁점을 정리해보자.

원칙	• 매매계약서상에 약정된 날짜에 맞춰 자금이 수수되어야 한다. • 매수자금은 양수자가 스스로 조달했음을 입증해야 한다.

▼

사전에 증여받거나 차용한 자금으로 지급하는 경우	• 사전에 증여받은 자금은 본인에 귀속되므로 자금출처원으로 인정된다. • 사전에 차용한 자금도 실질이 차용한 것이라면 이를 부인할 이유는 없어 보인다.

▼

잔금을 전세보증금으로 대체하는 경우	• 원칙적으로 매매대금과 상계하는 전세보증금도 자금출처원이 된다. • 다만, 임차인이 가족이면 실질 내용에 따라 자금출처원이 인정되는지를 판정한다.

※ 상증, 재산세과-334, 2009. 09. 29

[제목] 직계존비속 전세금의 자금출처 인정 여부

[회신]

상증법 제45조(재산취득자금 등의 증여추정)를 적용하면서 직계존비속으로부터 증여받은 재산을 그 직계존비속에게 임대하고 받은 전세금을 당해 재산의 취득 또는 당해 채무의 상환에 직접 사용한 금액은 자금출처로 인정받을 수 있는 것이나, 이에 해당하는지는 전세금을 실제 수령 여부 및 임대재산의 사용현황 등 구체적인 사실관계를 확인하여 판단할 사항임.

실전연습

앞의 사례를 연장해보자. 물음에 답하면?

Q1 만일 잔금에 대해 차용증을 쓰고 나중에 지급하면 어떤 문제가 있을까?

이 경우에는 대가 지급 사실이 불분명한 상황에 해당해 매매가 아닌 증여로 볼 가능성이 크다.

Q2 만일 미리 차용증을 써 잔금을 확보한 후에 이를 지급하면 어떤 문제가 있을까?

사전에 차용증으로 조달한 자금으로 이를 매매대금으로 지급한 경우 이를 부인할 이유는 없어 보인다. 다만, 차용한 금액이 2억 원이 넘어가면 법정 이자(4.6%)를 고려해 이자를 수수해야 증여세 문제가 발생하지 않는다.

Q3 만일 자금을 미리 증여받고 그 자금으로 주택을 취득하면 어떤 문제가 있을까?

증여받은 자금은 본인에게 귀속되고 그 자금으로 재산을 취득한 것이므로 이는 자금출처원으로 인정된다. 따라서 증여세만 정당하게 신고했다면 이에 대해서는 세법상 문제가 없다고 볼 수 있다.

Q4 만일 앞의 주택에서 부모님이 3억 원을 전세로 사는 경우 해당 전세보증금도 자금출처로 인정받을 수 있을까?

자녀가 소유한 주택에 부모와 전세 계약 등을 체결 후 부모가 거주해도 동 전세금 등을 부모가 자녀에게 증여한 것으로 추정하나, 실질이 전세 계약 등을 체결하고, 대금을 주고받는 등 전세 계약 등이 명백한 경우에는 부모와 자식 간이라도 전세 계약 등을 인정할 수 있다. 다만, 이후 임대차계약 기간의 만료로 인해 자녀가 부모님에게 반환할 의무가 있는 그 전세금 등을 자녀가 면제받거나 반환하지 아니한 경우에는 증여에 해당해 자녀에게 상증법 제36조(채무면제 등에 따른 증여)에 따라 증여세가 과세될 수 있다.

※ 상증, 재산세과-334, 2009. 09. 29

[제목] 직계존비속 전세금의 자금출처 인정 여부

[요지]

재산취득자금 등의 증여추정을 적용하면서 직계존비속으로부터 증여받은 재산을 그 직계존비속에게 임대하고 받은 전세금을 당해 재산의 취득 또는 당해 채무의 상환에 직접 사용한 금액은 자금출처로 인정받을 수 있는 것이나, 이에 해당하는지는 사실 판단할 사항임.

가족 간의 차용에 따른
증여세 과세원리

가족 간에 차용을 해 부동산 등을 구입하는 사례가 상당히 많다. 그렇다면 현실적으로 이에 대해서는 어떤 식으로 준비하는 것이 좋을까? 다음에서 이에 대해 알아보자.

(Case)

다음 자료를 보고 물음에 답하면?

> **자료**
> • 2024년 1월 1일 부친으로부터 3억 원을 대여받음.
> • 2025년 1월 1일 전액 상환할 계획임.

01 위의 금액은 증여에 해당하는가?

위의 거래는 전형적인 차입거래에 해당하므로 증여에 해당하지 않는다. 다만, 사례의 경우 차입한 원금에 대해서는 증여세가 나오지 않지만 적정이자를 받지 않으면 그 이자에 대해서는 증여로 본다. 물론 이 때 이 금액이 연간 1,000만 원 미만일 경우 증여로 보지 않는다(상증법 제41조의 4 참조). 여기서 '이자 1,000만 원'을 원금으로 환산하면 대략 2 억 원* 정도가 된다.

* 2억 원 × 4.6% = 920만 원

※ 상증법 제41조의 4

① 타인으로부터 금전을 무상으로 또는 적정이자율보다 낮은 이자율로 대출받은 경 우에는 그 금전을 대출받은 날에 다음 각 호의 구분에 따른 금액을 그 금전을 대출 받은 자의 증여가액으로 한다. 다만, 다음 각 호의 구분에 따른 금액이 대통령령으 로 정하는 기준금액* 미만인 경우는 제외한다.

  * 1,000만 원을 말한다.
  1. 무상으로 대출받은 경우 : 대출금액에 적정이자율을 곱하여 계산한 금액
  2. 적정이자율보다 낮은 이자율로 대출받은 경우 : 대출금액에 적정이자율을 곱하여 계산한 금액에서 실제 지급한 이자 상당액을 뺀 금액

앞의 제1항 본문의 단서 규정에서는 1년간의 무상대출에 따른 이자 액이 1,000만 원 미만이면 증여로 보지 않도록 하고 있다. 이때 증여가 액인 무상이자는 다음과 같이 계산한다.

- 증여가액(1,000만 원 초과 시)
  - 무상대출한 경우 : 대출금액×4.6%
  - 낮은 이자율로 대출한 경우 : (대출금액×4.6%)-실제 지급한 이자 상당액

02 앞의 금액에 대해 이자를 받지 않으면 무상이익은 얼마나 되는가?

- 무상이자 : 3억 원×4.6%×(365일/365일) = 1,380만 원

03 앞의 경우 무상대여 이자에 대해서는 증여세가 과세되는가?

무상대여 이자액이 1년간 1,000만 원을 초과하므로 이에 대해서는 증여가액으로 보게 된다. 단, 직계존비속 간 증여공제는 10년간 5,000만 원이 적용되므로 사전에 증여받은 것이 없다면 증여세는 과세되지 않는다.

(Consulting)

가족으로부터 자금을 차입한 경우의 세무관리법을 알아보자.

차용증의 구비 여부
- 차입금액이 2억 원 이상이면 될 수 있는 대로 차용증을 작성해두는 것이 좋다.
  ▶ 차용증이 없더라도 차입이 부인되는 것은 아니다.

적정이자의 계산
- 세법상 이자율인 4.6%를 기준으로 0~4.6% 내에서 이자율을 책정한다.

원천징수 등 이행
- 약정된 이자에 대해서는 27.5%만큼 원천징수를 이행하고 신고해야 한다.
- 금융소득이 2,000만 원 초과 시 종합소득세 신고의무가 있다.

🔗 가족 간 차입에 대해서는 후속 조치가 있으므로 미리 세무 상담 등을 통해 진행하는 것이 좋다.

앞의 사례를 연장해보자. 다음 물음에 답하면?

01 **이자율을 2%로 하면 증여세와 소득세는 어떻게 처리해야 하는가?**

이 경우 무상이자는 다음과 같이 계산된다.

• 무상이자 : 3억 원×(4.6%-2%)×(365일/365일)=780만 원

따라서 증여세는 전혀 문제가 없다. 1,000만 원에 미달하기 때문이다. 참고로 미달한 금액은 소멸한다. 한편 이자소득에 대해서는 지급자가 27.5%로 원천징수를 해야 하고, 지급받는 자는 금융소득이 2,000만 원 초과 시 금융소득 종합과세로 소득세를 정산해야 한다. 한편 금융소득이 2,000만 원 초과 발생 시 건강보험료에도 일정 부분 영향을 준다는 사실도 점검하자.

02 **차용증은 반드시 작성해야 하는가?**

차용증은 법정서류가 아니므로 작성해도 되고 안 해도 된다. 다만, 차입에 대한 입증력을 높이기 위해서 이를 준비해두는 것이 좋다. 이때 이자를 지급하는 경우에는 계좌로 이체된 흔적이 있으면 입증력이 더 높아진다.

☞ 차용증 서식은 저자의 카페(신방수세무아카데미)에서 제공하고 있다.

가족 간에 부동산을 교환하는 경우가 종종 있다. 이러한 거래는 양도와 취득이 한꺼번에 일어날 뿐 거래형태는 앞에서 본 매매와 같다. 다만, 따라서 이와 관련된 세무처리의 기본에서 거래가액을 잘 정하는 것이 무엇보다도 중요하다. 다음에서 교환거래와 관련된 세무처리법을 알아보자.

1. 교환의 성격

1) 양도

소득세법 제88조에서는 '양도'란 자산에 대한 등기 또는 등록과 관계없이 매도, 교환, 현물출자 등으로 인하여 그 자산이 유상으로 사실상 이전되는 것을 말한다고 하고 있다. 따라서 교환도 양도에 해당하므로 교환 시 이전되는 부동산에 대해서는 양도세가 과세된다.

2) 취득

지방세법 제6조에서는 '취득'이란 매매, 교환, 상속, 증여 등을 말한다고 하고 있다. 따라서 교환도 취득에 해당하므로 교환에 따라 취득한 부동산에 대해서도 취득세가 부과된다.

2. 교환거래와 세무상 쟁점

교환거래가 정상적으로 행해지면 세법에서 문제로 삼을 수 없다. 하지만 시가 대비 저가 또는 고가로 교환거래를 하면 양도세, 취득세, 증여세 문제가 동시에 발생할 수 있다. 이에 대한 세무상 쟁점을 저가 양도(양수)와 고가 양도(양수)로 구분해 요약하면 다음과 같다. 이러한 과세

원리는 앞의 본문에서 본 것과 동일하다.

	정상	저가	고가
취득세	-	취득세 부당행위	-
양도세	-	양도세 부당행위 (시가 과세)	양도세 부당행위 (취득가액 수정)
증여세	-	저가 양수자 증여세	고가 양도자 증여세

교환거래 시에도 다양한 규제가 적용되지만, 무엇보다도 교환대상 부동산의 시가를 제대로 측정하는 것이 중요하다(3장 참조).

3. 적용사례

K 씨와 그의 자녀는 보유한 부동산을 교환하려고 한다. 다음 자료를 보고 물음에 답하면?

> **자료**
> • K 씨 소유 부동산 : 주택 10억 원
> • K 씨의 자녀 소유 부동산 주택 : 8억 원
> • K 씨와 그의 자녀는 독립세대로 양도세 비과세 요건을 갖추고 있음.

01 이 경우 양도세는 과세되는가?

각자 1세대 1주택 비과세 요건을 갖추었으므로 양도세는 과세되지 않는다(12억 원까지는 비과세됨).

※ 양도, 서면 인터넷방문상담 4팀-352, 2004. 03. 26

부동산을 서로 교환하는 것도 유상양도에 해당하므로 교환하는 부동산이 교환약정일 (교환약정일이 불분명하면 교환등기접수일) 현재 1세대 1주택 비과세 요건을 갖추면 양도세가 비과세되는 것임.

02 취득세는 과세되는가?

그렇다. 이 경우 1주택자에 대한 세율이 적용된다. 1~3%에 해당한다.

03 K 씨의 자녀는 교환으로 취득하면서 2억 원을 지급하지 않으면 어떤 문제가 있을까?

이에 대해서는 증여세 문제가 발생할 가능성이 크다.

04 만일 시가를 낮게 또는 높게 측정하면 어떤 제도가 적용될까?

이에 대해서는 양도세와 취득세, 그리고 증여세 등이 복합적으로 발생한다.

> **Tip** 공유 중이던 주택이 1+1로 재개발 등이 된 경우
>
> 공유 중이던 주택이 재개발 등이 되어 2채의 신축주택을 분양받은 후 서로 1채씩 단독소유로 지분정리 시 공유물 분할로 보아 양도세가 과세되지 않는다. 다만, 시가차액에 대해 정산을 하는 경우 그 정산된 부분은 양도세 과세대상에 해당한다(기획재정부 재산세제과-849, 2021.09.28).

가족 간 매매절차를 정리해보자.

절차	내용	비고
시가 확인	• 국세청 홈택스 • 국토교통부 실거래가 조회	아파트와 고액의 부동산은 감정평가 추진
관련 비용 파악	• 국민주택채권 할인료 • 취득세 • 등기비용 등	취득세 중과세에 유의할 것
자금출처 확인	• 본인의 돈(사전 증여 포함) • 채무승계	자금출처 대비는 반드시 할 것
계약서 작성	• 직거래 또는 중개사무소 • 매매계약서 검인(관할 시·군·구청)	부동산거래내역 신고 (계약일~30일 내)
취득세 신고	• 취득일(잔금)~60일 내	
등기	• 관할 등기소	본인 또는 법무사무소 의뢰
양도세 신고	• 양도일이 속한 달의 말일~2개월	본인 또는 세무회계사무소 의뢰
사후검증	• 양도세 신고기한~4개월	관할 세무서 등

제 5 장

부동산 증여의 선택과
절세 포인트

부동산 증여의
장단점

가족 간의 소유권 이전방법 중 가장 손쉬운 것은 증여다. 마음만 먹으면 언제든지 부동산을 이전할 수 있기 때문이다. 다만, 가족 간의 증여는 과세관청으로부터 늘 감시의 대상이 되고는 한다. 조세회피의 가능성이 항상 열려 있기 때문이다. 따라서 증여하기 전에 어떤 쟁점이 있는지도 아울러 살필 수 있어야 한다. 다음에서 증여의 장단점을 알아보자.

K 씨는 다음과 같은 부동산을 보유하고 있다. 물음에 답하면?

> **자료**
> • 주택과 상가 등 30억 원 정도가 됨.
> • K 씨의 나이는 75세임.
> • 10년 내 상속이 발생하면 5억 원 정도의 상속세가 예상됨(40% 세율).

Q1 만일 주택을 5억 원에 증여하고 향후 10년 이내에 상속이 발생하면 상속세가 줄어드는가? 주택가격은 5억 원으로 변동이 없다고 하자.

주택가격 등의 요인이 변동이 없다고 가정하면 같다. 상속개시일로부터 10년 이내에 증여한 재산가액은 상속가액에 합산되어 과세되기 때문이다.

Q2 Q1에서 향후 주택가격이 10억 원으로 증가했다고 하자. 이 경우 상속세는 증가하는가?

그렇지 않다. 사전 증여 후 10년* 내에 상속이 발생하면 이때 합산되는 가액은 '증여일 현재의 평가액'이 되기 때문이다. 이러한 점이 증여의 장점이 된다.

* 상속인 외의 자의 합산기간은 5년이다.

Q3 증여하면 증여세와 취득세는 어떤 식으로 부과되는가?

증여는 인위적으로 재산을 이전하는 것이므로 다음과 같은 식으로 과세한다.

구분	증여세	취득세
재산평가	시가 원칙	좌동
과세표준	시가 − 증여공제(6억 원, 5,000만 원 등)	시가
세율	10~50%	3.5~12%

가족 간의 증여에 대한 장단점을 비교해보자.

장점	단점
• 언제든지 자산을 이전할 수 있다. • 자금이 없어도 실행할 수 있다. • 물가상승분의 상속세를 피할 수 있다.	• 시가의 적정성 논란이 많다. • 취득세의 부담이 높다. • 증여 후 양도 시 세법상의 규제가 심하다. • 상속세 합산과세가 적용된다. • 사전 증여에 대해서는 상속공제 한도가 축소된다. • 유류분 반환청구대상이 된다.

상속의 관점에서 보면 합산과세, 상속공제 한도 축소 등의 불이익이 커 보인다. 따라서 상속세를 줄이기 위해 사전 증여를 잘못하면 되레 세 부담이 커질 수 있다. 이 중에서 상속세 합산과세는 널리 알려졌지만, 상속공제 한도 축소는 조금 생소하게 들릴 것이다. 간단하게 예를 들어보자.

예를 들어 자녀에게 1년 전에 증여한 재산 1억 5,000만 원을 포함해 상속재산이 모두 10억 원이라고 하자. 그런데 배우자가 있는 상태에서 상속이 발생하면 통상 10억 원까지는 상속공제가 적용되지만, 이 경우에는 상속세가 나올 수 있다. 상증법 제24조에서 상속공제 한도를 계산할 때 사전 증여가액에서 증여공제를 차감한 금액을 차감하도록 하고 있기 때문이다.*

즉 사례의 경우 총 상속가액이 10억 원이고 사전 증여에 따른 과세표준이 1억 원(1억 5,000만 원-5,000만 원)이므로 상속공제 한도가 9억 원이 된다. 따라서 상속세 과세표준은 1억 원(10억 원-9억 원)이 되어 상속세가 과세될 수 있다. 결국, 이러한 문제를 피하기 위해서는 사전 증여 시점이 빨라야 함을 알 수 있다.

* 이외 상속인이 아닌 자에게 유증하거나 상속 포기를 통해 다음 세대가 상속을 받은 경우 해당 가액을 차감한다.

P 씨는 다음처럼 주택을 보유하고 있다. 물음에 답하면?

> **자료**
> • A 주택 : 2020년 1월 취득
> • B 주택 : 2021년 9월 취득

01 **A 주택은 언제까지 팔아야 비과세를 받는가?**

A 주택에 대해 일시적 2주택 비과세를 받기 위해서는 B 주택을 취득한 날로부터 3년 이내에 양도해야 한다.

02 **매수세가 없어 3년 이내에 A 주택을 팔 수 없다면 B 주택을 세대 분리된 자녀에게 증여한 후 A 주택을 양도하면 비과세를 받을 수 있는가?**

그렇다. 양도 당시 1세대 1주택에 해당하기 때문이다. 다만, 증여받은 자녀는 독립세대로 인정되어야 한다.

03 **Q2에서 자녀가 증여받은 주택을 양도하면 비과세가 적용되는가?**

그렇다. 다만, 증여일 이후 증여받은 주택이 1세대 1주택이고 2년 이상 보유(거주)한 주택에 해당해야 한다. 만일 자녀의 주택이 비과세 대상이 아니라면 과세가 되는데 이때는 취득가액 이월과세가 적용된다.

증여 전후에
발생하는 세금들

　증여는 언제든지 마음만 먹으면 실행할 수 있는 수단에 해당한다. 따라서 이 과정에서 다양한 조세회피가 발생할 가능성이 크다. 이에 세법은 다양한 제도를 두어 이를 규제하고 있다. 이 부분을 정리해보자.

1. 증여 당시에 발생하는 세금

　증여하면 수증자에게 증여세와 취득세가 나온다. 이때 과세표준은 시가로 하는 것이 원칙이다.

2. 증여받은 후 양도할 때 발생하는 세금

　증여받은 부동산을 양도하는 경우에는 양도세와 관련해 몇 가지 쟁점이 발생한다.

1) 양도세가 과세되는 경우

부동산을 증여받아 이를 제3자에게 양도하면 양도세가 발생한다. 그런데 이 부동산을 증여자가 제3자에게 직접 양도하는 것에 비해 전체 세금이 줄어드는 경우가 있다. 이에 세법은 두 가지의 제도를 가지고 이를 규정한다. 이에 대한 자세한 내용은 2장을 참조하기 바란다.

① 취득가액 이월과세

수증일로부터 10년* 내에 양도 시 취득가액을 당초 증여자의 것으로 환원시켜 과세할 수 있는 제도를 말한다.

* 2022년 이전의 증여분은 5년을 적용한다.

② 부당행위계산

앞 ①이 적용되지 않는 상황에서 수증한 부동산을 10년* 내에 양도하면 증여자가 양도하는 것으로 간주하는 제도를 말한다. 다만, 수증자의 양도소득이 그에게 직접 귀속되면 이 규정을 적용하지 않는다.

* 2022년 이전의 증여분은 5년을 적용한다.

2) 비과세가 적용되는 경우

증여받은 부동산이 수증일 이후 1세대 1주택 비과세 요건을 충족한 경우라면 어떤 제도가 적용될까?

첫째, 이월과세는 적용되지 않는다.

이월과세는 양도세가 과세될 때 적용되는 제도에 해당하기 때문이다. 다만, 12억 원을 초과하는 고가주택은 양도차익 일부가 과세되므로 과세분에 대해 이 제도가 적용된다.

둘째, 이월과세가 적용되지 않으면 부당행위계산제도가 적용된다.

다만, 이 경우에도 소득이 수증자에게 직접 귀속되면 부당행위계산 도 적용되지 않는다.

3. 증여자가 사망한 경우

증여받은 자산은 수증자의 것으로 증여자가 사망하더라도 상속세 과 세 대상이 되지 않는다. 하지만 세법은 상속세를 피하고자 사전 증여할 때는 이를 상속재산에 합산해 상속세로 정산하는 제도를 두고 있다.

- **합산기간** : 10년(상속인 외의 자*는 5년)
- **합산가액** : 증여일 당시의 신고가액
- **이미 납부한 증여세액** : 상속세 산출세액에서 공제
  * 상속인에는 보통 자녀와 피상속인의 배우자가 해당한다(1순위). 기타 자세한 내용은 7장에서 살펴본다.

※ 합산과세
- **증여세 합산과세** : 최종 증여일 기준으로 소급해 동일인(부부 포함)으로부터 10년 내 증여를 받으면 합산과세를 적용한다.
- **상속세 합산과세** : 상속개시일로부터 소급해 상속인*이 10년 이내에 증여받은 자산 가액을 상속가액에 합산해 과세한다.
  * 상속인 외의 자(손자녀, 자녀의 배우자, 법인 등)는 5년을 적용한다.

실무에서는 다음과 같은 흐름으로 부동산 증여를 관리하는 것이 좋다.

증여 전
- 증여의 효과는 충분한가(부담부 증여 등)?
- 증여받은 부동산은 언제 처분해야 하는가(이월과세 검토)?
- 증여했을 때 세금 및 수수료 등은 얼마나 들어가는가?

증여 시
- 증여일 전후에 매매가액은 없는가?
- 증여세와 취득세는 언제까지 신고 및 납부를 하는가?

증여 후
- 증여받은 부동산을 처분할 때 문제점은 없는가(이월과세 등)?
- 증여받은 부동산을 반환하면 어떤 세금 문제가 있는가?
- 증여자가 사망 시 상속재산에 합산과세가 될 것인가?

부동산 증여취득세
다루는 방법

부동산을 증여할 때 증여세 외에 취득세에도 관심을 둬야 한다. 앞에서 보았듯이 취득세 과세표준이 인상됐고, 특정한 주택에 대해서는 취득세율이 무려 12%까지 뛰기 때문이다. 먼저 증여에 따른 취득세에 대해 알아보자. 증여세 과세방법은 바로 뒤에서 살펴본다.

K 씨는 다음과 같이 부동산을 보유하고 있다. 물음에 답하면?

구분	소재 지역	시가	시가 표준액
주택 1	서울 동작구	8억 원	5억 원
주택 2	경기 고양시	7억 원	4억 원

Q1 주택 1을 자녀에게 증여할 때 취득세 과세표준과 세율은?

취득세 과세표준은 시가 인정액으로 정하는 것이 원칙이다. 따라서 사례의 경우 8억 원이 취득세 과세표준이 될 가능성이 크다. 한편 증여에 의한 취득세율은 1~3%가 적용된다. 증여대상 주택이 비조정지역에 소재하면 가격을 불문하고 중과세율이 적용되지 않기 때문이다. 서울 동작구는 2024년 1월 현재 조정지역에 해당하지 않는다.

02 증여에 따른 취득세를 계산할 때 시가 인정액은 어떻게 구하는가?

평가기간(취득일 전 6개월부터 취득일 후 3개월 이내의 기간 등)의 매매가액, 감정 가액, 공매가액 등을 말한다. 국토부의 실거래가 메뉴 등에서 확인한다.

👉 이러한 시가 인정액은 상증법상의 시가와 궤를 같이 한다.

03 주택 2를 자녀에게 증여하면서 시가 표준액으로 신고하면 그대로 통과될까?

일단 그럴 가능성이 크다. 하지만 지령 제14조 제3항에서는 다음과 같은 규정을 두고 있으니 유의해야 한다.

> ③ 제1항에도 불구하고 납세자 또는 지방자치단체의 장은 취득일 전 2년 이내의 기간 중 평가기간에 해당하지 않는 기간에 매매 등이 있거나 평가기간이 지난 후에도 법 제20조 제1항에 따른 신고·납부기한의 만료일부터 6개월 이내의 기간에 매매 등이 있는 경우에는 행정안전부령으로 정하는 바에 따라 지방세심의위원회에 해당 매매 등의 가액을 제1항 각 호의 가액으로 인정하여 줄 것을 심의 요청할 수 있다.

👉 이는 국세인 상증법에서 차용한 것으로 평가기간 밖(취득세 신고기한~6개월)에서 매매가액 등이 있으면 이를 지방세심의위원회의 심의를 거쳐 해당 금액을 기준으로 취득세를 과세할 수 있는 제도에 해당한다. 이때 비주거용 부동산 중 일정한 것은 지자체가 감정평가를 받아 이의 금액을 심의위원회에 심의 신청할 수 있다.

Consulting

증여에 따른 취득세와 관련된 세무상 쟁점을 정리하면 다음과 같다.

증여취득세	• 취득세 과세표준 : 시가 인정액 원칙(단, 시가 표준액 1억 원 이하는 제외) • 세율 : 3.5~12%
▼	
가족 간 거래 시 취득세	• 가족으로부터 부동산을 취득하면 원칙적으로 증여로 취득한 것으로 본다. • 다만, 교환이나 대가 지급 사실*이 입증되는 경우에는 증여로 보지 않는다.
▼	
부담부 증여 시 취득세	• 부담부 증여 시 채무는 유상으로 취득한 것으로 본다. • 채무는 유상취득, 시가 인정액에서 채무를 뺀 잔액에 대해서는 무상취득으로 보아 과세표준을 정한다.

* 해당 부동산 등의 취득을 위해 그 대가를 지급한 사실이 다음 각 목의 어느 하나에 의해 증명되는 경우
가. 그 대가를 지급하기 위한 취득자의 소득이 증명되는 경우
나. 소유재산을 처분 또는 담보한 금액으로 해당 부동산을 취득한 경우
다. 이미 상속세 또는 증여세를 과세(비과세 또는 감면받은 경우를 포함한다) 받았거나 신고한 경우로서 그 상속 또는 수증 재산의 가액으로 그 대가를 지급한 경우
라. 가목부터 다목까지에 준하는 것으로서 취득자의 재산으로 그 대가를 지급한 사실이 입증되는 경우

※ 증여 관련 취득세 인상

최근 지법이 개정되어 증여에 따른 취득세가 대폭으로 인상됐다. 따라서 증여 전에 반드시 다음 내용에 주의해야 한다.

• 증여세 취득세 과세표준이 종전 시가 표준액에서 시가 인정액으로 인상됐다(상속은 종전처럼 시가 표준액으로 신고). 단, 시가 인정액이 없거나 시가 표준액이 1억 원 이하인 부동산은 종전처럼 시가 표준액으로 할 수 있다.

• 다주택자가 조정지역* 내의 시가 표준액 3억 원 이상인 주택을 증여할 경우 세율이 3.5%에서 12%로 인상됐다.

 * 2024년 1월 말 현재 조정지역은 서울 강남구 등 4곳에 불과하므로 이외의 지역의 주택을 증여받으면 무조건 3.5%의 세율을 적용한다. 법인도 마찬가지다.

L 씨는 다음과 같은 부동산을 보유하고 있다. 물음에 답하면?

> **자료**
> • 주택(시세 5억 원, 시가 표준액 3억 원, 전세보증금 3억 원)
> • 주택에 대한 시가는 확인되지 않음.

⓵ 이 주택을 전세보증금 승계 없이 증여한 경우의 취득세 과세표준은?

시가를 확인할 수 없다면 시가 표준액이 취득세 과세표준이 될 것으로 보인다.

⓶ 이 주택을 가족에게 매도한 경우 취득세 과세표준은?

가족 간의 거래 시 대가관계가 명확하면 매매로 인정되나 그렇지 않으면 증여로 보게 된다. 따라서 매매로 인정되면 그 거래가액을 취득세 과세표준으로 한다. 다만, 이때 거래가액이 시가 인정액보다 5% 이상 차이 나게 정해지면 시가 인정액을 과세표준으로 한다. 한편, 증여에 해당하면 '시가 인정액 → 시가 표준액' 순으로 과세표준이 정해진다. 사례의 경우 시가가 확인되지 않으면 기준시가(시가 표준액)를 기준으로 거래가액을 잡아도 될 것으로 보인다.

⓷ 이 주택을 전세보증금을 포함해 자녀에게 증여(부담부 증여)한 경우의 취득세 과세표준은? 이때 자녀는 소득증명이 된다.

전세보증금은 유상취득, 시가 인정액에서 전세보증금을 차감한 잔액은 무상취득으로 보아 과세표준을 정한다.

04 이 주택을 전세보증금을 포함해 자녀에게 증여한 경우의 취득세 과세 표준은? 이때 자녀는 소득증명이 되지 않는다.

부담부 증여의 경우 채무가 인정되어야 유상취득으로 볼 수 있다. 따라서 수증자의 소득증명이 되지 않으면 전체가 증여될 수 있다. 다음 규정을 참조하기 바란다.

※ 지법 제7조(납세의무자)

⑪ 배우자 또는 직계존비속의 부동산 등을 취득하는 경우에는 증여로 취득한 것으로 본다. 다만, 다음 각 호의 어느 하나에 해당하는 경우에는 유상으로 취득한 것으로 본다.

　1. 공매(경매를 포함한다. 이하 같다)를 통하여 부동산 등을 취득한 경우

　3. 권리의 이전이나 행사에 등기 또는 등록이 필요한 부동산 등을 서로 교환한 경우

　4. 해당 부동산 등의 취득을 위하여 그 대가를 지급한 사실이 다음 각 목의 어느 하나에 의하여 증명되는 경우

　　가. 그 대가를 지급하기 위한 취득자의 소득이 증명되는 경우

　　나. 소유재산을 처분 또는 담보한 금액으로 해당 부동산을 취득한 경우 등

⑫ 증여자의 채무를 인수하는 부담부(負擔附) 증여*의 경우에는 그 채무에 상당하는 부분은 부동산 등을 유상으로 취득하는 것으로 본다. 다만, 배우자 또는 직계존비속으로부터의 부동산 등의 부담부 증여의 경우에는 제11항을 적용한다.

---

* 이에 대해서는 6장에서 살펴본다.

부동산 증여세
다루는 법

증여세는 증여가액에서 증여공제를 차감한 과세표준에 10~50%의 세율을 곱해 계산한다. 따라서 이러한 구조하에서 증여재산에 대한 평가를 제대로 한 후 이를 줄일 방법들을 연구하다 보면 좋은 절세 대안들을 찾을 수 있다.

(Case)

서울 강남구 청담동에 사는 K 씨는 보유하고 있는 상가를 배우자와 자녀에게 증여하고자 한다. 다음 물음에 답하면?

01 상가의 기준시가는 10억 원, 임대료 환산가액은 20억 원이다. 증여할 때 어떤 것을 기준으로 신고해야 하는가?

상가는 일반적으로 ① 기준시가(10억 원), ② 임대료 환산가액(20억 원), ③ 저당권 등이 설정된 재산의 평가방법(0원)에 따라 계산한 가액 중 가장 큰 금액으로 하므로 사례의 경우 20억 원이 된다.

02 임대료 환산가액 20억 원으로 신고하면 모든 문제가 종결되는 것일까?

증여재산을 보충적 평가방법(기준시가, 임대료 환산가액)으로 평가해 신고하면 과세관청이 감정평가를 받아 이의 금액으로 신고가액을 고칠 수가 있다. 비교적 규모가 큰 건물 등*에서 이러한 일들이 벌어질 수 있으므로 주의해야 한다. 사례도 이에 해당한다.

* 추정시가와 기준시가의 차이가 10억 원 이상인 비주거용 부동산이 이에 해당한다. 부록을 참조하기 바란다.

03 상가의 지분 중 배우자와 자녀에게 25%씩(총 50%)을 증여한 경우 증여세는? 증여가액은 20억 원이라고 하자.

앞의 물음에 맞춰 증여세를 계산하면 다음과 같다.

구분	배우자	자녀	비고
증여가액	5억 원	5억 원	20억 원×25%
− 증여공제	6억 원	5,000만 원	
= 과세표준	0원	4억 5,000만 원	
× 세율(10~50%)	−	20%, 1,000만 원 (누진공제)	
= 산출세액	0원	8,000만 원	

📢 **돌발퀴즈!**

만일 과세관청이 50억 원을 재평가해 증여세를 경정하면 가산세는 부과되는가?

그렇지 않다. 신고불성실가산세와 납부지연가산세 모두 면제된다.

※ 증여세 절세법 요약
- 증여세계산구조에 정통해야 한다.
- 증여재산을 정확히 평가할 수 있어야 한다. 아파트는 감정평가를 받아 신고하는 방법을 적극적으로 강구해야 한다.
- 증여하기 전에 미리 대책을 마련해야 한다.

증여가액에서 공제되는 증여공제를 정리하면 다음과 같다.

구분	공제금액	비고
배우자로부터 수증 시	6억 원	10년 합산기준 (이하 동일)
직계존속으로부터 성년자가 수증 시	5,000만 원	
직계존속으로부터 혼인·출산 후 수증 시	1억 원	2024년 신설
직계비속으로부터 직계존속이 수증 시	5,000만 원	
직계존속으로부터 미성년자가 수증 시	2,000만 원	
기타 친족으로부터 수증 시	1,000만 원	
제3자로부터 수증 시	0원	

※ 혼인·출산 증여공제

자녀가 혼인(재혼 포함) 또는 출산 시 총 1억 원의 증여공제가 적용되고 있다. 이 규정은 2024년 1월 1일 이후 증여분부터 적용된다. 참고로 2023년 1월에 혼인(또는 출산)한 경우에는 2024년 1월부터 2025년 1월까지 증여받아야 공제를 받을 수 있다.

- 증여자 : 직계존속(조부모, 부모, 외조부모)
- 혼인·출산 증여공제 통합 한도 : 1억 원
- 증여재산 : 모든 재산(부동산, 현금, 주식 등. 단, 고저가 양도, 주식 상장이익 등 증여추정·의제에 해당하면 공제 제외)
- 공제기간 : 혼인신고일 이전 2년+혼인신고일 이후 2년 이내(총 4년) 및 출산 후~2년
- 증여세 신고 : 위 공제기간 내 증여일의 말일로부터 3개월 내(무신고 시 가산세 있으나, 2년 내 혼인하지 않고 수정신고 또는 기한 후 신고하면 가산세 감면 추진).
- 상속세 합산과세 : 혼인·출산 증여공제액은 상속재산에 합산과세됨.

혼인·출산 증여공제는 일반 증여공제(5,000만 원)와는 별개로 적용된다. 따라서 직계존속(조부모와 부모, 외조부모)으로부터 모두 합해 1억 5,000만 원을 증여받으면 증여세가 없다. 이를 초과하면 증여세가 부과된다.

K 씨는 5년 전에 아버지로부터 1억 원짜리 주택을 증여받았다. 그리고 오늘 어머니로부터 3억 5,000만 원짜리 상가를 증여받으려고 한다. 물음에 답하면?

01 **이 경우 증여세는 얼마가 되는가? 5년 전에 증여받은 주택은 현재 3억 원이 된다.**

현행 상증법에서는 최종 증여일로부터 소급해 10년 이내에 동일인(부부는 동일인으로 봄)으로부터 증여받으면 원칙적으로 합산해 증여세를 부과한다. 이때 합산하는 증여가액은 '증여일 당시의 가액'이 된다. 따라서 이 사례의 경우 5년 전에 증여받은 재산의 현재 시가는 3억 원이나 이를 1억 원으로 평가하게 된다.

구분	금액	비고
증여가액	4억 5,000만 원	1억 원+3.5억 원
− 증여공제	5,000만 원	
= 과세표준	4억 원	
× 세율(10~50%)	20%, 1,000만 원 (누진공제)	
= 산출세액	7,000만 원	5년 전에 낸 증여세액 500만 원은 산출세액에서 공제됨(이중과세 방지).

02 **만일 K 씨에 대해 혼인·출산 증여공제 1억 원이 추가된다면 세금은 얼마나 되는가?**

구분	금액	비고
증여가액	4억 5,000만 원	1억 원+3.5억 원
− 증여공제	1억 5,000만 원	

구분	금액	비고
= 과세표준	3억 원	
× 세율(10~50%)	20%, 1,000만 원 (누진공제)	
= 산출세액	5,000만 원	5년 전에 낸 증여세액 500만 원은 산출세액에서 공제됨(이중과세 방지).

03 혼인·출산 증여공제가 적용되는 증여가액은 상속가액에 합산되어 과세되는가?

그렇다. 따라서 증여 후 10년 이내에 상속이 발생하면 상속가액에 합산하는 것이 원칙이다.

04 만일 상가를 증여받은 후 이를 양도하면 어떤 제도에 주의해야 하는가?

증여받은 부동산을 10년(2022년 이전 증여분은 5년) 이내에 양도하면 이월과세와 부당행위계산을 검토해야 한다. 이에 대해서는 2장에서 살펴보았다.

Tip 상가의 증여 또는 상속과 부가세 과세 여부

상가를 증여할 때 부가세가 발생할 수 있다. 이를 정리하면 다음과 같다.

구분		포괄 승계	포괄 승계 ×
증여	100% 증여	부가세 없음.	부가세 발생*
	지분증여	부가세 없음(사업자등록 정정 사항).	
상속			

* 임차인을 내보내거나 임대보증금을 제외하고 상가를 증여하는 경우는 포괄 승계가 아님.

혼인·출산
증여공제 활용법

    자녀가 직계존속으로부터 증여를 받는 경우 증여세 과세가액에서 5,000만 원을 공제받을 수 있다. 그런데 2024년부터는 이와 별개로 혼인일 전후 2년 이내 또는 자녀의 출생일(입양신고일 포함)부터 2년 이내에 직계존속으로부터 증여를 받는 경우 총 1억 원을 공제받을 수 있게 된다. 다음에서 이에 대해 알아보자.

（Case）

K 씨는 2024년에 혼인을 앞두고 있다. 물음에 답하면?

- 전세보증금 : 3억 원 소요 예정
- 기타 물품 등 구입 : 2,000만 원 소요 예정

01 부모로부터 앞의 전세보증금을 증여받으면 증여세가 부과되는가?

그렇다. 다만, 증여세는 증여가액에서 증여공제(10년간 5,000만 원)를 적용한 금액에 10~50%의 세율로 과세된다.

02 만일 혼인·출산 증여공제가 적용되면 증여세는 얼마나 예상되는가?

혼인·출산 증여공제가 적용되지 않는 경우와 적용되는 경우를 비교해보자.

구분	일반증여	혼인·출산 증여공제 적용한 경우의 증여
증여가액	3억 원	3억 원
– 증여공제	5,000만 원	1억 5,000만 원
= 증여세 과세표준	2억 5,000만 원	1억 5,000만 원
× 세율	20%	20%
– 누진공제	1,000만 원	1,000만 원
= 산출세액	4,000만 원	2,000만 원

03 만일 예비부부가 각자 1.5억 원씩 증여받으면 증여세는 어떻게 되는가?

공제금액 범위 내에서 증여가 이뤄지므로 증여세가 발생하지 않는다.

04 혼수품에도 증여세가 부과되는가?

사회 통념상 혼수품에 대해서는 증여세가 부과되지 않는다. 사실판단의 문제에 해당한다.

(Consulting)

2024년에 선보이는 혼인·출산 증여공제에 관한 내용을 정리하면 다음과 같다.

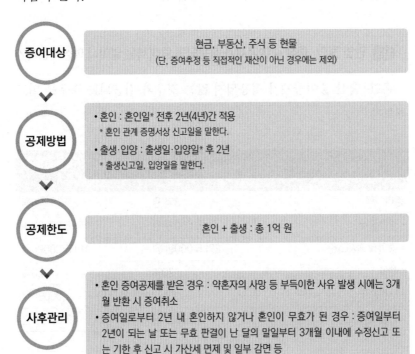

증여대상
현금, 부동산, 주식 등 현물
(단, 증여추정 등 직접적인 재산이 아닌 경우에는 제외)

공제방법
• 혼인 : 혼인일* 전후 2년(4년)간 적용
  * 혼인 관계 증명서상 신고일을 말한다.
• 출생·입양 : 출생일·입양일* 후 2년
  * 출생신고일, 입양일을 말한다.

공제한도
혼인 + 출생 : 총 1억 원

사후관리
• 혼인 증여공제를 받은 경우 : 약혼자의 사망 등 부득이한 사유 발생 시에는 3개월 반환 시 증여취소
• 증여일로부터 2년 내 혼인하지 않거나 혼인이 무효가 된 경우 : 증여일부터 2년이 되는 날 또는 무효 판결이 난 달의 말일부터 3개월 이내에 수정신고 또는 기한 후 신고 시 가산세 면제 및 일부 감면 등

※ 혼인·출산 시 받을 수 있는 총 증여공제

한도	A	B	비고
성년자공제	5,000만 원	5,000만 원	10년 기준
혼인·출산공제	1억 원	1억 원	혼인신고일 이전 2년 + 혼인신고일 이후 2년 이내(총 4년) 및 출산 후~2년
친족공제	1,000만 원	1,000만 원	10년 기준(양가 교차 증여)*
계	1억 6,000만 원	1억 6,000만 원	

* 사위, 며느리가 양가로부터 각각 증여받는 경우를 말함.

실전연습

앞의 사례를 연장해서 살펴보자.

자료

- K 씨와 그의 배우자는 양가로부터 1억 5,000만 원씩 증여받았음.
- 이후 자녀가 태어났음.

---

01 만일 K 씨의 부모로부터 출생에 따라 5,000만 원을 증여받으면 이에 대해서는 증여세가 나오는가?

K 씨는 이미 앞에서 혼인·출생증여공제로 1억 원을 사용했고, 일반 증여공제 5,000만 원도 사용했다. 따라서 이 경우 5,000만 원에 대해서는 증여세가 부과된다.

02 만일 갓 태어난 손자가 할아버지로부터 직접 증여받으면 증여세는 과세되는가?

그렇다. 다만, 미성년자는 10년간 2,000만 원까지는 증여공제가 적용되므로 이 금액을 초과해야 증여세가 발생한다.

03 혼인·출산 증여공제가 적용되는 금액도 사전 증여로 보아 상속가액에 합산되는가?

이에 대해서는 합산과세가 적용된다.

수증자의 1세대 1주택
비과세 적용법

앞에서 공부한 내용을 토대로 증여받은 주택에 대한 1세대 1주택 비과세에 대해 알아보자. 참고로 증여받은 주택이 고가주택이 아닌 경우에는 비교적 간단히 정리되나, 고가주택은 그렇지 않을 수 있다. 이 점을 참고해 다음의 내용을 살펴보기 바란다.

(Case)

K 씨는 다음과 같은 주택을 보유하고 있다. 물음에 답하면?

- 1세대 2주택
- A 주택 : 10년 전 5억 원에 취득함. 현재 시세 7억 원
- B 주택 : 20년 전 1억 원에 취득함. 현재 시세 15억 원
- K 씨의 자녀는 독립세대를 이루고 있음.

01 A 주택을 K 씨의 자녀가 5억 원에 증여받아 1~2년 사이에 양도하면 비과세를 받을 수 있는가?

자녀가 주택을 증여받으면 증여세와 취득세를 부담하고 소유권을 이전받게 된다. 그리고 이날을 기준으로 2년 이상 보유(거주)해야 1세대 1주택 비과세를 받을 수 있다. 그런데 사례처럼 증여받은 후 1년 미만 보유한 상태에서 이월과세를 적용하면 보유기간이 2년 이상으로 늘어나 비과세를 받을 수 있게 되므로 소법 제97조의 2 제2항 제2호에서는 이월과세를 적용하지 않도록 하고 있다.

따라서 이 경우에는 비과세 대신 1억 2,000만 원의 양도세가 나오게 된다.

구분	금액	비고
양도가액	7억 원	
– 취득가액	5억 원	증여가액
– 기타필요경비	0원	
= 양도차익	2억 원	
– 장기보유특별공제(0%)	0원	보유기간 3년 미만
= 과세표준	2억 원	
× 세율	60%	1~2년 미만 보유 시의 세율
– 누진공제	0원	
= 산출세액	1억 2,000만 원	

02 A 주택을 자녀가 5억 원에 증여받아 2년 이후에 양도하면 비과세를 받을 수 있는가?

자녀가 주택을 증여받으면 증여세와 취득세를 부담하고 소유권을 이전받게 된다. 그리고 이날을 기준으로 2년 이상 보유(거주)하면 1세대 1

주택 비과세 요건을 갖춘 셈이 된다. 증여도 취득의 한 유형이 되기 때문이다. 따라서 사례의 자녀는 비과세를 받을 수 있다.

ⓒ 이때 자녀가 양도대금을 본인에게 귀속시키지 않고 이를 증여자에게 귀속시키는 경우에는 조세회피의 가능성이 있다. 이에 소법은 제101조 제2항에서는 이를 부당행위로 보아 다음과 같이 과세한다. 물론 현실에서는 이러한 일은 거의 일어나지 않는다.

- 이 규정이 적용되면 비과세가 적용되지 않으며, 그 대신 증여자가 양도세 납세의무자가 된다.
- 수증자가 부담한 증여세는 반환이 된다.

(Consulting)

가족으로부터 증여받은 주택을 10년(2022년 이전 증여분은 5년) 이내에 양도하면 다음과 같은 제도를 적용한다.

구분	1세대 1주택에 해당하는 경우	1세대 1주택에 해당하지 않는 경우
이월과세제도 (소법 제97조의 2)	• 2년 이상 보유(거주) 시 : 비과세 • 2년 미만 보유 시 : 과세(이월과세 적용배제)	이월과세 적용(증여세는 필요경비로 처리됨)
부당행위계산 (소법 제101조)	• 수증자에게 소득이 귀속되는 경우 : 비과세(부당행위 ×) • 수증자에게 소득이 귀속되지 않은 경우 : 과세(부당행위 ○, 증여자가 직접 양도하는 것으로 봄. 증여세는 환급됨)	• 수증자에게 소득이 귀속되는 경우 : 부당행위 × • 수증자에게 소득이 귀속되지 않은 경우 : 부당행위 ○(증여자가 직접 양도하는 것으로 봄. 증여세는 환급됨)

K 씨는 3년 전에 세대 분리가 된 자녀에게 주택을 증여했다. 해당 자녀는 그 집에서 계속 거주해왔으며 이번에 이를 양도하고자 한다. 다음 자료를 보고 물음에 답하면?

> **자료**
>
> • 양도 예상가액 : 15억 원
> • 증여자가 취득한 가액 : 5억 원(취득일 2000년 1월 1일, 거주한 적 없음)
> • 증여가액 : 7억 원(증여세는 1.35억 원)
> • 수증일 : 2020년 1월 1일

01 K 씨의 자녀가 이 주택을 2024년 이후에 양도하면 비과세를 받을 수 있는가?

자녀는 증여받은 후 2년 보유하는 등 비과세 요건을 갖추었으므로 비과세가 가능하다. 다만, 양도차익 중 12억 원 초과분에 대해서는 양도세가 과세된다.

02 고가주택분에 대해서는 양도세가 어떻게 과세되는가? 이월과세가 적용되지 않는 경우와 적용되는 경우로 구분해 계산해보라.

앞의 사례에 대한 양도세를 계산해보자.

구분	이월과세를 적용하지 않은 경우	이월과세를 적용한 경우
양도가액	15억 원	15억 원
– 취득가액	7억 원	5억 원
– 기타필요경비	0원	1.35억 원*
= 양도차익	8억 원	8.65억 원

구분	이월과세를 적용하지 않은 경우	이월과세를 적용한 경우
– 비과세 양도차익	6.4억 원	6.92억 원
= 과세 양도차익	1.6억 원	1.73억 원
– 장기보유특별공제(8%**, 30%)	1,280만 원	5,190만 원
= 과세표준	1억 4,720만 원	1억 2,110만 원
× 세율	35%	35%
– 누진공제	1,544만 원	1,544만 원
= 산출세액	3,618만 원	2,694만 원

* 수증자가 부담한 증여세는 필요경비로 공제된다.

** 보유기간 4년에 2%를 곱해 계산했다.

이 경우 이월과세를 적용하지 않은 경우가 세금이 더 많다.

Q3 세법은 이월과세를 무조건 적용하도록 하고 있는가?

그렇지 않다. 이월과세를 적용한 경우와 하지 않은 경우의 세 부담을 비교하기 때문이다(비교과세). 사례의 경우 이월과세를 적용하지 않은 경우의 세금이 더 크다.

Q4 사례의 경우 어떻게 하는 것이 절세하는 길인가?

2022년 이전에 증여받은 주택은 5년 후에는 이월과세가 적용되지 않으므로 5년 보유 후 양도하는 것이 세금을 줄일 수 있는 길이 될 것으로 보인다.

사전 증여와
상속세 누적합산과세

증여를 적절히 하면 상속세 등을 줄일 기회를 가질 수 있지만, 때를 잘못 맞추면 낭패를 당할 수 있다. 사전 증여한 재산가액이 상속가액에 더해지기 때문이다. 다음에서 사례를 통해 이에 대해 알아보자.

Case

K 씨는 현재 50억 원 이상의 재산을 소유하고 있다. 그는 상속세를 대비하는 관점에서 토지를 증여하려고 한다. 물음에 답하면?

> **자료**
> • 나이 : 75세
> • 증여대상 : 토지(공시지가 5억 원, 시세는 불분명)

01 해당 토지를 배우자에게 증여하면 증여세는 나오는가?

배우자는 10년간 6억 원까지 증여세가 부과되지 않는다.

Q2 해당 토지를 자녀나 손자녀에게 증여하면 증여세는 나오는가?

자녀나 손자녀의 경우 5,000만 원(미성년자는 2,000만 원)을 넘어가면 증여세가 과세된다.

Q3 해당 토지를 배우자나 자녀 또는 손자녀에게 증여한 후 82세에 사망한 경우 상속가액에 합산되는가?

상속개시일을 기준으로 소급해 상속인에게 10년(상속인 외의 자는 5년) 이전에 증여한 재산가액은 상속가액에 합산해 상속세로 과세한다. 이때 합산된 증여가액에 대한 산출세액은 상속세에서 기납부세액으로 공제된다.

구분	합산기간	비고
상속인	10년	10년 전의 것은 합산 제외
상속인 외의 자	5년	5년 전의 것은 합산 제외

따라서 사례의 경우 이처럼 정리된다.

구분	구분	구분	비고
상속인	배우자	상속가액에 합산	
	자녀	상동	
상속인 외의 자	손자녀	상속가액에 합산되지 않음.	합산기간 5년을 벗어남.

(Consulting)

사전 증여와 상속세 합산과세의 관계를 정리하면 다음과 같다.

상속인인 경우 (배우자, 자녀 등)	합산기간은 10년이다.

▼

상속인이 아닌 경우 (손자녀, 법인 등)	• 합산기간은 5년이다. • 손자녀가 대습상속인*이면 10년이다.

* 선순위 상속인(부모 등)이 먼저 사망해 그의 자녀 등이 상속을 받은 경우를 말한다.

 합산기간에 제한이 없는 경우와 합산과세를 아예 하지 않는 경우

① 합산기간에 제한이 없는 경우
   • 창업자금에 대한 증여세 과세특례를 받은 경우(조특법 제30조의 5)
   • 가업 승계에 대한 증여세 과세특례를 받은 경우(조특법 제30조의 6)

② 합산과세를 아예 하지 않는 경우
   • 공익법인 등에 출연한 재산
   • 장애인이 증여받은 재산
   • 전환사채 등의 주식 전환이익, 주식 상장 및 합병에 따른 증여이익, 타인의 기여에 의한 재산 가치 증가, 특수관계법인 간의 거래를 통한 이익의 증여 의제 등
   • 영농자녀 등이 증여받은 농지* 등

   * 이러한 농지는 합산배제되는 재산에 해당한다. 알아두면 좋을 정보에 해당한다.

실전연습

K 씨는 다음과 같이 증여했다. 물음에 답하면?

자료

구분	수증자	증여금액	현재 시세	증여 시기	비고
다가구주택	배우자	5억 원	10억 원	8년 전	
토지	손녀 1명	5억 원	20억 원	6년 전	증여 당시 성년임.
수증자	-	10억 원	30억 원	-	

01 증여세는 어떻게 과세됐을까?

수증자	증여금액	증여공제	과세표준	산출세액
배우자	5억 원	6억 원	0원	0원
손녀	5억 원	5,000만 원	4.5억 원	8,000만 원
계	10억 원	-	-	8,000만 원

02 K 씨가 사망해 상속세를 계산하려고 한다. 상속가액에 포함되는 사전 증여금액은 얼마인가?

수증자	증여금액	현재 시세	증여 시기	상속가액에 포함되는 금액	비고
배우자	5억 원	10억 원	8년 전	5억 원	합산기간(10년) 미경과
손녀	5억 원	20억 원	6년 전	-	합산기간(5년) 경과
계	10억 원	30억 원	-	5억 원	

위에서 손녀에게 증여한 재산가액을 합산하지 않는 이유는 상속인 외의 자의 경우에는 합산하는 기간이 5년*이기 때문이다. 배우자나 자녀의 경우에는 10년이다.

* 대습상속인에 해당하면 10년을 적용한다.

☞ 사전에 증여한 재산이 상속재산에 합산되는 경우에는 증여 당시의 신고가액이 합산된다. 따라서 가치상승분은 합산대상에서 제외된다.

03 상속세 결정세액은 얼마나 될까? 단, 상속 시 발생한 상속가액은 20억 원이며 상속공제는 총 10억 원을 받을 수 있다고 가정한다.

구분	금액	비고
상속가액	20억 원	상속개시일 현재
+ 사전 증여가액	5억 원	• 배우자에게 사전 증여한 재산가액만 합산됨. • 합산되는 가액은 증여일 현재의 평가액임.
= 총상속가액	25억 원	
− 상속공제	10억 원	자료상 가정
= 과세표준	15억 원	
× 세율	40%	누진공제 1억 6,000만 원
= 산출세액	4억 4,000만 원	
− 기납부세액	0원	합산되는 증여가액에 대한 증여세 산출세액을 말함.
− 신고세액공제(3%)	1,320만 원	(산출세액−기납부세액공제)×3%
= 결정세액	4억 2,680만 원	

사전에 증여한 재산가액은 상속재산가액에 합산되며, 이때 증여세 산출세액은 상속세 산출세액에서 공제된다.

☞ 사전 증여가액이 상속가액에 합산되면 상속세가 늘어나는 한편, 상속공제 한도를 계산할 때 사전 증여에 의한 과세표준(증여가액−증여공제)이 차감되므로 상속공제가 축소될 수 있다. 이러한 내용은 실무에서 중요하므로 사전 증여할 때는 반드시 이에 대해 검토해야 한다. 사례의 경우에는 이와 무관하다.

실전연습

04 만일 사전에 증여가 없었다면 이 경우 상속세는 얼마나 나올까?

구분	금액	비고
상속가액	50억 원	시가로 평가
− 상속공제	10억 원	자료상 가정
= 과세표준	40억 원	
× 세율	50%	누진공제 4억 6,000만 원
= 산출세액	15억 4,000만 원	
− 기납부세액	0원	합산되는 증여가액에 대한 증여세 산출세액을 말함.
− 신고세액공제(3%)	4,620만 원	(산출세액 − 기납부세액공제)×3%
= 결정세액	14억 9,380만 원	

☞ 사전에 증여하지 않았다면 15억 원 정도의 상속세가 예상되지만, 사전에 증여함으로써 상속세가 4억 원대로 줄어들었다. 다만, 사전 증여에 따른 증여세 등을 감안해 효과를 분석해야 한다.

　앞에서 살펴본 가족 간의 매매와 증여는 선택이 가능한 방법이다. 그렇다면 이 중 어떤 것을 선택할 것인가? 이러한 유형에서의 의사결정은 세 부담의 크기도 중요하지만 예상되는 세무상 쟁점 등을 종합해 결론을 내리는 것이 좋다. 사례를 통해 이에 대해 알아보자. 참고로 매매와 부담부 증여 중의 선택에 대해서는 6장의 '실력 더하기'에서 살펴보자.

Case

K 씨는 성년인 아들에게 자산을 물려주는 방법에 양도 또는 증여가 있다는 것을 알게 됐다. 그런데 양도와 증여 중 어떤 것이 좋을지 헷갈렸다. 자료는 다음과 같다. K 씨의 답답한 마음을 해결해보자.

자료

- 세법상 평가액 : 4억 원
- 취득가액 : 1억 원
- 장기보유특별공제율 : 30% 적용(기본공제 250만 원 미적용)
- 취득세 : 증여가액의 4.0%, 양수 금액의 1.0%

　앞의 K 씨의 궁금증을 순차적으로 해결해보자.

Step 1 　세금 비교

다음과 같이 양도와 증여에 대해 세금유출액을 구한다.

구분	양도	증여
증여세/양도세	5,986만 원	6,000만 원
	(4억 원 – 1억 원) × 70%* × 6~45% = 2.1억 원 × 38% – 1,994만 원 (누진공제) = 5,986만 원	(4억 원 – 5,000만 원) × 20% – 1,000만 원(누진공제) = 6,000만 원

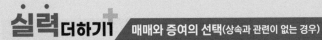

구분	양도	증여
취득세	400만 원	1,600만 원
	4억 원 × 1% = 400만 원	4억 원×4% = 1,600만 원
계	6,386만 원	7,600만 원

* 장기보유특별공제 30%를 적용한 후의 과세비율(30%=1-70%)을 말한다.

Step 2 K 씨의 선택

K 씨는 증여보다는 양도를 선택할 유인이 높아진다. 하지만 K 씨가 양도를 선택하는 순간 예기치 못한 손해를 볼 수 있다. 그 이유는 부모와 자식 간에 거래 시 대가관계가 명백하지 않으면 증여세가 나올 가능성이 크기 때문이다. 이때 가산세 문제도 대두된다.

🔊 돌발퀴즈!

앞의 사례에서는 증여하는 것보다 양도하는 것이 현금흐름이 약간 더 좋게 보인다. 그 이유는 뭘까?

이는 주로 증여세의 증여공제(성년인 자가 증여받으면 5,000만 원)보다도 양도세 계산 시 양도가액에 차감되는 취득가액(1억 원)과 장기보유 특별공제액(9,000만 원)이 더 크기 때문이다. 다만, 사례의 경우 증여세율은 20%이나 양도세율은 38%까지 올라가므로 두 세목 간 세금의 차이가 얼마 나지 않고 있다.

Tip **매매(양도)와 증여의 비교**

구분	매매	증여
개념	자금을 수반해 거래	무상으로 거래(언제든지 가능)
증여 또는 양도 시 평가액	당사자 간에 정하는 가액 (부당행위계산 적용 시 시가)	시가(평가기간 밖의 매매가액 포함) → 기준시가 등
취득세	• 과세표준 : 위와 같음(저가 양도 시 시가로 과세). • 세율 : 1~12%	• 과세표준 : 위와 같음. • 세율 : 3.5~12%
자금출처조사 대상	해당함.	해당 사항 없음.
세법상 규제	• 저가 양도 시 : 시가과세, 증여세 과세 • 고가 양도 시 : 시가과세, 증여세 과세	• 증여받은 후 10년 내 양도 시 : 이월과세 → 부당행위계산
상속 10년 누적 합산과세	적용하지 않음.	적용함.
증여 10년 누적 합산과세	적용하지 않음.	적용함.
상속재산 유류분 제도	적용하지 않음.	적용함.

양도와 증여, 부담부 증여 중 유리한 순서는 '양도 > 부담부 증여 > 증여'가 될 수도 있고, '부담부 증여 > 양도 > 증여'가 될 수 있다. 물론 증여가 가장 좋은 예도 있다. 독자들은 이러한 점에 유의해 단정적으로 양도 또는 증여 또는 부담부 증여가 무조건 낫다는 식의 결정을 해서는 안 된다.

상속세를 줄이는 가장 손쉬운 방법은 상속이 발생하기 전에 자녀 등에게 증여를 하는 것이다. 실무적으로 사전 증여는 상속가액의 수준별로 나눠서 시행하는 것이 일반적이다. 다음에서 사전 증여의 원리를 알아보자. 매매는 별도로 비교해보자.

1. 보유재산이 10억 원 이하인 경우

상속가액이 10억 원 이하가 될 때는 피상속인의 배우자가 살아 있는 한, 현행 세법하에서는 상속세가 원칙적으로 과세되지 않는다. 배우자 상속공제를 최소한 5억 원 받을 수 있고, 기초공제(2억 원)와 기타 인적공제 대신 5억 원의 일괄공제를 받을 수 있기 때문이다. 따라서 상속재산이 이 금액에 미달할 것으로 예상하는 경우에는 상속세를 피하고자 사전에 증여할 필요성은 떨어진다. 오히려 이런 상황에서 사전 증여를 하면 애꿎은 증여세와 취득세만 날아간다.

》》 사전 증여의 필요성이 없다.

2. 보유재산이 10억~20억 원 사이인 경우

재산 규모가 10억~20억 원대인 경우에는 다른 층보다 다양한 대안을 만들 수가 있다. 예를 들어 이런 층들은 재산 일부를 사전에 증여하거나 상속 준비기간에 합법적인 범위 내에서 재산을 찾아 사용할 수도 있고, 실제 상속 발생 시 배우자 상속공제제도를 활용하면 세금을 축소할 수 있다. 참고로 인출금액이 과도하면 상속추정제도가 적용되므로 이에 유의해야 한다. 이 정도의 재산 규모에서는 배우자 상속공제나 동거주택 상속공제를 활용해 보는 것이 괜찮은 방법이 될 수 있다.

>> 사전 증여의 필요성이 어느 정도 있다.
>> 저평가된 재산을 먼저 증여받는 것이 좋다.

3. 보유재산이 20억 원을 초과하는 경우

상속재산이 20억 원대를 넘어서면 미리 증여하거나 처분해 재산을 줄일 필요가 있다. 다만, 실무적으로는 상속세 예측 등을 통해 사전 증여액의 규모나 증여 시기 등을 꼼꼼히 결정할 필요가 있다. 예를 들어 10년 후쯤에 상속이 발생하고 그때의 상속재산이 30억 원쯤 된다고 하자. 그리고 이 중 5억 원 정도의 상속재산을 덜어낸다면 어떤 효과가 발생할까?

구분	당초	변경
상속가액	30억 원	25억 원
− 상속공제	10억 원	10억 원
= 과세표준	20억 원	15억 원
× 세율	40%	40%
− 누진공제	1억 6,000만 원	1억 6,000만 원
= 산출세액	6억 4,000만 원	4억 4,000만 원

표를 보면 상속재산 5억 원이 사전 증여되면 향후 상속세는 2억 원이 떨어진다. 그렇다면 지금 증여하는 것이 좋을까?

그런데 증여 전에 반드시 고려할 것이 있다. 그것은 다름 아닌 증여세와 취득세 등의 과세문제다. 그래서 이런 유형의 의사결정 시에는 사전 증여 때문에 증가하는 금액과 추후 상속세 절감액을 비교해보아야 한다. 다만, 실무적으로 증여를 부담부 증여방식(빚과 함께 증여하는 방식)으로 하면 최소한의 세금만을 부담할 수도 있다. 이와 함께 증여세는 현재 시점에서의 현금지출을 의미하므로 이 금액에 대한 기회비용(증여세

현금지출분을 다른 투자 상품에 투자했을 때 최소한 벌어들일 수 있는 수익률)을 생각
할 필요가 있다.

한편 부동산 가격이 지속해서 상승한다고 가정한다면 사전 증여가
오히려 해보다 득이 될 가능성이 크다. 예를 들어 앞의 상속재산이 물
가상승 등의 영향으로 30억 원에서 35억 원으로 증가했다면, 상속세
예상액은 6억 4,000만 원에서 8억 4,000만 원[과세표준 25억 원×상
속세 세율 40%-1억 6,000만 원(누진공제)]으로 2억 원이 뛴다. 따라서
사전 증여를 하게 되면 2억 원 정도의 상속세를 추가로 절감할 수 있게
된다. 이런 점 때문에 부동산 가격이 상승하는 국면에서는 사전 증여가
빠를수록 좋다고 하는 것이다. 다만, 증여에 따른 취득세가 기준시가의
12%까지 올라갈 수 있으므로 이 부분을 고려하는 것을 잊지 않아야
한다.

〉〉 사전 증여의 필요성이 많다.
〉〉 저평가된 재산을 먼저 증여받는 것이 좋다.

Tip 증여 대신 매매를 선택하면 어떻게 될까?

상속의 관점에서 증여 대신 매매를 선택하면 앞의 결과는 어떻게 달라지는지 정리해 보자.

구분	매매 시의 효과
1. 보유재산이 10억 원 이하인 경우	증여와 같다. 즉, 사전 매매할 필요가 없다.
2. 보유재산이 10억~20억 원 사이인 경우	증여 후 10년 이내에 상속이 발생하면 합산 과세가 되나, 매매는 그렇지 않다. 다만, 매매
3. 보유재산이 20억 원을 초과하는 경우	는 매매대금이 상속가액에 포함될 수 있다.*

* 사전에 증여하는 것이 좋은지, 매매가 좋은지는 각 상황에 따라 달라질 수 있다.

증여 대신 매매를 선택하면 증여에 해당하지 않으므로 사전에 증여한 재산처럼 상속 가액에 합산되지 않은 한편, 유류분 청구대상에서도 벗어날 수 있다. 다만, 매매대금 이 상속재산에 포함되어 상속세로 과세될 수 있다.

가족 간 증여 절차를 정리해보자.

절차	내용	비고
시가 확인	• 국세청 홈택스 • 국토교통부 실거래가 조회	아파트와 고액의 부동산은 감정평가 추진
관련 비용 파악	• 국민주택채권 할인료 • 취득세 • 등기비용 등	취득세 중과세에 유의할 것
계약서 작성	• 형식 없음. • 증여계약서 검인	관할 시·군·구청
취득세 신고	• 증여일~60일 내	
등기	• 관할 등기소	본인 또는 법무사무소 의뢰
증여세 신고	• 증여일이 속한 달의 말일~3개월	본인 또는 세무회계사무소 의뢰
증여세 결정	• 증여세 신고기한~6개월	관할 세무서

제 **6** 장

부담부 증여의 선택과
절세 포인트

부담부 증여의
장단점

자녀에게 주택 등을 넘기는 경우 부담부 증여방식을 활용하는 경우가 많다. 부담부 증여란 채무와 함께 재산을 이전하는 방식이다. 이때 채무가 적법한 것으로 인정되는 때는 채무에 상당하는 재산가액에 대해서는 양도세가, 채무 이외의 증여가액에 대해서는 증여세가 과세된다. 그렇다면 부담부 증여의 장단점은 뭘까?

1. 장점

부담부 증여는 앞에서 살펴본 매매나 증여의 장단점을 동시에 가지고 있다. 이 중 장점부터 살펴보자.

첫째, 언제든지 선택할 수 있는 대안이다.
부담부 증여도 증여의 한 유형에 해당하므로 증여처럼 언제든지 이를 선택할 수 있는 수단에 해당한다.

둘째, 자금출처에 대한 입증이 비교적 쉽다.

매매의 경우 매수자금에 대한 출처입증이 필요하나, 부담부 증여는 그 자산에 담보된 대출금이나 전세보증금이 사전에 확인되므로 이에 대한 출처입증이 비교적 쉽다는 특징이 있다.

☞ 다만, 부모와 전세 계약을 맺은 후 부담부 증여 시 이를 둘러싸고 쟁점이 발생할 수 있다.

셋째, 증여보다 세금이 저렴할 수 있다.

앞에서 보았지만, 증여의 경우 시가과세로 인해 증여세와 취득세가 많이 나올 수 있다. 하지만 부담부 증여의 경우 과세표준이 증여세와 양도세로 구분되고 취득세 또한 유상취득과 증여취득으로 분산되므로 전반적으로 세금이 줄어들 가능성이 크다.

☞ 다만, 실무에서는 주어진 상황에 따라 반대의 결과가 나올 수 있음에 유의해야 한다.

넷째, 부담부 증여 중 채무는 증여에서 제외된다.

그러므로 상속세 합산과세는 적용되지 않으며, 유류분 청구대상에서 제외되는 것도 장점에 해당한다.

2. 단점

부담부 증여가 매매나 증여 등에 비해 단점이 있을 수 있다.

첫째, 매매와는 달리 거래가액을 임의로 정할 수 없다.

부담부 증여는 증여의 유형이므로 매매처럼 거래가액을 임의로 정할 수 없다. 따라서 아파트처럼 시가가 있는 부동산을 기준시가로 신고 시 다양한 쟁점에 봉착할 수 있다.

둘째, 전세보증금을 인정받지 못하면 취득세가 많이 나올 수 있다.

소득 능력이 안 되는 배우자나 자녀 등이 전세보증금을 채무로 승계받으면 증여받은 것으로 보아 취득세를 부과한다는 점도 부담이 될 수 있다.

👉 물론 이를 증여로 보아 취득세를 계산하는 것이 더 유리할 수도 있다.

셋째, 채무인수액에 대해서는 사후관리를 받는다.

인수한 채무는 승계자가 갚아야 하며, 과세당국은 이에 대한 상환에 대해서도 자금출처조사를 한다. 이러한 점도 단점에 해당한다.

※ 가족 간 거래 시 임의 가격 인정 여부 등

간혹 증여 등을 하면서 가격을 마음대로 책정하는 때도 있다. 예를 들어 시세가 5억 원이면 임의로 4억 원으로 평가해 신고하는 식이다. 그렇다면 세법은 이를 인정할까? 아니다. 증여는 세법에서 정하는 방법대로 평가해야 하기 때문이다(시가→기준시가). 하지만 매매는 거래당사자가 협의를 통해 정하면 되므로 제한이 없다. 그렇다면 부담부 증여는 어떻게 될까? 이에 대한 답은 부담부 증여는 증여의 한 방법이므로 세법에서 정하는 방법에 따라야 한다는 것이다.

구분	매매	상속·증여	부담부 증여
임의 가격 인정 여부	○	×	×
가격 책정방법	당사자 간 협의	세법에서 정해진 가격	세법에서 정해진 가격

부담부 증여와
세무상 쟁점사례

부담부 증여는 세금 측면에서 보면 분명 장점이 있는 부동산 이전의 한 수단에 해당한다. 그렇다면 아무런 생각 없이 이를 선택하면 될까? 당연히 그렇지는 않을 것이다. 부담부 증여와 관련된 세무상 쟁점을 먼저 검토해야 하기 때문이다. 다음에서 사례를 통해 이에 대해 알아보자.

(Case)

경기도 광주시에 거주하고 있는 K 씨는 주택 1채를 전세보증금과 함께 자녀에게 부담부 증여하기로 했다. 물음에 답하면?

01 이 경우 세금은 어떻게 부과하는가?

부담부 증여에서 채무가 적법한 것으로 인정되는 때는 채무에 상당하는 재산가액에 대해서는 양도세가, 채무 이외의 증여가액에 대해서는 증여세가 과세된다.

구분	내용
채무인수가 인정되는 경우	• 채무 부분 : 양도세 과세 • 채무 이외의 부분 : 증여세 과세
채무인수가 인정되지 않는 경우	전체에 대해 증여세만 부과됨.

참고로 세법상 인정되는 채무인수와 관련된 내용을 정리하면 다음과 같다.

① 채무는 증여재산에 담보된 채무를 말한다. 예를 들어 전세보증금이나 은행대출금이 이에 해당한다.
② 채무는 증여일 현재 존재해야 한다. 따라서 증여일 이후에 발생한 채무는 부담부 증여로 할 수 없다.
③ 담보된 당해 채무는 채무자 명의에도 불구하고 반드시 실질적으로 증여자의 채무여야 한다.
④ 당해 채무를 수증자가 인수한 사실이 증여계약서, 자금출처가 확인되는 자금으로 원리금을 상환하거나, 담보 설정 등에 의해 객관적으로 확인되어야 한다.

ⓒ2 부담부 증여 시 채무는 무조건 인정되는가?

원래 직계존비속 간의 채무에 대해서는 불인수 추정을 한다. 다만, 증여일 현재 증여재산에 담보된 증여자의 채무가 있는 경우로서 해당 채무를 수증자가 인수한 사실이 채무입증서류, 채무부담계약서, 채권자확인서, 담보 설정, 자금출처가 확인되는 자금으로 원리금 상환 등에 의해 객관적으로 입증되는 때만 증여재산의 가액에서 그 채무를 차감한다.

(Consulting)

부담부 증여와 관련된 세무상 쟁점을 세목별로 살펴보면 다음과 같다.

- 채무부담분* : 유상취득으로 본다(세율 1~12%).
- 무상취득분 : '시가 인정액–채무부담분'은 무상취득으로 본다(세율 3.5~12%).

취득 후에는 재산세 등이 부과된다.

- 채무부담분 : 양도가액으로 보아 양도세를 부과한다.
- 무상취득분 : 증여로 보아 증여세를 부과한다.

* 채무는 취득자가 부동산 등의 취득일이 속하는 달의 말일부터 3개월 이내에 인수한 것을 입증한 채무로서 다음의 금액으로 한다.
- 임대차계약서 등으로 확인되는 부동산 등에 대한 임대보증금액
- 그 밖에 판결문, 공정증서 등 객관적 입증자료로 확인되는 취득자의 채무 등

※ 부담부 증여 시 전세보증금에 대한 세법의 태도

부담부 증여 시 전세보증금에 대한 세법의 태도를 비교해보자.

구분	취득세	양도세, 증여세
수증자가 소득 능력이 없는 경우	채무 불인정*	채무 인정
수증자가 소득 능력이 있는 경우	채무 인정	채무 인정

* 저자 의견 : 국세처럼 채무로 인정하는 것이 타당하다. 대가관계가 확실하기 때문이다.

K 씨는 현재 2주택자로 무주택자인 자녀에게 다음과 같은 주택을 부담부 증여하려고 한다. 물음에 답하면?

> **자료**
>
> • 증여대상 주택 : 시가 7억 원(기준시가 4억 원)
> • 위 증여대상 주택의 대출금 : 4억 원
> • 위 주택 소재 지역 : 조정지역

Q1 앞의 주택을 부담부 증여 시 가격은 마음대로 책정할 수 있을까?

부담부 증여도 증여에 해당하므로 '세법상 시가 → 보충적 평가방법(기준시가)' 순으로 평가해야 한다. 따라서 아파트처럼 시가가 있는 경우에는 확인된 시가를 기준으로 부담부 증여에 따른 각종 세무신고를 해야 한다.

👉 매매는 당사자 간에 거래가액을 임의로 정할 수 있지만, 증여는 세법에서 정하는 가액으로 평가할 수 없다.

Q2 자녀가 소득 능력이 없는 경우 취득세율은 몇 %가 될까?

자녀가 소득 능력이 없는 경우에는 지방세법상 채무는 인정되지 않는다(다음 지방세법 제7조 참조). 따라서 이 경우 부담부 증여에 따른 전체가액을 증여가액으로 보아 증여에 따른 취득세를 부과한다. 사례의 경우 다음과 같이 취득세가 예상된다.

• 7억 원×12%=8,400만 원

실전연습

※ **지방세법 제7조**

⑪ 배우자 또는 직계존비속의 부동산 등을 취득하는 경우에는 증여로 취득한 것으로 본다. 다만, 다음 각 호의 어느 하나에 해당하는 경우에는 유상으로 취득한 것으로 본다.

　가. 그 대가를 지급하기 위한 취득자의 소득이 증명되는 경우 등

⑫ 증여자의 채무를 인수하는 부담부(負擔附) 증여의 경우에는 그 채무에 상당하는 부분은 부동산 등을 유상으로 취득하는 것으로 본다. 다만, 배우자 또는 직계존비속으로부터의 부동산 등의 부담부 증여의 경우에는 제11항을 적용한다.

Q3 앞의 대출금을 상환할 때 어떤 문제점이 있을까?

　부담부 증여 시 인수한 채무에 대해서는 국세청에서 사후관리하게 된다. 따라서 채무 상환을 부모가 대신해준 경우에는 이에 대해 증여세가 부과될 수 있다. 다음의 Tip을 참조하기 바란다.

Tip 국세청의 채무 사후관리

① 지방국세청장 또는 세무서장은 다음 각 호의 어느 하나에 해당하는 경우 해당 납세자의 채무정보를 NTIS(엔티스)에 입력해야 한다.
　1. 상속세 및 증여세의 결정 등에서 인정된 채무
　2. 자금출처조사 과정에서 재산취득자금으로 인정된 채무
　3. 재산 취득에 사용된 채무 내역서로 제출된 채무
　4. 기타 유사한 사유로 사후관리가 필요한 채무
② 지방국세청장 또는 세무서장은 상환기간이 경과한 채무에 대해 사후관리 점검을 해야 한다. 다만, 상환기간 경과 전이라도 일정 기간이 경과한 장기채무로서 변제 사실 확인이 필요한 경우 점검 대상자로 선정할 수 있다.
③ 지방국세청장 또는 세무서장은 제2항의 채무 사후관리 대상자에게 해명할 사항을 기재한 채무 상환에 대한 해명자료 제출 안내(별지 제17호 서식)와 권리 보호 요청 제도에 대한 안내(별지 제25호 서식)를 납세자에게 서면으로 발송해야 한다.
④ 지방국세청장 또는 세무서장은 사후관리 결과 채권자 변동이나 채무감소(변동) 등이 확인된 경우에는 즉시 그 내용을 NTIS(엔티스)에 입력해야 한다.

국세청
National Tax Service

기 관 명

제출 채무에 대한 사후관리 사항 안내

문서번호 : 재산세과 –

_____귀하

안녕하십니까? 채무내역 제출에 협조해주셔서 감사드립니다.

귀하께서 제출한 채무내역과 관련하여 사후관리대상 채무내역과 향후 이자지급 등 채무사후관리 사항을 다음과 같이 알려드립니다.

○ 사후관리대상 채무내역

채권자	채무금액	발생일	만기일

○ 채무 사후관리 사항

이자지급	○ 금전을 무상 또는 낮은 이자율로 빌린 경우에는 증여세가 과세될 수 있습니다. 　– 이자로 지급한 금액이 적정이자율('21년 현재 4.6%)로 계산한 금액보다 1년간 1,000만 원 이상* 적은 경우에는 증여세과세 대상에 해당 　* 차입금액 × (적정이자율 – 지급이자율) ≥ 1,000만 원 ○ 이자지급 중단 시 채무에 대해 증여세가 과세될 수 있습니다. 　– 채무에 대한 약정이자의 지급을 중단하고 채권자가 권리 행사를 하지 않은 경우에는 금전을 무상 이전받는 것과 동일한 경제적 효익 발생
채무상환	○ 채무를 타인이 대리상환한 경우에는 증여세가 과세됩니다. ○ 원금 및 이자 만기일시상환 약정 후 불이행 시 채무에 대해 증여세가 과세될 수 있습니다. 　– 채무의 만기도래 시점에 이자 및 원금의 상환 없이 차입기간을 계속 연장하거나 상환시기를 특정하지 못하는 경우에는 사실상 금전을 무상 이전받는 것과 동일한 경제적 효익 발생

년　월　일

기 관 장

(관인생략)

위 내용과 관련한 문의사항은 담당자에게 연락하시면 친절하게 상담해 드리겠습니다.
◆ 담당자 : ○○세무서 ○○○과 ○○○ 조사관(전화 :　　　　, 전송 :　　　　)

부담부 증여와
취득세

부담부 증여 시 취득세는 어떤 식으로 나오는지 좀 더 구체적으로 알아보자. 참고로 2023년부터 증여에 따른 취득세는 시가 인정액으로 과세함에 유의해야 한다. 또한, 2020년 8월 12일 이후부터는 취득세에도 중과세율이 도입됐음에 유의해야 한다.

Case

서울 양천구 목동에 사는 K 씨는 35세인 자녀(직장인)에게 주택을 부담부 증여하려고 한다. 그는 취득세와 관련해 몇 가지 궁금한 점이 있다. 물음에 답하면?

01 부동산 매매 시 취득세 과세표준과 세율은?

구분	원칙	예외(특수관계)
과세표준	사실상의 취득가액	부당행위계산 : 시가 인정액
세율	1~12%*	–

* 취득세 중과세율 : 양수자의 주택 수가 2채 이상인 상태에서 추가 취득 시 8~12%가 적용될 수 있다.

02 부동산 증여 시 취득세 과세표준과 세율은?

구분	원칙	예외
과세표준	시가 인정액	1억 원 이하 등 : 시가 표준액
세율	3.5~12%*	-

* 취득세 중과세율 : 증여자의 주택 수가 2채 이상인 상태에서 조정지역 내의 시가 표준액 3억 원 이상의
주택을 증여받으면 12%가 적용될 수 있다.

03 부담부 증여 시 취득세 과세표준과 세율은?

부담부 증여 시에는 채무는 유상취득, 나머지는 증여취득으로 보게
된다. 구체적인 내용은 다음의 실전연습을 통해 확인해보자.

(Consulting)

부담부 증여 시 취득세와 관련된 세무상 쟁점은 다음과 같다.

과세표준의 구분

- 채무는 유상취득으로 본다.
- '시가 인정액-채무'는 증여취득으로 본다.

유상취득세율

- 양수자의 조건에 따라 1~12%까지 세율이 발생한다.
- 양수자가 2주택 이상인 상태에서 추가 매수를 하면 8~12%의 중과
  세율이 적용될 수 있다.

증여취득세율

- 증여자의 주택 수와 조정지역, 시가 표준액 등의 변수로 세율이 결
  정된다.
- 증여에 따른 일반 취득세율은 3.5%가 된다.
- 증여자가 2주택 이상, 조정지역 내의 시가 표준액 3억 원 이상의 주
  택 증여 시 취득세율은 12%가 적용된다.

취득세의 핵심은 취득세율에 있다. 최저 1~12%대까지 세율이 적용되기 때문이다. 다음에서는 유상 및 증여취득 시에 대한 세율을 간략하게 정리해본다. 주택 수 판정 등에 대한 자세한 내용은 저자의 《부동산 세무 가이드북 실전 편》이나 《2024 확 바뀐 부동산 세금 완전분석》 등을 참조하기 바란다.

※ 부동산 유상취득과 취득세율

구분	신규 주택 포함 주택 수	신규 주택 등 소재 지역	
		조정지역	비조정지역
주택	1주택, 일시적 2주택	1~3%	좌동*
	2주택	8%	1~3%
	3주택	12%	8%
	4주택	–	12%
주택 외		4%	

* 신규 주택이 비조정지역 내에 소재하면 지법상 종전 주택을 처분할 필요가 없다.

※ 부동산 증여와 취득세율

구분	증여자의 주택 수*	지역	시가 표준액	취득세율
주택	1채	–	–	3.5%
	2채 이상	조정지역	3억 원 이하	3.5%
			3억 원 초과	12%
		비조정지역	–	3.5%
주택 외	–	–	–	3.5%

* 주택, 오피스텔, 분양권, 입주권을 포함함. 이때 주택과 오피스텔은 시가 표준액 1억 원도 포함함에 유의할 것

앞의 K 씨의 자녀는 다음의 주택을 부담부 증여로 취득하려고 한다. 물음에 답하면?

> **자료**
> · 증여대상 주택 : 시가 5억 원(시가 표준액 4억 원)
> · 위 증여대상 주택의 전세보증금 : 2억 원
> · 앞의 주택은 비조정지역에 소재함.

01 취득세는 얼마인가? 시가는 파악된다고 하자.

2023년부터 증여세 과세표준도 시가 인정액을 기준으로 책정된다. 따라서 사례의 경우 시가 인정액이 있으므로 다음과 같이 취득세가 계산된다.

· 유상취득세 : 채무 2억 원×1% = 200만 원
· 무상취득 취득세 : (5억 원 – 2억 원)×3.5% = 1,050만 원
· 계 : 1,250만 원

02 취득세는 얼마인가? 시가는 파악이 안 된다고 하자.

시가 파악이 안 되면 이 경우에는 시가 표준액으로 취득세를 계산할 수밖에 없다. 따라서 다음과 같이 취득세가 계산된다.

· 유상취득세 : 채무 2억 원×1% = 200만 원
· 무상취득 취득세 : (4억 원 – 2억 원)×3.5% = 700만 원
· 계 : 900만 원

실전연습

03 만일 시가 표준액으로 취득세를 신고하면 관할 시·군·구청은 그대로 진행할까?

신고 후에 평가기간 내와 밖에서 시가 인정액(매매가액, 감정가액 등)이 밝혀지면 이 금액으로 취득세 과세표준을 경정할 수 있다.

04 만일 K 씨의 자녀가 무직이라면 취득세는 얼마나 예상되는가? 이때 시가는 파악이 된다고 하자.

이 경우 전체 금액을 무상취득으로 보아 취득세를 부과한다.

• 무상취득 취득세 : 5억×3.5% = 1,750만 원

05 만일 위 증여주택이 조정지역에 소재한다고 하자. 이 경우 취득세는 얼마나 예상되는가? 이때 시가는 파악이 되며, 무상취득만 중과세율이 적용된다고 하자.

• 유상취득세 : 채무 2억 원×1% = 200만 원
• 무상취득 취득세 : (5억 원 – 2억 원)×12% = 3,600만 원
• 계 : 3,800만 원

부담부 증여와
국세(증여세와 양도세)

부담부 증여에 따른 취득세 문제가 해결됐다면, 이제 국세인 양도세와 증여세는 어떤 식으로 해결할 것인지 이에 대해 알아보자. 참고로 부담부 증여는 양도와 증여가 결합한 것이므로 앞에서 본 매매와 증여의 세금 관계가 그대로 적용된다.

(Case)

서울 양천구 목동에 사는 K 씨는 35세인 자녀에게 주택을 부담부 증여하려고 한다. 그는 국세와 관련해 몇 가지 궁금한 점이 있다. 물음에 답하면?

01 부담부 증여에 따른 재산평가는 어떻게 하는가?

이 경우 상증법에서 정하고 있는 평가절차에 따라 평가해야 한다. 따라서 세법상 시가(매매가액 포함)가 없다면 기준시가로 신고할 수 있다.

👉 단, 아파트는 시가가 있을 가능성이 크므로 가격조사를 충분히 해야 하며, 세무 위험을 조금이라도 남기고 싶지 않다면 감정평가서를 준비한다.

가족 간 매매 시에는 임의로 가격을 정할 수 있다. 그런데 부담부 증여는 왜 그렇지 않은가?

매매는 당사자 간에 자유롭게 가격을 정할 수 있지만, 부담부 증여는 증여 성격이 포함되어 있으므로 세법에서 정하는 바에 따라야 하기 때문이다.

02 부담부 증여 시 양도세와 증여세 과세표준과 세율은?

구분	양도세	증여세
과세표준	채무-취득가액 등	(시가-채무)-증여공제
세율	6~45% 등	10~50%

03 만일 채무보다 증여가액이 작으면 Q2의 과세표준과 세율은 어떻게 변하는가?

예를 들어 채무가 2억 원이고 증여가액이 1억 원으로 평가된 경우에는 아래와 같이 과세표준과 세율이 형성된다.

구분	양도세	증여세
과세표준	채무-취득가액*	–
세율	6~45% 등	–

* 증여가액이 기준시가 등으로 평가되면 양도세 계산 시 취득가액은 기준시가로 함에 유의해야 한다. 바로 뒤의 사례에서 살펴보자.

04 앞 Q3 결과는 부담부 증여가 아닌 매매로 하는 것과 차이가 나는가?

그렇다. 양도세만 발생하므로 매매로 거래하는 것과 같은 결과가 발생한다.

☞ 이처럼 재산평가액과 채무 차이가 크지 않으면 매매방식으로 부동산을 이전하는 것을 검토하자. 물론 이때 채무는 양수자한테 승계가 되어야 한다.

Consulting

부담부 증여 시 국세와 관련된 세무상 쟁점은 다음과 같다.

세목의 구분
- 채무는 양도가액으로 본다.
- '시가평가액-채무'는 증여가액으로 본다.

양도세
- 채무분 : 양도가액이 기준시가 등*으로 결정되면 취득가액은 기준시가로 한다.
- 증여분 : 10년 이내에 양도 시 이월과세가 적용된다.

증여세
- 채무분 : 채무가 인정되지 않으면 증여세가 발생한다.
- 증여분 : 증여세가 과세된다.

* 양도가액이 기준시가와 임대료 환산가액, 임대보증금으로 평가되는 경우에 취득가액은 기준시가로 해야 한다. 임대보증금을 양도가액으로 하는 경우 2023년 2월 28일 이후 부담부 증여분부터 취득가액을 기준시가로 해야 함에 유의해야 한다. 다음의 실전연습을 통해 확인하기 바란다.

※ 부담부 증여 절세법 정리
- 양도세가 비과세되거나 누진세율이 적용되는 경우에 양도세가 저렴하므로 부담부 증여 방식이 유리해진다.
- 증여가액은 '시가 → 보충적 평가법(기준시가 등)' 순으로 결정된다.
- 채무에 상당하는 부분은 부동산을 유상으로 취득한 것으로 본다(시가과세원칙).
- 부담부 증여 시 이전되는 채무는 반드시 수증자가 상환해야 한다.

 서울 양천구 목동에 사는 소영철 씨는 25세인 자녀에게 부담부 증여를 하려고 한다. 물음에 답하면?

자료

- 증여대상 주택 : 시가 5억 원(기준시가 4억 원)
- 위 증여대상 주택의 전세보증금 : 2억 원
- 위 증여대상 주택의 취득가액 : 2억 원(기준시가 2억 원, 보유기간은 15년, 장기보유특별공제율은 30%)
- 기타 사항은 무시함.

---

01 증여세는 얼마인가? 단, 계산은 시가로 한다.

구분	금액	비고
증여가액	5억 원	인수채무는 유상양도에 해당
− 부담부 증여 인수채무	2억 원	
= 과세가액	3억 원	
− 증여공제	5,000만 원	성년자 공제
= 과세표준	2억 5,000만 원	
× 세율	20%(1,000만 원)	1,000만 원은 누진공제액
= 산출세액	4,000만 원	

02 부담부 증여 시 양도세는 얼마나 나오는가? 이때 취득가액은 취득 당시의 실제 취득가액으로 하는 경우와 기준시가로 하는 경우를 비교해보자.

구분	실제 취득가액을 취득가액으로 하는 경우	취득 시 기준시가로 취득가액을 하는 경우
양도가액	2억 원	2억 원
− 취득가액	8,000만 원*	4,000만 원**
= 양도차익	1억 2,000만 원	1억 6,000만 원
− 장기보유특별공제(30%)	3,600만 원	4,800만 원
−기본공제	250만 원	250만 원
= 과세표준	8,150만 원	1억 1,200만 원
× 세율	24%	35%
− 누진공제	576만 원	1,544만 원
= 산출세액	1,380만 원	2,376만 원

* 실제 취득가액×(채무/증여가액) = 1억 원×(2억 원/5억 원) = 8,000만 원

** 취득 시 기준시가×(채무/증여가액) = 1억 원×(2억 원/5억 원) = 4,000만 원

03 사례의 양도세는 어떤 것이 맞는가?

취득 시 기준시가로 하는 것이 맞다. 2023년 2월 28일부터 다음과 같이 개정됐기 때문이다(실무적으로 헷갈리는 부분이므로 이번 기회에 정리를 해두는 것이 좋을 것으로 보인다).

실전연습

※ 소령 제159조 제1항

1. 취득가액 : 다음 계산식에 따른 금액(2023. 02. 28 개정)

$$취득가액 = A \times \frac{B}{C}$$

A : 법 제97조 제1항 제1호에 따른 가액(제2호에 따른 양도가액을 상증법 제61 제1
항·제2항·제5항 및 제66조*에 따라 기준시가로 산정한 경우에는 취득가액도 기준시
가로 산정한다)

B : 채무액

C : 증여가액

2. 양도가액 : 다음 계산식에 따른 금액

$$양도가액 = A \times \frac{B}{C}$$

A : 상증법 제60조부터 제66조까지의 규정에 따라 평가한 가액

B : 채무액

C : 증여가액

* 상증법 제61조 제1항·제2항·제5항 및 제66조에서 제61조 제1항은 기준시가, 제2항은 임대료 환산
가액, 제66조(다음 참조)는 임대보증금 등에 대한 평가제도를 말한다. 제66조가 2023년 2월 28일에
포함됐다(주의!).

※ 상증법 제66조[저당권 등이 설정된 재산평가의 특례]

다음 각 호의 어느 하나에 해당하는 재산은 제60조에도 불구하고 그 재산이 담보하는
채권액 등을 기준으로 대통령령으로 정하는바에 따라 평가한 가액과 제60조에 따라
평가한 가액 중 큰 금액을 그 재산의 가액으로 한다.

1. 저당권, '동산·채권 등의 담보에 관한 법률'에 따른 담보권 또는 질권이 설정된 재산

2. 양도담보 재산

3. 전세권이 등기된 재산(임대보증금을 받고 임대한 재산을 포함한다)

4. 위탁자의 채무이행을 담보할 목적으로 대통령령으로 정하는 신탁계약을 체결한 재산

부담부 증여 시 양도세 관련 세무상 쟁점사례

　부담부 증여는 증여세와 양도세로 구분되어 과세되는데, 이때 양도 세계산과 관련해 쟁점이 있다. 양도가액을 어떤 식으로 결정하느냐에 따라 취득가액을 실제 취득가액으로 할 것인지, 기준시가로 할 것인지 등이 결정되기 때문이다.

K 씨는 다음과 같은 부동산을 부담부 증여하려고 한다. 물음에 답하면?

> **자료**
> • 현재 기준시가 20억 원, 임대료 환산가액은 15억 원임.
> • 채무는 임대보증금 5억 원, 담보대출 5억 원(채권 담보액 6억 원) 등 총 10억 원임
> • 취득가액 10억 원(취득 시 기준시가 2억 원)
> • 15년 보유

Q1 앞의 부동산을 증여할 때 평가는 어떻게 하는가?

이 경우 다음 중 가장 큰 금액을 재산평가액으로 한다. 따라서 기준시가로 평가된 금액 20억 원이 시가가 된다.

- 기준시가 : 20억 원
- 임대료 환산가액 : 15억 원
- 채권담보액 + 전세보증금 : 11억 원

Q2 앞 부동산의 증여가액과 양도가액은 얼마인가?

- 증여가액 : 20억 원-10억 원(채무)=10억 원
- 양도가액 : 10억 원

Q3 앞의 양도가액은 기준시가로 결정된 상황에 해당하는가?

그렇다. 양도가액은 다음과 같이 결정된 것이기 때문이다.

- 양도가액 = 20억 원 $\times \dfrac{10억 원(채무)}{20억 원(증여가액)}$ =10억 원

Q4 이때 양도가액에서 차감되는 취득가액은 어떻게 계산하는가?

양도가액이 기준시가로 책정되면 취득가액도 기준시가로 대응시킨다.

- 취득가액=2억 원 $\times \dfrac{10억 원(채무)}{20억 원(증여가액)}$ = 1억 원

Q5 취득가액이 기준시가로 되면 어떤 문제가 발생하는가?

양도차익이 커져 양도세 부담이 늘어나게 된다.

양도가액을 어떤 식으로 결정하느냐에 따라 취득가액 결정방법이 달라진다. 이를 요약하면 다음과 같다.

양도가액 결정방법	취득가액 결정방법
① 기준시가로 결정	기준시가
② 임대료 환산가액으로 결정	기준시가
③ 임대보증금으로 결정	기준시가
④ 은행 채무로 결정	기준시가
⑤ 감정가액으로 결정	실제 취득가액

※ 양도, 기획재정부 조세법령 운용과-1339, 2023. 01. 08

[제목] 부담부 증여 시 양도차익의 계산방법

[질의]

임대차계약이 체결되거나 임차권이 등기된 자산의 부담부 증여 시 양도가액을 상증법 §61⑤에 따라 '임대료 등의 환산가액'으로 산정한 경우 취득가액의 산정 방식

(1안) 기준시가로 산정함.

(2안) 실지거래가액으로 산정함.

[회신]

소령 제159조 제1항에 따라 부담부 증여의 양도로 보는 부분에 대한 양도차익을 계산할 때 제2호의 양도가액을 상증법 제61조 제5항(같은 법 시행령 제50조 제7항에 따라 임대료 등의 환산가액으로 산정한 경우를 포함*한다)에 따라 기준시가로 산정한 경우에는 소령 제159조 제1항 제1호의 취득가액도 기준시가로 산정하는 것임.

* 2023년 2월 28일 이후부터는 임대보증금 등으로 양도가액을 하는 경우도 포함됨에 주의할 것

결국, 부담부 증여 시 양도가액이 감정평가로 되지 않는 한 취득가액은 기준시가로 하므로 양도세 부담이 커질 것으로 보인다.

실전연습

앞의 사례를 연장해보자. 각 물음에 답하면?

01 만일 기준시가로 신고한 경우 과세당국이 감정평가를 받아 이의 금액으로 과세할 수 있는가?

그렇다. 다만, 추정시가와 기준시가의 차이가 10억 원 이상이 되어야 한다.

02 만일 감정평가를 받아 부담부 증여를 하면 양도세에서 취득가액은 실제 취득가액으로 할 수 있는가?

그렇다.

03 사례의 부동산은 기준시가로 신고하는 것이 유리할까? 감정평가를 받아 신고하는 것이 유리할까?

이는 신고 후 과세당국이 감정평가를 받아 재산평가심의위원회에 심의를 요청하는지에 따라 의사결정이 달라질 것으로 보인다. 만약 심의 요청을 하면 기준시가로 신고하든, 감정가액으로 신고하든 세금의 크기는 큰 차이가 없을 것으로 보인다. 다만, 본인이 감정평가를 하는 것과 과세당국이 감정평가를 하는 것은 가격 차이가 있을 수 있다. 이러한 점을 고려해 감정평가로 신고할 것인지 아닌지를 결정해야 할 것이다.

부담부 증여와 양도세 비과세, 이월과세와의 관계

부담부 증여는 양도와 증여가 결합한 사건으로, 앞에서 본 소법과 상 증법에서 규정하고 있는 각종 제도가 동시에 적용된다. 전자의 경우 이월과세와 부당행위계산, 후자의 경우 증여이익에 대한 과세 등이 이에 해당한다. 다음에서는 주로 소법상의 제도에 맞춰 관련 제도들을 이해해보자.

(Case)

K 씨는 다음과 같은 부동산을 부담부 증여하려고 한다. 물음에 답하면?

- A 주택 : 10년 전에 취득함(시가는 9억 원, 채무 3억 원 포함).
- B 주택 : 2022년 5월에 취득함.

01 **A 주택을 자녀에게 양도해도 비과세가 가능한가?**

대가관계가 확실하다면 A 주택에 대해 일시적 2주택 양도세 비과세가 성립한다.

02 **A 주택을 자녀에게 부담부 증여해도 비과세가 가능한가?**

부담부 증여 중 매매분에 대해서는 양도세 비과세가 가능하며, 증여분에 대해서는 증여세가 과세된다.

03 **A 주택을 부담부 증여로 받은 후에 2년 이상 보유하면 자녀도 비과세를 받을 수 있는가?**

부담부 증여로 취득한 주택을 취득일로부터 2년 이상 보유한 경우라면 비과세가 가능해진다. 이 경우 비과세 부분은 이월과세가 적용되지 않으며, 소득이 증여자로 귀속되지 않으면 부당행위계산 규정도 적용되지 않는다.

04 **부담부 증여로 취득한 주택을 2년 미만이 되게 보유한 상태에서 양도하면 어떤 문제점이 발생할까?**

이 경우에는 해당 주택에 대해 과세되므로 다음과 같이 과세방식이 결정된다.

- 매매분 : 양도세가 과세된다. 이때 세율은 단기 세율(70~60%)이 적용될 수 있다.
- 증여분 : 이월과세가 적용된다.

(Consulting)

부담부 증여와 관련해 소득세법과 상증법에서 정하고 있는 각종 규제내용을 요약해보자.

비과세
- 매매분 : 1세대 1주택에 해당 시 비과세가 가능하다.*
- 증여분 : 증여분은 비과세가 가능하지 않다.

이월과세
- 매매분 : 이월과세가 적용되지 않는다.
- 증여분 : 증여 후 10년 내 양도 시 이월과세가 적용된다.

부당행위계산
- 매매분 : 저가 양도에 해당하면 부당행위계산이 적용된다.
- 증여분 : 증여 후 10년 내 양도 시 부당행위계산이 적용된다(단, 이월과세 적용 시 이 제도는 적용되지 않음).

* 1세대 1주택은 모두 양도로 처리하는 것이 비과세 혜택을 늘리는 방법이 된다. 다만, 매매로 처리하기 위해서는 양수자가 자금능력이 있어야 한다. 물론 이때 저가 양도 등의 방법을 동원하면 생각보다 필요한 자금을 낮출 수도 있을 것이다.

실전연습

다음 자료를 보고 물음에 답하면?

> **자료**
> - 세법상 평가액 : 4억 원(담보된 채무 2억 원)
> - 취득가액 : 1억 원(취득 시 기준시가 4,000만 원)
> - 장기보유특별공제율 : 30%(기본공제 250만 원 미적용)
> - 취득세 : 증여가액의 4%, 양수 금액의 1%

01 증여와 양도를 했을 때 총 세금은 얼마인가?

증여와 양도에 따른 세금은 다음과 같다.

구분	증여	양도
증여세/양도세	6,000만 원*	5,986만 원**
취득세	1,600만 원***	400만 원****
계	7,600만 원	6,386만 원

* (4억 원-5,000만 원)×20%-1,000만 원=6,000만 원
** (4억 원-1억 원)×70%×6~45%=2억 1,000만 원×38%-1,994만 원=5,986만 원
***4억 원×4%=1,600만 원
****4억 원×1%=400만 원

02 부담부 증여를 했을 때 총 세금은 얼마인가?

구분	증여	양도	부담부 증여 합계
부담부 증여금액	2억 원	2억 원	4억 원
증여세/ 양도세	2,000만 원	2,376만 원	4,376만 원
	(2억 원-5,000만 원)× 20%-1,000만 원(누진 공제) = 2,000만 원	(2억 원-4,000만 원×1/2)×70%× 6~45% = 1억 1,200만 원×35%- 1,544만 원 = 2,376만 원	-

구분	증여		양도		부담부 증여 합계
취득세	800만 원		200만 원		1,000만 원
	2억 원×4% = 800만 원		2억 원×1% = 200만 원		–
계	2,800만 원		2,576만 원		5,376만 원

03 세 가지 대안 중에서 어떤 안의 세금이 가장 적은가?

세 가지 대안을 비교하면 다음과 같다.

구분	증여	양도	부담부 증여
증여세/양도세	6,000만 원	5,986만 원	4,376만 원
취득세	1,600만 원	400만 원	1,000만 원
계	7,600만 원	6,386만 원	5,376만 원

부담부 증여는 증여보다는 세 부담이 약한 것이 일반적이나, 매매보다 세 부담이 약한지는 불명확하다. 바로 뒤에서 살펴보자.

매매와 부담부 증여 중 하나를 선택하는 요령에 관해 사례를 통해 알아보자. 매매와 증여의 선택요령에 대해서는 5장에서 살펴보았다.

(Case 1)

K 씨는 다음과 같은 부동산을 보유하고 있다. 물음에 답하면?

> **자료**
> - 1세대 1주택(아파트)
> - 10년 전에 취득해 계속 거주하고 있음.
> - 현재 20억 원 정도 시세가 형성되어 있음(매매가액 다수 있음).
> - 위 주택의 취득가액은 10억 원임(취득 당시의 기준시가는 4억 원임).
> - 예상 양도차익 : 10억 원
> - 장기보유특별공제율 : 80%

01 이 주택의 세법상 평가액은 얼마인가?

매매가액이 많으므로 20억 원으로 평가될 가능성이 크다.

02 사례의 주택을 증여하면 세금은 얼마나 예상될까?

시가 20억 원을 기준으로 살펴보면 다음과 같다.

- 증여세 : (20억 원 – 5,000만 원)×40% – 1억 6,000만 원
  　　　　　= 6억 2,000만 원
- 취득세 : 20억 원×3.5% = 7,000만 원
- 계 : 6억 9,000만 원

03 사례의 주택을 시세대로 양도하면 세금은 얼마나 예상될까?

- 양도세 : (10억 원×8억 원/20억 원)*×20%×6~45%

    = 8,000만 원×24% − 576만 원

    = 1,344만 원

  * 전체 양도차익 중 과세되는 양도차익을 말한다. 한편 20%는 1에서 장기보유특별공제율 80%를 차감한 과세비율을 말한다(이하 동일).

- 취득세 : 20억 원×3% = 6,000만 원
- 계 : 7,344만 원

04 사례에서 매매가 저렴한 이유는?

1세대 1주택을 양도하면 양도세 비과세와 장기보유특별공제를 최대 80%까지 적용받을 수 있기 때문이다.

(Case 2)

앞 사례에서 다음 내용을 추가했을 경우 물음에 답하면?

> **자료**
> - 전세보증금 10억 원을 책정한 후 부모가 계속 거주
> - 자녀가 조달할 수 있는 현금은 2억 원임.

01 매매형식을 통해 해당 주택을 양도하면 세무상 쟁점은?

전체 양도가액 20억 원 중 전세보증금 10억 원과 현금 2억 원 등 12억 원은 자금출처로 인정받을 수 있으나 나머지 8억 원은 증여로 볼 가능성이 크다.

- 추가로 예상되는 증여세 : (8억 원 - 5,000만 원)×10~50%

$$= 7억\ 5,000만\ 원×30\% - 6,000만\ 원$$

$$= 1억\ 6,500만\ 원$$

02 부담부 증여를 통해 해당 주택을 이전하면 관련 세금은?

이 경우 총 네 가지 유형의 세목이 발생한다.

① 매매 관련
- 양도세 : (5억 원*×8억 원/20억 원)×20%×6~45%

$$= 4,000만\ 원×15\% - 126만\ 원$$

$$= 474만\ 원$$

　* 전체 양도차익 중 1/2만 양도로 발생한 차익이 된다.
- 취득세 : 10억 원×3% = 3,000만 원
- 계 : 3,474만 원

② 증여 관련
- 증여세 : (10억 원 - 5,000만 원)×30% - 6,000만 원

$$= 2억\ 2,500만\ 원$$

- 취득세 : 10억 원×3.5% = 3,500만 원
- 계 : 2억 6,000만 원

③ 계 : 2억 9,474만 원

Q3 이 경우 매매가 좋을까? 부담부 증여가 좋을까?

매매를 선택하면 다음과 같은 세금이 예상된다.

- 매매 시 : 7,344만 원
- 8억 원 증여세 : 1억 6,500만 원
- 계 : 2억 3,844만 원

한편 부담부 증여를 선택하면 다음과 같다.

- 2억 9,474만 원

따라서 사례의 경우 매매를 하는 것이 부담부 증여보다 세금이 조금 더 낮게 나올 것으로 예상한다.

> **Tip 부담부 증여에 대한 절세방법 요약**
>
> 부담부 증여는 원래 증여의 한 유형에 해당한다. 그런데 이때 채무가 함께 이전되면 이 부분은 증여가액에서 차감하는 한편 해당 금액에 대해서는 양도세를 과세하도록 하고 있다. 따라서 이 과정에서 재산의 분산이 일어나므로 증여로 처리하는 것보다 전체 세금이 줄어들 가능성이 있다. 다만, 증여세는 줄어들더라도 양도세나 취득세 등이 증가해 전체적인 세금이 더 증가할 수도 있고, 부담부 증여가 아닌 매매방식이 더 나을 수도 있다. 따라서 독자들이 부담부 증여를 통해 절세하고 싶다면 증여와 부담부 증여 그리고 매매 등의 방식을 서로 비교해보는 것이 좋을 것으로 보인다.

Tip　매매(양도)와 증여 그리고 부담부 증여의 비교

구분	매매	증여	부담부 증여
개념	자금을 수반해 거래	무상으로 거래 (언제든지 가능)	유상과 무상의 결합
증여 또는 양도 시 평가액	당사자 간에 정하는 가액 (부당행위계산 적용 시 시가)	시가(평가기간 밖의 매매가액 포함) → 기준시가 등	좌동(당사자 간에 정할 수 없음)
취득세	• 과세표준 : 위와 같음 (저가 양도 시 시가로 과세). • 세율 : 1~12%	• 과세표준 : 위와 같음. • 세율 : 3.5~12%	매매와 증여로 구분
자금출처조사 대상	해당함.	해당 사항 없음.	좌동
세법상 규제	• 저가 양도 시 : 시가과세, 증여세 과세 • 고가 양도 시 : 시가과세*, 증여세 과세	• 증여받은 후 10년 내 양도 시 : 이월과세 → 부당행위계산	증여 부분만 이월과세 → 부당행위계산 적용
상속 10년 누적합산과세	적용하지 않음.	적용함.	증여 부분만 적용함.
증여 10년 누적합산과세	적용하지 않음.	적용함.	
상속재산 유류분제도	적용하지 않음.	적용함.	

* 고가 양수에 따른 취득세는 부당행위에서 제외되므로, 고가로 양수한 금액에 대해 취득세를 내야 한다.

가족 간 부담부 증여 절차를 정리해보자.

절차	내용	비고
시가 확인	• 국세청 홈택스 • 국토교통부 실거래가 조회	아파트와 고액의 부동산은 감정평가 추진
관련 비용 파악	• 국민주택채권 할인료 • 취득세 • 등기비용 등	취득세 중과세에 유의할 것
채무 확인	• 담보된 대출 또는 전세보증금	
계약서 작성	• 직거래 또는 중개사무소 • 계약서 검인	관할 시·군·구청
취득세 신고	• 취득일(잔금)~60일 내	
등기	• 관할 등기소	본인 또는 법무사무소 의뢰
양도세/ 증여세 신고	• 양도일 또는 증여일이 속한 달의 말일~3개월	본인 또는 세무회계사무소 의뢰
양도세/증여세 사후검증	• 양도세 : 신고기한 후 4개월 • 증여세 : 신고기한 후 6개월	

제 **7** 장

부동산 상속의 선택과
절세 포인트

부동산 상속의
장단점

    가족 간의 소유권 이전방법 중 상속도 있다. 상속은 앞서 본 증여처럼 무상으로 재산이 이전되므로 세율을 높여 과세하는 것이 타당하다. 하지만 상속은 불가피하고 죽음에 과세를 강화하는 것은 도덕적이지 못하다. 이에 따라 상속공제 등을 높여 상속세 부담을 최대한 줄여주고 있다. 다음에서 사례를 통해 상속의 장단점부터 알아보자.

K 씨는 다음과 같은 부동산을 보유하고 있다. 물음에 답하면?

> **자료**
> - 부동산 등 재산 규모는 15억 원(현금자산 3억 원 포함) 정도가 됨.
> - K 씨의 나이는 75세임.
> - 상속 발생 시 예상되는 상속공제는 최소 10억 원 이상임.

01 이 상황에서 상속이 발생하면 상속세는 얼마나 예상되는가?

상속세는 상속세 과세표준에 10~50%의 세율로 과세된다.

> 과세표준 : 5억 원(15억 원-10억 원)
>
> × 세율 : 20%(누진공제 1,000만 원)
>
> = 산출세액 : 9,000만 원

02 만일 현금자산 3억 원을 생활비로 사용하면 상속세는 얼마나 예상되는가?

이 경우 과세표준이 축소되므로 상속세가 다음처럼 줄어든다.

> • 과세표준 : 2억 원(12억 원-10억 원)
>
> • 세율 : 20%(누진공제 1,000만 원)
>
> • 산출세액 : 3,000만 원

03 상속에 따른 상속세와 취득세는 어떤 식으로 과세되는가?

상속에 대한 상속세와 취득세는 다음과 같은 식으로 과세한다.

구분	상속세	취득세
재산평가	시가 원칙	시가 표준액(증여는 시가)
과세표준	시가 – 상속공제 (10억 원 이상, 배우자 없는 경우 5억 원 이상)	상동
세율	10~50%	2.8%*(증여는 3.5~12%)

* 무주택자가 상속을 받아 1세대 1주택이 되면 0.8%를 적용한다.

가족 간의 상속에 대한 장단점을 비교해보자.

장점	단점
• 상속공제의 혜택을 누릴 수 있다. • 취득세가 저렴하다. • 동일세대원이 상속받으면 1세대 1주택 비과세를 쉽게 받을 수 있다. • 등록한 임대주택을 상속받으면 임대의무기간 등이 승계된다.	• 시가의 적정성 논란이 많다. • 재산 규모가 크면 상속세가 많다. • 사전 증여에 따른 합산과세가 적용된다. • 상속인 외의 자에 대한 유증, 사전 증여 등이 있을 시 상속공제 한도가 축소된다. • 상속세 세무조사 강도가 세다. • 재산 분쟁이 발생할 수 있다.

※ 상속세 개편, 어떻게 될까?

요즘 정치권을 중심으로 상속세 개편에 대한 논의가 있다. 상속세가 가업 승계의 걸림돌이 되므로 이를 개선하자는 취지에서 그렇다. 논의되는 것 중 대표적인 것은 상속세 과세방식을 현행의 유산세 과세방식에서 유산 취득세 과세방식으로 변경하자는 것이다. 전자는 피상속인의 재산을 모아 과세하는 방식, 후자는 상속인 각자가 받은 재산에 대해 과세하는 방식을 말한다. 현행 상속세율이 10~50%이므로 재산분산이 이루어지면 후자의 상속세가 더 작아지는 것은 당연하다. 예를 들어 상속세 과세표준이 10억 원이면 상속세가 얼마나 차이 나는지 알아보자. 상속인은 5명이라고 하자.

구분	유산세방식	유산 취득세방식
과세표준	10억 원	2억 원
× 세율	30%	20%
− 누진공제	6,000만 원	1,000만 원
= 산출세액	2억 4,000만 원	3,000만 원
= 총 상속세	2억 4,000만 원	1억 5,000만 원*

* 3,000만 원×5명 = 1억 5,000만 원

실전연습

앞의 사례를 연장해보자. 물음에 답하면?

01 사례의 상속공제는 10억 원으로 고정되는가?

아니다. 배우자가 상속재산을 법정 상속지분까지 받거나 상속가액에 금융재산이 포함되어 있으면 상속공제가 늘어난다. 공제제도는 잠시 뒤에 살펴본다.

02 상속으로 받은 부동산에 대한 취득세 과세표준과 세율은?

증여와는 달리 시가 표준액으로 하며, 세율은 2.8%(상속인이 1세대 1주택인 경우는 0.8%)로 고정되어 있다. 상속은 취득의 불가피성이 있기 때문이다.

03 사전 증여분은 상속가액에 합산과세되는가?

상속세를 줄이기 위해 사전 증여를 하는 경우 상속가액에 합해 상속세로 정산한다. 단, 합산기간은 10년(상속인 외의 자는 5년)이다.

04 상속가액에 합산되는 사전 증여분은 상속공제 한도에 영향을 미치는가?

그렇다. 상속공제 한도 계산 시 사전 증여에 따른 과세표준(증여가액-증여공제)을 상속가액에서 차감하기 때문이다.

상속 전후에
발생하는 세금들

상속은 비자발적으로 발생하는 사건이므로 앞에서 본 매매와 증여와는 다르게 이를 직접 규제하는 제도가 거의 없다. 그 대신 부득이한 측면을 고려해 상속을 거친 부동산에 대해서는 일부 특례제도를 두고 있다.

1. 상속 당시 발생하는 세금

상속이 발생하면 상속세와 취득세가 발생한다. 이때 사전에 증여한 재산가액은 다음과 같이 상속가액에 포함된다.

구분	합산기간	비고
상속인	10년	10년 전의 것은 합산 제외
상속인 외의 자	5년	5년 전의 것은 합산 제외

2. 상속 후 발생하는 세금

1) 상속 부동산을 양도하는 경우

① 양도세가 과세되는 경우

상속받은 부동산을 양도하면 양도세가 과세되는 것이 원칙이다. 다만, 이때 적용되는 세율은 피상속인의 취득일로부터 시작한다.

구분	내용	비고
양도가액	–	
취득가액	상속신고가액	
장기보유특별공제	상속개시일~	세율과 차이가 남에 유의할 것
세율	피상속인의 취득일	

② 양도세가 비과세되거나 감면되는 경우

상속받은 부동산이 주택이거나 농지에 해당하는 경우에는 피상속인의 요건을 상속인에게 승계시켜 혜택을 부여하고 있다.

구분	내용	비고
주택	1세대 1주택 비과세 보유기간 : 피상속인의 취득일~양도일	동일세대원에 한함.
농지	8년 자경농지 감면 : 피상속인의 재촌·자경기간 합산	상속인에 한함.

이 외에도 일반주택과 상속주택이 있는 경우, 상속주택은 주택 수에서 제외해 일반주택에 대한 양도세 비과세를 적용해주는 때도 있다.

2) 재차 상속이 발생하는 경우

단기 재상속에 따른 세액공제를 적용한다. 이는 상속이 일어난 후 10년 이내에 재차 상속됐을 때 전에 낸 상속세 중 일부를 상속세 산출세액에서 공제하는 제도에 해당한다.

3. 적용사례

사례를 통해 앞의 내용 중 일부를 알아보자.

L 씨는 다음처럼 주택을 보유하고 있다. 물음에 답하면?

> **자료**
> • A 주택 : 2020년 1월 취득
> • B 주택 : 2024년 3월 상속으로 취득

Q1 A 주택은 언제까지 팔아야 일시적 2주택으로 비과세를 받는가?

A 주택에 대해 일시적 2주택 비과세를 받기 위해서는 B 주택을 취득한 날로부터 3년 이내에 양도해야 한다(소령 제155조 제1항).

Q2 B 주택은 상속으로 취득한 주택이다. 이 경우에는 A 주택을 상속주택 비과세 특례로 비과세를 받을 수 있는가?

그렇다. 이는 소령 제155조 제2항에서 규정한 내용에 해당한다. 즉, 상속주택이 선순위에 해당하고, 일반주택(종전 주택)을 상속 전에 취득한 경우에는 언제든지 일반주택을 양도해도 비과세를 받을 수 있다.

구분	일시적 2주택	상속주택 비과세 특례	둘의 관계
근거	소령 제155조 제1항	소령 제155조 제2항	중첩 적용 가능
내용	상속주택을 취득한 날로부터 3년 내 종전 주택 양도 시 비과세	상속주택 특례조건* 충족 시 언제든지 종전 주택 양도 시 비과세 적용	

* 선순위 상속주택 등을 말한다. 이에 대한 자세한 내용은 저자의 《부동산 세무 가이드북 실전 편》 등을 참조하기 바란다.

03 만일 B 주택을 상속세 신고기한 후에 양도하는 경우 과세는 어떤 식으로 될까?

상속도 하나의 취득에 해당한다. 따라서 다음과 같은 구조로 양도세가 계산된다. 상속세 신고기한 후에 양도하는 경우의 취득가액은 상속세 신고가액이 된다. 그러므로 만일 무신고나 기준시가로 신고 시 기준시가가 취득가액이 될 가능성이 크다.

구분	내용	비고
납세의무자	양도자	
양도가액	제3자에게 양도하는 가액	
취득가액	상속 시 평가한 가액(시가)	무신고 시 기준시가가 시가가 될 가능성이 큼.
필요경비	상속 취득세 포함	상속세는 필요경비가 아님.
장기보유특별공제	상속개시일 이후 보유기간 기준	
세율	피상속인의 취득일 기준	
기타	이월과세 같은 규제제도는 없음.	

04 만일 B 주택을 상속세 신고기한 내에 양도하는 경우 과세는 어떤 식으로 될까?

이 경우에는 양도가액과 취득가액이 같아져 양도세는 나오지 않는다. 다만, 상속가액이 늘어나게 되므로 상속세가 증가할 수 있다.

> **Tip** 상속세 신고기한 내 양도하는 경우
>
> • 납세의무자 : 상속인이 된다.
> • 양도세 과세 : 양도차익은 0원이 된다(양도가액과 취득가액이 같아짐).
> • 상속가액 : 양도가액이 된다.

부동산의 상속과
세무상 쟁점사례

부동산을 상속받을 때도 다양한 세금 문제가 파생된다. 다만, 앞에서 본 매매와 증여보다 그 강도가 약하다. 다음에서는 부동산 상속과 관련된 세무상 쟁점 등을 알아보자.

(Case)

J 씨는 현재 75세로 시세가 5억 원(기준시가 4억 원)짜리 주택 한 채와 세법상 평가금액이 10억 원짜리인 상가 1개를 보유하고 있다. 주택은 본인이 끝까지 보유하고 싶어 하나 상가는 미리 증여하는 것이 좋을지 궁금하다. 다음 물음에 답하면?

01 상속세는 얼마나 될까? 단, 상속공제는 12억 원 정도 예상된다.

주택을 시가로 평가해 상속세를 계산해보면 다음과 같다.

구분	금액	비고
상속가액	15억 원	주택 + 상가 = 5억 원(시가 기준) + 10억 원 = 15억 원
− 상속공제	12억 원	가정
= 과세표준	3억 원	
× 세율(10~50%)	20%, 1,000만 원 (누진공제)	
= 산출세액	5,000만 원	

02 상가지분의 절반을 배우자나 자녀에게 증여하면 상속세는 줄어들 것인가? 단, 5년 뒤에 J 씨가 사망한다고 가정한다.

상속인에게 사전 증여 후 10년 이내에 상속이 발생하면 사전 증여가액을 상속가액에 합산해 정산하게 된다(∵누진세의 회피 방지). 따라서 사례의 경우 5년 후 상속이 발생하므로 사전에 증여한 재산가액은 다음과 같이 합산과세된다.

구분	금액	비고
상속가액	10억 원	주택 + 상가 = 5억 원(시가 기준) + 5억 원 = 10억 원
+ 사전 증여가액	5억 원	10억 원 × 1/2 = 5억 원(사전 증여한 재산가액)
= 총상속가액	15억 원	10억 원 + 5억 원
− 상속공제	12억 원	가정
= 과세표준	3억 원	
× 세율(10~50%)	20%, 1,000만 원 (누진공제)	
= 산출세액	5,000만 원	사전 증여 시 낸 증여세 산출세액은 왼쪽의 상속세 산출세액에서 공제됨.

03 **합산과세가 적용되지 않으려면 어떻게 해야 하는가?**

증여 시점을 빨리 잡든지, 아니면 매매방식을 통해 재산을 슬림화시
킨다.

(Consulting)

부동산이 있는 상황에서 상속이 발생하면 다음과 같은 절차에 따라
문제해결을 도모하도록 하자.

상속세는 나오는가?	• 상속가액은 어떻게 평가하는가? • 상속가액에서 공제되는 제도를 정확히 알고 있는가? • 배우자 상속공제를 활용하는 방법을 알고 있는가?

누가 상속을 받아야 하는가?	• 상속재산을 누가 받는 것이 유리한가? • 상속 분쟁을 예방하는 상속재산분배법을 알고 있는가? • 주택은 무주택자인 배우자가 상속을 받는 것이 유리한 이유를 알고 있는가?

상속세와 취득세 신고절차는?	• 상속세 과세미달액이 나오더라도 신고해두면 유리한 경우는? • 취득신고를 하지 않았다면 누가 상속받은 것으로 보는가?

※ **부동산 상속세 절세법 요약**

• 상속은 미리미리 준비한다.
• 상가는 미리 지분 일부를 증여한다.
• 상속세 과세미달이 되더라도 신고해두면 유리할 때도 있다(예 : 향후 양도세를 줄이고
  싶은 경우).
• 재산 규모가 큰 경우에는 처음부터 세무전문가와 함께한다.

※ 상속·증여 의사결정

상속이 유리한 경우	사전 증여가 유리한 경우
① 상속재산이 10억 원 또는 5억 원에 미달하는 경우	① 상속재산이 10억 원 또는 5억 원을 넘는 경우
② 1세대 1주택에 해당하는 경우	② 저평가된 재산이 있는 경우
③ 8년 이상 자경한 농지를 상속받는 경우*	③ 현금성 재산을 보유하고 있는 경우
④ 상속 후 재산을 처분하고자 하는 경우	④ 자녀에게 자금출처원을 만들어주고 싶은 경우

* 자경농지를 상속받은 후 이를 양도하면 양도세 감면을 받을 수 있다. 이에 대해서는 잠시 뒤에 살펴본다.

🈺 누구나 피할 수 없는 상속은 어떤 식으로 대비하느냐에 따라 그 결과가 달라진다. 그렇다면 상속은 어떻게 관리하는 것이 좋을까?

- 재산가액이 10억 원(배우자가 없는 경우는 5억 원)을 초과하면 발생한다.
- 10년(상속인 외의 자는 5년) 이내 증여한 재산은 상속재산에 합산된다.
- 따라서 나이나 재산 규모 등을 고려하여 재산을 분산하는 식으로 상속을 관리한다.
- 이때 사전 증여는 합산과세, 상속공제 한도 축소, 유류분 분쟁 등이 발생할 수 있으므로 될 수 있는 대로 사전 증여 시점을 빨리 잡는 것이 좋다. 이때 증여는 공평하게 진행하는 것이 사후적으로 좋다.
- 한편, 증여의 대체 수단으로 가족 간 매매 등도 있으므로 이 부분도 고려한다.

※ 주택을 상속받을 때 고려해야 할 점

구분	내용
피상속인이 1주택을 보유한 경우	• 될 수 있으면 배우자가 받는다.→1세대 1주택 비과세 등에서 유리함. • 자녀가 상속받을 때는 상속주택 비과세 특례*를 받을 수 있는지를 점검해야 한다.
피상속인이 2주택 이상을 보유한 경우	• 선순위 상속주택(소유 기간이 긴 주택 등)은 상속주택 비과세 특례가 주어지나, 후순위 상속주택은 그렇지 않으므로 이 부분을 고려하여 배분해야 한다.**

* 상속주택 비과세 특례는 일반주택 1채와 상속주택 1채를 보유한 상태에서 일반주택을 양도할 때 비과세를 적용해주는 제도에 해당한다. 이때 일반주택을 상속주택보다 먼저 취득해야 하는 조건 등이 따라붙는다.

** 상속주택 양도세는 세무상 위험이 매우 크다. 따라서 우선 뒤의 해당 부분을 보고 실무처리는 반드시 세무 전문가와 함께하는 것이 좋을 것으로 보인다. 저자의 《부동산 세무 가이드북 실전 편》을 참고하는 것도 좋다.

부동산을 상속받을 때 주의해야 할 것은 누가 어떤 식으로 상속받느냐에 따라 당장 상속세에 영향을 주기도 하고, 향후 상속받은 부동산을 처분하는 경우 양도세에도 영향을 준다는 사실이다. 앞의 J 씨의 사례를 연장해 다음의 물음에 대한 답을 찾아보자.

01 상가는 배우자가 상속받고 주택은 자녀가 상속받으면 상속세는 얼마나 되는가? 단, 배우자의 법정 상속지분은 1.5/3.5이다. 한편 배우자 상속공제 외에 일괄공제 5억 원을 적용한다.

물음의 핵심은 바로 배우자 상속공제를 활용할 수 있는지에 대한 것이다. 배우자 상속공제는 배우자가 받은 상속가액을 공제하는 것이 원칙인데 한도가 있다.

- 한도 = Min[배우자 법정 상속지분 가액, 30억 원]
    = Min[10억 원×1.5/3.5, 30억 원]
    = Min[428,571,428원, 30억 원] = 428,571,428원

그런데 배우자 상속공제는 최저로 5억 원을 공제받을 수 있으므로 이 경우에는 위와 관계없이 5억 원을 공제한다. 따라서 상속공제는 배우자 상속공제 5억 원과 일괄공제 5억 원을 더한 10억 원이 된다.

구분	금액	비고
상속가액	15억 원	주택 + 상가 = 5억 원(시가 기준) + 10억 원 = 15억 원
− 상속공제	10억 원	배우자 상속공제+일괄공제
= 과세표준	5억 원	
× 세율(10~50%)	20%, 1,000만 원(누진공제)	
= 산출세액	9,000만 원	

Q2 주택은 그의 배우자가 상속받는다고 가정한다. 이 주택을 처분하면 양도세는 비과세되는가? 단, 그의 배우자는 동일세대원으로 무주택자에 해당한다.

세법은 무주택자인 동일세대원이 주택을 상속받으면 피상속인(사망자)이 취득한 날로부터 2년을 따지게 된다. 그 결과 비과세를 쉽게 받을 수 있다.

Q3 자녀가 주택을 상속받아 이를 처분하면 양도세는 비과세를 받을 수 있는가?

앞의 Q2와 같은 측면의 물음이다. 이 경우에는 자녀가 피상속인과 동일세대원인지 아닌지, 그리고 자녀가 주택을 보유하고 있는지 아닌지에 따라 다양한 세금 문제가 파생된다.

구분	자녀가 동일세대원인 경우	자녀가 별도 세대원인 경우
자녀가 주택이 없는 경우	피상속인 취득일로부터 보유기간을 산정해 비과세 판단	상속개시일로부터 보유기간을 산정해 비과세 판단
자녀가 주택이 있는 경우	일반주택과 상속주택이 각각 1채씩 있는 경우로서 어떤 주택을 먼저 처분하더라도 과세하는 것이 원칙임(단, 동거봉양 합가 후 받은 상속주택에 해당 시 일반주택은 비과세 가능).	일반주택이 있는 상태에서 주택을 상속받아 2주택을 보유한 경우 일반주택을 먼저 처분 시 비과세 가능*

* 이 외 일시적 3주택 등도 비과세가 가능하다. 이에 대한 자세한 내용은 저자의 《부동산 세무 가이드북 실전 편》을 참조하기 바란다.

부동산 상속세와
취득세 다루는 법

　상속세는 상속가액에서 채무 등과 상속공제를 차감한 과세표준에 10~50%의 세율을 곱해 이를 계산한다. 따라서 3장에서 공부한 재산평가를 정확히 이해한 후 이를 줄일 방법들을 연구하다 보면 좋은 절세 대안들을 찾을 수 있다. 한편 부동산을 상속받으면 취득세를 내는데 이에 대해서도 간략히 정리해보자.

（Case）

K 씨가 사망하면서 남긴 상속재산은 상가 1개와 주택 1채, 그리고 약간의 현금이 있었다. 다음 물음에 답하면?

01 상가의 기준시가는 10억 원, 임대료 환산가액은 20억 원이다. 어떤 것을 기준으로 신고해야 하는가?

　상가는 일반적으로 ① 기준시가(10억 원), ② 임대료 환산가액(20억 원), ③ 저당권 등이 설정된 재산의 평가방법(0원)에 따라 계산한 가액 중 가장 큰 금액으로 하므로 20억 원이 된다.

※ 상가의 평가방법

상가는 일반적으로 기준시가로 평가된다(단, 고가의 상가는 신고 후 감정가액 등으로 경정될 수 있음). 하지만 저당권이나 임대차계약이 체결된 경우에는 다음과 같이 부동산을 평가함에 유의해야 한다.

구분		평가방법
담보로 제공된 재산	저당권이 설정된 재산	다음 둘 중 큰 금액 ① 상증법상 평가액(시가 또는 기준시가) ② 당해 재산이 담보하는 채권액*
	전세권이 등기된 재산	다음 둘 중 큰 금액 ① 상증법상 평가액(시가 또는 기준시가) ② 등기된 전세금
	임대차계약이 체결된 재산	다음 둘 중 큰 금액 ① 상증법상 평가액(시가 또는 기준시가) ② 임대보증금 + 연간임대료/12%

* 평가 기준일 현재 남아 있는 채권액을 확인해야 한다.

02 주택은 시세는 12억 원 정도 되나 매매가액 등은 없다. 기준시가는 5억 원이다. 이 경우 평가액은?

주택은 일반적으로 ① 시가(0억 원), ② 기준시가(5억 원) 중 큰 금액으로 하므로 5억 원이 된다. 다만, 기준시가로 신고하면 신고 후 9개월 이내에 매매가액 등이 발견될 경우, 이 가액으로 신고가액이 경정될 수 있음에 유의해야 한다.

주거용 부동산에 대해서는 과세당국이 감정평가를 받아 평가심의위원회에 심의를 요청할 수 없다(부록 참조).

03 상속공제가 15억 원이라면 상속세 예상액은? 단, 현금은 무시한다.

구분	금액	비고
상속가액	25억 원	상가 + 주택 = 20억 원 + 5억 원 = 25억 원
– 상속공제	15억 원	가정
= 과세표준	10억 원	
× 세율(10~50%)	30%, 6,000만 원 (누진공제)	
= 산출세액	2억 4,000만 원	

※ **상속세 계산 시 주의해야 할 사항**

- 상속세 계산구조에 정통해야 한다.
- 상속재산을 정확히 평가할 수 있어야 한다.
- 상속가액에서 공제되는 항목들을 잘 알아야 한다.

(**Consulting**)

상속가액에서 공제되는 상속공제를 대략 알아보자.

구분	항목	공제내용	한도*
기초공제		2억 원	
인적공제	• 배우자공제 • 자녀공제 • 미성년자공제 • 연로자공제 • 장애인공제	법정 상속지분 내 실제 상속받은 가액 1인당 5,000만 원 1,000만 원×19세까지의 잔여 연수 1인당 5,000만 원 1,000만 원×(통계표 기대여명의 연수)	배우자공제 : 최소 5억 원, 최대 30억 원 한도
일괄공제		5억 원	
가업상속공제	매출액 5,000억 원 이하 기업에 적용	가업 상속가액(100%)을 다음 한도로 공제 • 피상속인 10~20년 미만 영위 : 300 억 원 • 20~30년 미만 영위 : 400억 원 • 30년 이상 영위 : 600억 원	최대 600억 원

구분	항목	공제내용	한도*
영농 상속공제		영농 상속가액	30억 원
금융재산 상속공제	순 금융재산 가액 • 2,000만 원 이하 • 1억 원 이하 • 1억 원 초과	순 금융재산(=금융재산-금융채무) 전액 2,000만 원 순 금융재산 가액×20%	2억 원
동거주택 상속공제		주택 가액의 100%를 6억 원 한도 내에서 공제	

* 상속공제는 개별적인 한도도 있지만, 이 모든 공제를 한꺼번에 묶은 종합한도가 있다. 이는 다음과 같이 계산한다(상증법 제24조).

- **상속세 과세가액**(상속가액 + 사전 증여가액)
  - 상속인이 아닌 자의 유증가액
  - 상속포기에 의해 그 다음 순위자가 상속받은 가액
  - 상속가액에 합산한 사전 증여재산의 과세표준
  = 종합한도

위에서 배우자 상속공제는 실제 받은 재산가액을 다음 한도로 공제한다.

- Min[배우자 법정상속분, 30억 원]

배우자 상속공제를 5억 원 초과해 받으면 재산분할기한(신고·납부기한 ~9개월) 내에 부동산이나 주식 등의 재산에 대해서는 배우자 명의로 등기나 명의변경 등을 반드시 이행해야 함에 유의해야 한다. 이에 대한 의무를 이행하지 않으면 5억 원 초과분에 대해서는 배우자 상속공제가 적용되지 않는다.

실전연습

서울 영등포구에 거주하고 있는 K 씨가 사망해 다음과 같이 상속받았다고 하자. 이 경우 상속세는 얼마가 나올 것인가?

자료

- 상속재산 30억 원(배우자 상속분 20억 원)
- 상속인 : 배우자, 자녀 3명
- 기타 사항은 무시함.

앞의 자료를 토대로 답을 찾아보면 다음과 같다.

구분	금액	비고
상속가액 - 공과금 및 채무, 장례비	30억 원	
= 과세가액 - 상속공제	30억 원 15억 원*	
= 과세표준 × 세율	15억 원 40%	누진공제 1억 6,000만 원
= 산출세액 합계 - 신고세액공제	4억 4,000만 원 1,320만 원	
= 납부할 세액	4억 2,680만 원	

* 일괄공제 5억 원+배우자 상속공제 10억 원을 합계한 금액이다.
배우자 상속공제는 '30억 원×(1.5/4.5)=10억 원'으로 계산했다.

배우자가 20억 원을 상속받았지만, 이 금액 전체가 배우자 상속공제로 활용되지 못하고 한도규제 때문에 10억 원만큼만 들어왔다. 따라서 일반적인 상속공제 10억 원에서 5억 원 정도가 증가해 이 금액에 대해 절세효과가 발생한다.

실전연습

Tip 부동산 상속과 취득세

부동산 상속에 따른 취득세는 시가 표준액(기준시가)의 2.8%로 과세되는 것이 원칙이다. 증여의 경우에는 시가 인정액의 3.5~12%까지 과세되는 것과 차이가 있다.
참고로 상속 시 취득세는 다음과 같다.

- 농특세와 지방교육세가 동시에 추가될 경우 : 3.16%
- 지방교육세만 추가될 경우 : 2.96%

동거주택 상속공제의
요건

　피상속인이 주택을 보유한 상태에서 상속이 발생하면 이 주택가격의 100%를 6억 원 한도로 상속공제를 받을 수 있다. 이 제도를 '동거주택 상속공제'라고 한다. 이의 요건은 생각보다 까다로우므로 이를 잘 확인하는 것이 무엇보다도 중요하다.

1. 동거주택 상속공제

동거주택 상속공제는 상증법 제23조의 2에서 규정하고 있다.

① 거주자의 사망으로 상속이 개시되는 경우로서 다음 각 호의 요건을 모두 갖춘 경우에는 상속주택 가액*의 100분의 100에 상당하는 금액을 상속세 과세가액에서 공제한다. 다만, 그 공제할 금액은 6억 원을 한도로 한다.
* 상속개시일 현재 해당 주택에 담보된 피상속인의 채무를 뺀 가액을 말한다.
　1. 피상속인과 상속인(직계비속과 상속인이 된 직계비속의 배우자로 한정한다)이 상속개시일부터 소급하여 10년 이상(상속인이 미성년자인 기간은 제외한다) 계속하여 하나의 주택에서 동거할 것

> 2. 피상속인과 상속인이 상속개시일부터 소급하여 10년 이상 계속하여 1세대를 구성하면서 대통령령으로 정하는 1세대 1주택에 해당할 것
> 3. 상속개시일 현재 무주택자이거나 피상속인과 공동으로 1세대 1주택을 보유한 자로서 피상속인과 동거한 상속인이 상속받은 주택일 것

앞의 규정에 대해 좀 더 알아보자.

첫째, 피상속인은 직계비속과 상속인이 된 직계비속의 배우자*와 동거하고 있어야 한다.

* 대습상속인인 며느리 사위 등을 말한다.

피상속인은 직계비속 등과 동거하고 있어야 이 규정을 적용받을 수 있다.

👉 배우자 간에는 이러한 공제 혜택이 없다. 착각하기 쉬운 내용에 해당한다.

둘째, 상속개시일부터 소급하여 10년 이상(상속인이 미성년자인 기간은 제외한다) 계속해서 하나의 주택에서 동거해야 한다.

👉 상속개시일부터 소급해서 계속 동거해야 하므로 중간에 동거하지 않은 기간이 있으면 이 규정이 적용되지 않는다. 다만, 다음의 사유는 계속 동거한 것으로 본다(단, 동거기간에는 합산하지 않는다).

1. '초·중등교육법'에 따른 학교(유치원·초등학교와 중학교는 제외한다) 및 '고등교육법'에 따른 학교에의 취학
2. 직장의 변경이나 전근 등 근무상의 형편(사업상의 형편은 아님)
3. 1년 이상의 치료나 요양이 필요한 질병의 치료 또는 요양

셋째, 해당 주택은 대통령령으로 정하는 1세대 1주택*에 해당해야 한다.

* 이는 1세대가 1주택(소법 제89조 제1항 제3호에 따른 고가주택을 포함한다)을 소유한 경우를 말한다. 따라서 분양권과 입주권은 포함되지 않는다. 한편 다음의 어느 하나에 해당하여 2주택 이상을 소유한 경우에는 예외적으로 1세대가 1주택을 소유한 것으로 본다.

1. 피상속인이 다른 주택을 취득(자기가 건설하여 취득한 경우를 포함한다)하여 일시적으로 2주택을 소유한 경우. 다만, 다른 주택을 취득한 날부터 2년 이내에 종전의 주택을 양도하고 이사하는 경우만 해당한다.
2. 상속인이 상속개시일 이전에 1주택을 소유한 자와 혼인한 경우. 다만, 혼인한 날부터 5년 이내에 상속인의 배우자가 소유한 주택을 양도한 경우만 해당한다.
3. 피상속인이 문화재주택을 소유한 경우
4. 피상속인이 이농주택을 소유한 경우
5. 피상속인이 귀농주택을 소유한 경우
6. 1주택을 보유하고 1세대를 구성하는 자가 상속개시일 이전에 60세 이상의 직계존속을 동거 봉양하기 위하여 세대를 합쳐 일시적으로 1세대가 2주택을 보유한 경우. 다만, 세대를 합친 날부터 5년 이내에 피상속인 외의 자가 보유한 주택을 양도한 경우만 해당한다.
7. 피상속인이 상속개시일 이전에 1주택을 소유한 자와 혼인함으로써 일시적으로 1세대가 2주택을 보유한 경우. 다만, 혼인한 날부터 5년 이내에 피상속인의 배우자가 소유한 주택을 양도한 경우만 해당한다.
8. 피상속인 또는 상속인이 피상속인의 사망 전에 발생된 제3자로부터의 상속으로 인하여 여러 사람이 공동으로 소유하는 주택을 소

유한 경우. 다만, 피상속인 또는 상속인이 해당 주택의 공동소유
자 중 가장 큰 상속지분을 소유한 경우(상속지분이 가장 큰 공동소유자가
2명 이상인 경우에는 그 2명 이상의 사람 중 다음 각 목의 순서에 따라 해당 각 목에
해당하는 사람이 가장 큰 상속지분을 소유한 것으로 본다)는 제외한다.

　가. 해당 주택에 거주하는 자

　나. 최연장자

　넷째, 주택의 상속자는 무주택자이거나 피상속인과 공동으로 1세대
1주택을 보유한 자로서 피상속인과 동거한 상속인*이 상속받은 주택에
해당해야 한다.

* 직계비속(상속인이 된 직계비속의 배우자 포함)을 말한다. 피상속인의 배우자는 이에 해당 사항이 없다.

2. 적용사례

앞의 내용을 사례로 알아보자.

> **자료**
> • 피상속인은 1세대 1주택을 보유
> • 피상속인의 주택 보유기간 15년
> • 아들과 같이 11년 정도 동거 중에 상속이 발생함(아들은 무주택자에 해당).
> • 현재 이 주택의 가격은 10억 원(대출 3억 원 포함)임.

01 동거주택 상속공제를 적용하기 위한 주택가격은 얼마인가?

10억 원에서 대출액 3억 원을 뺀 7억 원이다.

02 앞의 경우 동거주택 상속공제를 받을 수 있는가?

동거 봉양한 아들이 주택을 상속받으면 이 공제를 받을 수 있다.

03 앞의 동거주택 상속공제는 얼마인가?

7억 원의 100%인 7억 원과 한도 6억 원 중 적은 금액이 공제대상이다.

04 상속개시일 전에 10년 이상 동거했지만, 그 이후 동거하지 못한 상태에서 상속이 발생했다. 이 경우 동거주택 상속공제를 받을 수 있는가?

징집이나 요양 등의 사유가 아닌 이상 받을 수 없다.

Tip **동거주택 상속공제 관련 예규 등**

• 상속인의 배우자 등 동일세대원이 소득세법 시행령 제155조 제3항에 따른 공동상속주택 소수 지분을 소유한 경우, 동거주택 상속공제를 적용받을 수 없음(기획재정부 재산세제과-1079, 2021. 12. 14).

• 동거주택 상속공제 요건에서 1세대 1주택 여부를 판단 시, 2021년 1월 1일 이후 취득한 분양권을 주택 수에 포함하지 않는 것임(기획재정부 재산세제과-1316, 2022. 10. 19).

• 상속개시일 이전에 이미 피상속인과 상속인이 소급하여 10년 이상 계속하여 해당 주택에서 동거하던 중 질병 요양 등의 사유로 인하여 다른 임차주택에서 거주하다 사망한 경우에는 동거주택 상속공제가 가능함(재산-57, 2010. 02. 01).

• 동거주택 상속공제 규정 적용 시 사업상 형편은 동거한 것으로 보는 부득이한 사유에 해당하지 않음(재산-506, 2011. 10. 27).

영농 상속공제

　피상속인이 사망 전에 영농에 종사하는 경우에는 30억 원을 한도로 영농 상속공제를 받을 수 있다. 하지만 이 규정에 따라 공제받기 위해서는 법에서 규정하고 있는 요건을 충족해야 한다. 참고로 이 공제는 매우 복잡하므로 반드시 세무전문가의 도움을 받아 처리하는 것이 좋을 것으로 보인다.

1. 영농 상속공제의 내용

　영농 상속공제는 상증령 제16조 등에서 다음과 같이 규정하고 있다. 주요 내용만 살펴보자.

> ② 법 제18조 제2항 제2호에 따른 영농 상속은 피상속인이 다음 각 호의 구분에 따른 요건을 갖춘 경우에만 적용한다.
> 　1. 소득세법을 적용받는 영농 : 다음 각 목의 요건을 모두 갖춘 경우
> 　　가. 상속개시일 8년 전부터 계속하여 직접 영농에 종사할 것

나. 농지·초지·산림지가 소재하는 시·군·구(자치구를 말한다), 그와 연접한 시·군·구 또는 해당 농지 등으로부터 직선거리 30㎞ 이내에 거주할 것

③ 영농 상속은 상속인이 상속개시일 현재 18세 이상으로서 다음 각 호의 구분에 따른 요건을 충족하는 경우 또는 기획재정부령으로 정하는 영농·영어 및 임업 후계자인 경우에 적용한다.

　1. 소득세법을 적용받는 영농 : 다음 각 목의 요건을 모두 갖춘 경우

　　가. 상속개시일 2년 전부터 계속하여 직접 영농에 종사할 것

　　나. 제2항 제1호 나목에서 규정하는 지역에 거주할 것

④ 제2항 제1호 가목 및 제3항 제1호 가목에서 '직접 영농에 종사하는 경우'란 각각 피상속인 또는 상속인이 다음 각 호의 어느 하나에 해당하는 경우를 말한다.*

　* 총급여액의 합계액 등이 3,700만 원 이상인 과세기간이 있는 경우 해당 과세기간에는 피상속인 또는 상속인이 영농에 종사하지 아니한 것으로 본다.

　1. 소유 농지 등 재산을 이용하여 농작물의 경작 또는 다년생식물의 재배에 상시 종사하거나 농작업의 2분의 1 이상을 자기의 노동력으로 수행하는 경우

　2. 소유 초지 등 재산을 이용하여 가축의 사육에 상시 종사하거나 축산작업의 2분의 1 이상을 자기의 노동력으로 수행하는 경우

앞의 내용을 조금 더 분석해보자.

첫째, 피상속인에 대한 요건이 있다.

피상속인이 상속개시일 전 8년* 이상 계속해서 영농에 종사해야 한다는 등의 요건이 있다.

* 2023년 2월 28일 이후부터 2년에서 8년으로 연장됐다.

둘째, 상속인에 대한 요건이 있다.

상속인도 상속개시일 전 2년 이상 계속해서 영농에 종사해야 한다는 등의 요건이 있다. 그리고 상속인은 다음에 해당해야 한다.

- 농어업경영체 육성 및 지원에 관한 법률 제10조에 따른 후계농업 경영인 및 어업인 후계자
- 임업 및 산촌 진흥촉진에 관한 법률 제2조 제4호에 따른 임업 후 계자
- 초·중·고등교육법에 따른 농업 또는 수산계열의 학교에 재학 중 이거나 졸업한 자

셋째, 영농 사실 등에 대한 입증서류를 제출해야 한다.

※ 영농 상속 입증서류의 제출

- 토지 등기부 등본 : 군청, 면사무소 등
- 주민등록초본 : 군청, 면사무소 등
- 농지 원부 또는 자경증명(시·군·읍·면장이 교부 및 발급)
- 농산물 판매 및 묘종·묘목구입비용 영수증
- 농기계구입비 및 농약구입비용 영수증 등
- 기타 자경한 사실의 여부 : 농협 등의 조합원인 경우 조합원증명원, 농지소재지 농지위원장이 있는 경우 농지위원장이 확인한 자경농지 사실확인서, 인우보증서 등

2. 적용사례

영농 상속공제에 관한 내용을 사례를 들어 알아보자.

> **자료**
> - 피상속인은 상속개시일 전부터 계속 양돈업과 영농에 동시에 종사하고 있음.
> - 피상속인의 상속인인 아들이 상속개시일 전 10여 년 전부터 계속 양돈에 종사하고 있었으며, 피상속인의 배우자는 영농에 종사하고 있었음.
> - 농지 상속가액은 15억 원 상당임.
> - 축산 상속가액 7억 원 상당임.

01 영농에 종사하는 상속인이 영농 상속공제를 받으려면 농지와 축산(초지, 축사) 모두 상속받아야 하는가?

영농 상속공제란 피상속인이 양축, 영어, 산림경영을 포함한 영농에 종사한 경우로서 영농 상속재산 전부를 영농에 종사하는 상속인이 받아야 한다.

※ 대법 2001두779, 2002. 10. 11

영농 상속재산인 농지 전부를 영농 상속인이 상속받는 경우에 한해 '영농 상속공제'되며, 농지를 상속받은 상속인 중 일부가 영농 상속인에 해당하지 않는 경우 영농 상속인의 상속지분비율에 따른 일부 공제도 허용 안 됨.

02 영농에 영위했음을 어떻게 입증하는가?

직접 영농에 종사하는지는 농작물의 경작 또는 다년생식물의 재배에 항상 종사하거나 농작업의 2분의 1 이상을 자기의 노동력으로 경작 또는 재배했는지에 따라 판단한다. 단, 사업소득 금액(농업, 임업, 어업에서 발생한 소득, 부동산 임대업에서 발생한 소득, 농가 부업소득 제외, 사업소득 금액이 음수면 '0'으로 계산)과 총급여액의 합계액이 3,700만 원 이상인 과세기간은 영농에 종사하지 않은 기간으로 본다.

03 다른 직업에 종사하면서 간헐적으로 영농을 도와주면 이 경우에도 공제를 적용하는가?

그렇지 않다. 다음 판례를 확인하기 바란다.

※ 대법 2002두844, 2002. 10. 11

농지소재지에 거주하며 농협 조합원으로 가입하고 휴일 등에 농사일했으나, 직업이 지방 행정공무원으로서 간헐적·간접적으로 피상속인의 농업경영을 도와준 경우, '영농 상속인'에 해당하지 않음.

04 연로해 은퇴하신 분도 영농 상속공제를 받을 수 있는가?

피상속인이 연로 등의 사유로 상속개시일 전 2년 전부터 상속개시일까지 계속해서 농작물의 경작 또는 다년성 식물의 재배에 상시 종사하지 못했거나 농작업의 2분의 1 이상을 자기의 노동력에 의해 경작 또는 재배하지 못한 경우에는 영농 상속공제가 적용되지 아니한다. 다만, 질병의 요양 등에 의했으면 공제받을 수 있다.

상속대비를 못 한
고액 재산가의 해법

　일반적으로 고가의 부동산을 가지고 있는 경우, 사전에 지분증여 등을 통해 재산을 슬림화시키는 것이 세금을 절약하는 길이 된다. 그런데 우리나라의 부자 중에서는 이런 기회를 놓쳐 사후에 재산이 상속되어 많은 세금을 납부하는 경우가 많다.

(Case)

제주도에서 사는 삼다수 씨는 현재 나이가 85세다. 그가 보유한 재산은 대략 100억 원 정도가 됐다. 이 재산들은 제주도 내의 토지들로 공시지가만으로 해도 50억 원 정도가 된다. 삼 씨의 가족은 그의 배우자를 포함해 자녀 3명과 손자 등 10여 명이 있다. 다음 물음에 답하면?

01 상속세는 얼마가 예상되는가?

　시가로 계산되는 경우와 기준시가로 계산되는 경우를 비교하면 다음과 같다. 단, 상속공제는 20억 원이 적용된다고 가정한다.

구분	시가 기준	기준시가 기준
상속가액	100억 원	50억 원
– 상속공제	20억 원	20억 원
= 과세표준	80억 원	30억 원
× 세율(10~50%)	50%, 4억 6,000만 원 (누진공제)	40%, 1억 6,000만 원 (누진공제)
= 산출세액	35억 4,000만 원	10억 4,000만 원

02 상속세를 낼 돈이 없다면 어떻게 해야 하는가?

이 경우에는 다음과 같은 방법의 하나를 선택할 수 있다. 통상 고액의 상속세가 나올 때는 연부연납을 선택하는 경우가 일반적이다.

구분	납부방법
분납	낼 금액이 1,000만 원을 초과하는 경우 현금을 2회에 나눠 납부하는 방법이다. 1회는 신고 때, 나머지 1회는 신고기한 경과 후 2개월 이내에 낼 수 있다.
물납	낼 금액이 2,000만 원을 초과하는 현금 대신 부동산이나 주식 등의 물건으로 낼 수 있는 제도를 말한다(증여는 물납 인정 안 됨).
연부연납	낼 금액이 2,000만 원을 초과하는 경우 연 단위로 나눠서 낼 수 있는 제도를 말한다. 통상 11회(증여는 6회)로 나눠 10회를 연부연납할 수 있다. 연부연납한 금액에 대해서는 가산금이 부과된다(가산율 : 2.9%).

03 사례에서 상속세 10억 원을 5년 연부연납한다고 하자. 다음 해 납부할 금액은 얼마인가? 단, 가산율은 2.9%를 적용한다.

다음 해에 납부할 상속세는 2억 원이고, 가산금은 2,900만 원(10억 원 ×2.9%)이 된다. 참고로 그다음 해의 가산금은 2,320만 원(8억 원×2.9%)이 된다. 따라서 연부연납할 금액이 많으면 이 가산금도 많아짐에 유의해야 한다.

Consulting

상속은 재산 규모와 나이에 따라 미리 대비하는 것이 좋다. 다음에서 상속을 가장 잘 준비하는 요령에 대해 정리해보자.

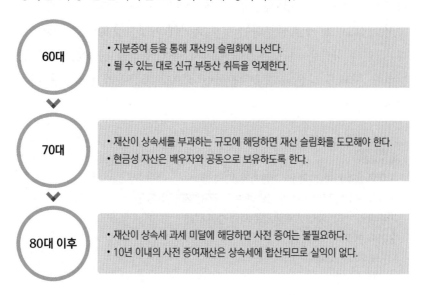

60대
- 지분증여 등을 통해 재산의 슬림화에 나선다.
- 될 수 있는 대로 신규 부동산 취득을 억제한다.

70대
- 재산이 상속세를 부과하는 규모에 해당하면 재산 슬림화를 도모해야 한다.
- 현금성 자산은 배우자와 공동으로 보유하도록 한다.

80대 이후
- 재산이 상속세 과세 미달에 해당하면 사전 증여는 불필요하다.
- 10년 이내의 사전 증여재산은 상속세에 합산되므로 실익이 없다.

※ 상속이 늦으면 벌어지는 일들

- 상속이 늦으면 다음과 같은 상황에 봉착할 수 있다.
- 시가로 상속가액이 평가될 수 있다. 특히 비주거용 부동산은 감정평가로 신고할 가능성이 커진다.
- 높은 세율(10~50%)을 적용받을 수 있다. 재산가액의 50%까지 상속세가 발생할 수 있다.
- 재산 분쟁이 발생할 수 있다. 재산이 많은 집안일수록 이러한 문제가 발생할 수 있다.

실전연습

J 씨는 현재 주유소를 포함한 많은 자산을 가지고 있다. J 씨의 나이는 73세며, 아직도 10년은 넘게 살 수 있는 자신감이 있지만, 하루가 다르게 건강이 좋지 않아 상속 걱정이 많다. J 씨는 상속재산을 둘러싼 분쟁도 싫고, 또 세금 납부하는 것도 싫어해 이것저것 알아보는 중이었다. 그런데 장남은 이 주유소를 팔아서 나온 현금을 나누었으면 하는 눈치다. 자료가 다음과 같을 때 어떤 식으로 자산관리 컨설팅을 하는 것이 좋을까?

자료

- 주유소의 시세 80억 원, 기준시가 40억 원
- 주유소 취득가액은 알 수 없으며 보유기간은 30년이 됐음.
- 주유소 사업 : 자녀 A의 명의로 사업 중에 있음.
- 가족 현황
  - 배우자 : 68세
  - 자녀 : 4명
- 상속공제예상액 : 15억 원

앞의 자료를 통해 순차적으로 문제를 해결해보자.

Step 1 상속세의 예측

상속세는 다음과 같이 예측된다. 단, 주유소에 대해서는 기준시가를 기준으로 계산하기로 한다.

구분	금액	비고
상속가액	40억 원*	
− 상속공제	15억 원	가정
= 과세표준	25억 원	
× 세율(10~50%)	40%	누진공제 1억 6,000만 원

구분	금액	비고
= 산출세액	8억 4,000만 원	

* 주유소는 매매가액이 없으므로 기준시가로 신고할 수 있다. 다만, 신고 후 감정가액으로 경정이 될 수 있음에 유의해야 한다(부록 참조).

Step 2 절세 대안 찾기

상속세가 많이 예측된다면 미리 대책을 마련할 필요가 있다. 주유소 상속과 관련해서는 다음과 같은 방법이 있을 수 있다.

① 제3자에게 처분한 대금으로 증여하는 방법
② 자녀들에게 매매하는 방법
③ 상속한 후 각자의 지분대로 처분하는 방법

이 중에서 J 씨의 장남이 요구하는 ①의 방법과 앞의 상속세의 내용을 비교해보자. 단, 취득가액은 양도가액의 10% 선이다.

(단위 : 원)

구분	금액	비고
양도가액	8,000,000,000	
− 필요경비 취득가액 기타필요경비	800,000,000 800,000,000	양도가액의 10%(가정)
= 양도차익	7,200,000,000	
− 장기보유특별공제	2,160,000,000	30%(10년 이상 보유)
= 양도소득 금액	5,040,000,000	
− 기본공제	2,500,000	
= 과세표준	5,037,500,000	
× 세율	45%	
− 누진공제	65,940,000	
= 산출세액	2,200,935,000	

이렇게 처분금액에서 약 24억 원(지방소득세 포함)의 세금을 공제하면 56억 원의 현금이 남게 된다. 그렇다면 이 현금을 증여받으면 어떻게 될까?

이에 대해서는 당연히 증여세가 부과된다. 예를 들어 56억 원 중 10억 원이 자녀 A, B에게 각각 5억 원씩 증여됐다면 한 사람이 부담해야 할 증여세는 다음과 같다. 단, 증여공제는 없다고 가정한다.

- A가 부담해야 하는 증여세 : 5억 원×20% - 1,000만 원(누진공제)

    = 9,000만 원
- A와 B가 부담해야 하는 증여세 : 9,000만 원×2명 = 1억 8,000만 원

Step 3 결론 내리기

주유소 같은 상업용 건물은 시가와 기준시가의 차이가 상당히 심하다. 그리고 이의 소유자들은 상속 후에도 건물이 계속 유지되기를 바란다. 따라서 이러한 관점에서 보면 지분 일부를 사전 증여하는 것이 바람직하며, 이에 대한 대비가 안 된 경우에는 상속세 신고 때 절세 대안을 찾는 것이 중요하다.

📢 돌발퀴즈!

만일 J 씨가 처분대금을 은닉하면 어떻게 될까?

상속개시일로부터 소급해 2년 이내에 은닉한 처분대금은 상속추정제도*를 적용해 상속인들이 이의 용도를 입증하게 한다. 만일 은닉자금의 용도를 소명하지 못하면 상속재산에 합산되어 상속세가 나오게 된다.

* 상속개시일 전에 찾은 돈이 1년간 2억 원, 2년간 5억 원 이상이 되면 상속인들이 이에 대한 용도를 입증하도록 하는 제도를 말한다. 용도를 입증하지 못하면 일정한 금액이 상속가액에 포함된다.

상속세가 없더라도
신고해두면 이익이 되는 이유

상속재산이 분배되면 대부분 협의 분할계약서에 의해 상속등기를 하게 된다. 그런 후 소유권자의 마음대로 부동산을 처분할 수 있게 된다. 그런데 이때 많은 양도세 때문에 깜짝 놀라는 경우가 많다. 취득가액이 너무 낮아 양도세가 생각보다 많기 때문이다. 다음에서 이에 대한 해법을 찾아보기로 하자.

(Case)

경기도 성남시에 사는 신새벽 씨는 최근 부친이 사망하며 남긴 부동산에 대해 두 곳에서 감정평가를 받아 상속세를 신고하고자 한다. 그의 부친의 유산은 대략 5억 원 정도가 된다. 다음 물음에 답하면?

상속가액이 10억 원 또는 5억 원 이하가 될 때는 일반적으로 상속세를 신고하지 않는다. 신고하지 않아도 상속세가 부과되지 않기 때문이다. 하지만 향후 양도세가 나오는 상황에서는 미리 신고해두면 유리한데 앞의 물음에 맞춰 답을 찾아보자.

01 신 씨는 왜 굳이 돈을 들여서 감정평가를 하려고 하는가?

신 씨의 부친 유산이 5억 원에 불과하므로 상속세 과세와는 무관하다. 그런데도 신 씨가 신고하는 이유는 향후 당해 부동산을 처분해 양도세를 계산할 때 감정가액을 취득가액으로 인정받기 위해서다.

02 상속세 신고를 해야만 감정평가를 인정받을 수 있는가?

상속세 신고는 하지 않아도 향후 취득가액을 입증하는 데는 문제가 없다. 하지만 미리 신고해두면 신고가액이 전산에 입력되므로 향후 이를 입증하는 데 더 유리할 수 있다.

03 취득세는 감정가액으로 계산하는가? 아니면 기준시가로 계산하는가?

상속과 관련된 취득세는 시가나 감정가액 등이 아닌 시가 표준액으로 과세표준을 정한다(지법 제10조의 2).

04 감정평가는 몇 개를 받아야 하는가?

상속세, 취득세, 양도세 등과의 관계가 파악됐다면 감정평가를 받으면 된다. 이때 해당 부동산의 기준시가가 10억 원 이하일 경우에는 1개만 받아도 되고, 이를 초과하면 2개 이상을 받아야 한다.

05 탁상 감정평가도 효력이 있을까?

없다. 이는 정식 감정이 아니기 때문이다. 감정평가가 필요한 경우에는 저자의 카페로 문의해도 된다.

Consulting

상속받은 부동산은 언제 처분하느냐에 따라 과세의 내용이 달라지는데, 이 부분을 정리하면 다음과 같다.

언제든지 처분해도 문제가 없는 경우	• 비과세 주택을 처분할 때 ▶ 상속 후 언제든지 처분해도 문제가 없는 경우는 처분 시기와 관계없이 비과세가 적용되는 경우이다. 예를 들어 동일세대원인 무주택자가 상속받으면 처분 시기와 관계없이 비과세가 적용된다(단, 피상속인과 상속인의 보유기간이 2년 이상이어야 함).

상속세 신고기한 내 처분하면 좋은 경우	• 양도세를 절세하고 싶을 때 ▶ 상속세 신고기한 내에 매매계약을 할 때는 양도가액과 취득가액이 같아져 양도세가 발생하지 않는다. 다만, 상속가액이 증가해 상속세가 증가할 수 있다.

상속세 신고기한 후 처분한 경우의 대책	• 상속세 신고기한 후 양도 시에는 양도세가 나온다. 따라서 앞에서 본 것처럼 감정평가를 받아 신고해둔다(단, 상속세 병행 검토).

※ **상속개시일로부터 6개월 이내에 부동산을 처분하는 경우의 장단점**

① 장점
- 양도세 과세가 되는 부동산의 경우 양도세가 발생하지 않는다. 양도가액과 취득가액이 같아지기 때문이다.

② 단점
- 양도가액이 상속가액이 되므로 때에 따라서는 상속세가 나올 수 있다.
- 양도세가 없는 부동산(예 : 1세대 1주택)을 양도하면 상속세를 먼저 확정해야 하므로 상속세를 신고할 수밖에 없다는 점도 단점에 속한다.

부산광역시에 사는 박공주 씨는 10년 전에 상속받은 부동산을 처분하고자 한다. 그런데 문제는 상속받은 부동산의 취득가액이 너무 낮아 양도세가 많이 나올 수 있다는 것이다. 자료가 다음과 같을 때 좋은 해법은 없는가?

자료

- 양도 예상가액 : 3억 원
- 상속 당시의 시가 : 3억 원(기준시가 1억 원)
- 장기보유특별공제 : 30%
- 세율 : 6~45%

Solution

앞의 박 씨의 고민을 순차적으로 해결해보자.

Step 1 세금 계산은 어떻게 하는가?

박 씨가 취득가액을 시가로 계산하는 경우와 기준시가로 계산한 경우의 세금을 예측해보면 다음과 같다. 다음의 계산내역을 보면 취득가액을 시가로 신고하면 양도차익은 0원이 되어 산출세액이 발생하지 않으나, 기준시가로 할 때는 1,000만 원 정도의 산출세액이 발생한다. 따라서 박 씨로서는 취득가액을 시가로 신고하는 것이 절세할 수 있는 지름길이 됨을 알 수 있다.

구분	시가로 신고하는 경우	기준시가로 신고하는 경우
양도가액	3억 원	2억 원
– 취득가액	3억 원	1억 원
= 양도차익	0원	1억 원
– 장기보유특별공제	–	3,000만 원
– 기본공제	–	250만 원
= 과세표준	–	6,750만 원

구분	시가로 신고하는 경우	기준시가로 신고하는 경우
× 세율	–	24%
– 누진공제	–	576만 원
= 산출세액	0원	1,044만 원

Step 2 취득가액을 시가로 신고할 수 있는가?

세법은 상속을 거친 부동산을 양도할 때의 취득가액은 상속 당시의 상증법상 평가액으로 한다고 하고 있다. 따라서 '시가 → 유사시가(매매가액, 경매가격, 수용가액, 감정가액 등) → 기준시가' 순으로 평가하므로, 이러한 순서에 따라 평가액을 정해야 한다. 그래서 상속 당시에 시가가 존재하지 않는다면 대부분 기준시가가 취득가액이 되는 문제가 발생한다.

Step 3 박 씨는 어떻게 해야 하는가?

취득가액을 시가로 할 수 있는 근거를 찾아야 한다. 즉, 상속개시일의 전후 6개월(1년) 사이에 유사한 재산이 거래된 적이 있는지 등을 조사해 매매가액을 찾아내는 것이 중요하다.

> **돌발퀴즈!**
>
> **만일 박 씨가 현재 시점에서 상속받은 때로 소급해 감정평가를 의뢰하면 그 감정가액으로 취득가액을 사용할 수 있을까?**
>
> 일반적으로 가능하지 않다. 하지만 대법원은 소급감정에 해당해도 객관적이고 합리적인 방법으로 평가한 가액에 해당하면 하나의 감정가액도 시가로 본다고 판시(대법 2010두8751, 2010. 09. 30)한 사례가 있다.
>
> ※ 상속 후의 양도세 절세법 정리
> • 감정평가를 해두면 좋을 상속 부동산은 향후 양도세가 나오는 부동산이다.
> • 상속 부동산은 1~2개의 감정평가를 받아 이를 담당 세무서에 신고해두면 취득가액을 높이는 결과가 된다. 참고로 평가기간 밖으로 소급해 감정평가를 하면 이의 가액은 인정되지 않는 것이 원칙이다.
> • 상속 부동산을 감정평가로 신고하면 상속세에 영향을 줄 수 있다는 점에 유의해야 한다.

상속받은 주택과 농지 양도 시 양도세 과세방법

상속으로 받은 주택과 농지 등을 양도할 때 양도세는 어떻게 과세하는지 이를 정리해보자. 이들은 일반적으로 유상취득한 주택 등과 적용되는 세법의 내용이 다른 경우가 많으므로 이에 유의해서 관련 내용을 살펴봐야 한다.

1. 상속주택의 양도

1) 무주택자가 상속받은 경우

무주택자가 주택을 상속받은 후 이를 양도한다고 하자. 이런 상황에서 비과세를 받으려면 보유기간이나 거주기간에 대한 요건을 갖추어야 한다. 그런데 여기서 보유기간 등을 언제부터 따져야 하는지가 관건이다. 이에 대해 세법은 다음과 같이 정하고 있다.

① 동일세대원이 상속받은 경우 : 피상속인의 취득일로부터 기산한다.
② 동일세대원이 아닌 자가 상속받은 경우 : 상속개시일로부터 기산한다.

이렇게 보면 비과세를 따질 때 동일세대원이 상속받은 경우가 그렇지 않은 경우보다 훨씬 더 유리하다고 할 수 있다.

2) 1주택자가 상속받은 경우

1세대 1주택자가 상속주택을 취득해 2주택자가 된 경우에는 처분순서에 따라 세금 관계가 달라짐에 유의해야 한다.

① 상속주택을 먼저 양도하는 경우 : 양도세가 과세된다. 과세방식은 일반과세 또는 중과세가 적용될 수 있다.
② 일반주택을 먼저 양도하는 경우* : 비과세 요건(2년 보유 등)을 갖춘 경우라면 비과세를 받을 수 있다. 단, 동일세대원이 상속을 받아 2주택이 된 경우에는 비과세를 적용하지 않는다(동거봉양 후 상속은 제외).
   * 상속개시 전에 일반주택을 먼저 취득해야 한다(2013년 2월 15일 이후).

한편 피상속인이 주택을 여러 채 남긴 경우에는 1채만 상속주택으로 보아 앞의 일반주택에 대한 비과세를 적용한다. 여기서 상속주택은 피상속인의 보유기간이 가장 긴 것으로 한다. 보유기간이 같은 경우에는 거주기간, 피상속인이 상속 당시 거주한 주택 등을 가지고 판정한다.

3) 2주택 보유자가 상속받은 경우

1세대 2주택자가 상속으로 인해 3주택자가 된 경우에는 다음과 같이 과세방법이 결정된다.

① 상속주택을 먼저 양도하는 경우 : 양도세가 과세된다. 과세방식은 일반과세 또는 중과세가 적용될 수 있다.

② 일반주택을 먼저 양도하는 경우 : 일반주택(A)과 상속주택(B)이 있는 상황에서 새로운 주택(C)을 산 후 일반주택(A)을 새로운 주택(C)을 산 날로부터 3년 이내에 양도하면 비과세를 적용받을 수 있다.*

* 일시적 2주택인 상태에서 상속받아도 비과세를 받을 수 있다.

4) 공동으로 상속받은 경우

공동으로 상속받은 경우에는 상속지분이 가장 큰 상속인(같으면 당해 주택에 거주한 자, 최연장자순으로 한다)의 것으로 한다. 따라서 상속주택이 1채인 경우 A의 지분율이 가장 크다면 A의 주택으로 간주하며, 소수 지분자의 주택으로는 간주하지 않는다. 따라서 A가 일반주택을 보유한 상태에서 주택을 상속받고 일반주택을 먼저 양도하면 비과세를 받을 수 있다. 한편 소수 지분자는 일반주택을 양도하면 소수 지분의 취득 시기 등과 무관하게 비과세를 받을 수 있다(단, 선순위 지분주택에 한함. 다음 표 참조).

※ 다수 지분자와 소수 지분자의 일반주택 비과세 제도*

구분	다수 지분자	소수 지분자
주택 수 포함	포함	포함하지 않음.
일반주택 비과세	선 일반주택, 후 상속주택 취득 상태에서 일반주택 양도 시 비과세(2013년 2월 15일 이후)	소수 지분주택 취득 시기와 무관하게 일반주택 양도 시 비과세
근거 규정	소령 제155조 제2항	소령 제154조 제1항
주의할 사항	피상속인의 주택 수가 많은 경우 선순위 상속주택에만 이러한 특례를 적용	소수 지분주택은 선순위 지분주택 1개만 보유 시 주택 수에서 차감됨(따라서 후순위 지분주택 소유 시에는 이러한 특례를 받을 수 없음에 유의할 것).

* 이에 대한 자세한 내용은 저자의 《부동산 세무 가이드북 실전 편》을 참조하기 바란다.

2. 농지

농지를 상속받으면 피상속인의 자경기간을 승계받아 8년 자경농지에 대한 감면을 받을 수 있다.

① 상속개시일 후 3년 이내에 양도 시 → 이 기간 내에 양도하면 상속인의 자경 없이도 양도세 감면이 가능하다.

② 상속개시일 후 3년 후에 양도 시 → 상속인이 1년 이상 재촌·자경을 해야 피상속인의 재촌·자경기간을 승계받을 수 있다.

Tip 상속등기와 세무상 쟁점

상속등기는 소유권을 지정한다는 의미도 있지만 세법상 의미도 있다. 대표적인 것 몇 가지만 사례로 알아보자.

Q1 상속세 신고기한 내에 등기를 하지 않으면 배우자 상속공제를 받지 못하는가?

아니다. 상속세 신고기한으로부터 9개월 내에 등기를 하지 않으면 이를 받지 못하는 것이 원칙이다.

Q2 상속세 신고기한 후에 등기를 변경해 지분이 증가하면 증여에 해당하는가?

그렇다. 변경등기에 의해 지분이 증가하면 이에 대해서는 증여세가 과세될 수 있다.

구분		일반취득 재산	상속·증여 재산
과세	양도가액	실거래가액	좌동
	취득가액	실거래가액 (환산가액 가능)	신고 당시의 평가액(시가 → 기준시가, 1985년 1월 1일 이전분은 환산가액 가능)
	기타필요경비	실제 경비	실제 경비
	장기보유 특별공제	취득일~양도일	상속·증여일~양도일
	세율 적용	취득일~양도일	• 상속 : 피상속인의 취득일~양도일 • 증여 : 증여일~양도일
	취득가액 이월과세	-	증여 : 10년 내 양도 시 적용
비과세		취득일부터 2년 보유 등	• 상속 : 다양하게 적용 • 증여 : 일부 적용
감면		8년 자경농지 감면 등	• 상속 : 피상속인의 자경기간 합산 • 증여 : 증여자의 자경기간 합산하지 않음.

* 이에 대한 자세한 내용은 저자의 《부동산 세무 가이드북 실전 편》을 참조하기 바란다.

상속재산은 마음대로 나눌 수 있을까? 지금부터는 상속 분쟁을 예방 하고 상속세를 줄일 수 있는 상속재산 분배법을 총정리해보기로 한다.

(Case)

서울 마포구 신수동에 거주하고 있는 김용배 씨는 부친이 얼마 전에 작고해 상 속세 신고를 준비하고 있다. 그의 부친이 남긴 재산은 부동산(상가, 주택, 토지)이 꽤 많다. 상속재산을 협의분할하면서 물음에 답하면?

01 협의분할로 재산을 나누는 것이 원칙인가?

상속재산은 일반적으로 '유증 → 협의분할 → 법정 상속지분(법원 조정 등)'의 순으로 배분한다.

02 협의분할 시 상가와 주택 그리고 토지에 대해 고려해야 할 세무 문 제는?

개별 부동산을 상속받을 때 다음과 같은 상황을 고려한다.

- 상가 → 지분을 분산하게 되면 향후 임대소득세가 줄어들고 사전 증여의 필요성이 줄어들게 된다. 따라서 이 경우 지분을 분산처리 하는 것이 좋다.
- 주택 → 무주택자인 배우자가 상속받으면 양도세 비과세를 받기가 훨씬 수월하다. 주택이 있는 자녀 등이 상속받으면 세금이 나오는 경우가 많다.
- 토지 → 자경농민이 상속받으면 향후 양도 시 양도세를 절감시킬 수 있다.

03 협의분할 후 지분이 변동되는 경우의 세금 문제는?

협의분할 후 지분이 변동되는 경우에는 지분이 변동되는 시기에 따라 증여세의 문제가 있다. 만일 상속세 신고기한 내에 지분이 변동되면 증여세 과세와는 무관하지만, 상속세 신고기한 후에 지분이 변동되면 증여세 문제가 있다. 상속세 신고기한은 상속개시일이 속하는 달의 말일로부터 6개월이다.

(Consulting)

상속재산은 다음과 같은 순으로 분배된다. 그리고 이러한 상속재산의 분배와 관련해 다양한 문제들이 발생하는데 이 부분도 같이 정리해보자.

유언

- 유언 공증 등을 통해 사전에 상속지분을 정해놓은 방법을 말한다.
- 유언 공증으로 상속인의 지분을 박탈한 경우에는 유류분을 청구할 수 있다.

협의분할

- 협의분할은 상속인들이 모여 협의해 지분을 정하는 방법을 말한다.
- 협의분할 시 스스로 상속을 포기할 수 있다.

법정
상속지분 등

- 유언 공증이나 협의분할이 없는 경우 보충적으로 사용할 수 있는 재산분배방법이다.
- 상속인들은 원칙적으로 지분이 균등하나 피상속인의 배우자는 5할을 가산한다(자녀1 대 배우자 1.5).

※ 유류분제도

유류분은 상속인이 최소한 법적으로 보장받는 상속지분을 말하는 것으로, 통상 법정상속지분의 1/2 정도가 된다.

※ 관련 해석 : 재삼 46014-519, 1996. 2. 26

상속인 이외의 자가 상속개시 전에 피상속인으로부터 증여받은 재산 일부를 법원의 판결에 따라 유류분으로 상속인에게 반환하는 경우, 그 반환한 재산은 당초부터 증여가 없었던 것으로 보는 것이며, 법원의 판결에 의한 유류분을 초과하여 반환하는 경우 그 초과분에 대해 새로운 증여로 보는 것이다. 또한, 유류분을 반환받은 상속인은 상속세법 제18조의 규정에 따라 당해 재산에 대하여 상속세 납부의무를 진다.

📢 돌발퀴즈1

피상속인의 상속재산에 대해 기여도가 있다면 이를 주장할 수 있을까?

피상속인이 살아생전에 피상속인의 재산 형성에 이바지한 상속인이 있다면 기여분을 인정할 수 있다. 따라서 기여분을 제외한 나머지 재산이 분배대상이 된다. 이 기여분은 상속인들 간의 협의 때문에 정하는 것이 원칙이나 협의가 이뤄지지 않으면 기여자가 가정법원에 청구해야 한다.

📢 돌발퀴즈2

사전 증여한 재산도 상속재산에 포함되어 분배되어야 하는가?

원칙적으로 그렇다. 이는 일종의 특별수익에 해당한다.

💡 Tip 상속인의 순위

구분	내용	비고
1순위	직계비속, 배우자	항상 상속인이 된다.
2순위	직계존속, 배우자	직계비속이 없는 경우 상속인이 된다.
3순위	형제자매	1, 2순위가 없는 경우 상속인이 된다.
4순위	4촌 이내의 방계혈족	1, 2, 3순위가 없는 경우 상속인이 된다.

상속 절차를 정리해보자.

절차	내용	비고
시가 확인	• 국세청 홈택스 • 국토교통부 실거래가 조회	아파트와 고액의 부동산은 감정평가 추진
관련 비용 파악	• 국민주택채권 할인료 • 취득세 • 등기비용 등	
계약서 작성	• 형식 없음. • 협의분할 계약서 검인	관할 시·군·구청
취득세 신고	• 상속개시일의 말일~6개월 내	외국인은 9개월
등기	• 관할 등기소	본인 또는 법무사무소 의뢰
상속세 신고	• 상속개시일이 속한 달의 말일~ 6개월	본인 또는 세무회계사무소 의뢰
상속세 결정*	• 상속세 신고기한~9개월	관할 세무서 등

* 상속세는 상속가액이 큰 경우 조사를 통해 최종 결정된다.

제 **8** 장

법인과의 거래 선택과
절세 포인트

법인과의 거래에 대한 장단점

가족이 세운 법인에 부동산을 이전할 수 있다. 예를 들어 법인에 저가나 고가로 양도할 수 있고, 증여나 상속도 마음대로 할 수 있다. 그렇다면 이런 선택이 개인으로 거래하는 경우에 비해 얼마나 실익이 있을까? 다음에서 법인과의 거래에 대한 장단점을 알아보자.

1. 장점

법인과의 거래를 통해 부동산을 이전하는 경우 다양한 장점이 발생한다. 주요 내용을 요약해보자.

첫째, 개인과의 거래에 대한 대안이 될 수 있다.
개인인 가족 간에 부동산을 매매나 증여 또는 상속으로 이전할 수 있으나, 이 방법이 여의치 않으면 법인을 통해 매매 등을 할 수 있다. 이러한 점에서 법인이 장점이 될 수 있다.

👉 법인으로 거래하면 개인에게 적용되는 각종 규제가 적용되지 않을 수 있다. 예를 들어 증여받은 부동산을 10년 이내에 양도하면 취득가액 이월과세가 적용되는데, 법인은 이러한 제도가 적용되지 않는다.

둘째, 개인의 재산을 분산할 수 있다.

법인은 개인과 분리되므로 법인으로 재산을 소유하면 개인재산과 분리가 된다. 물론 법인의 재산은 주식 가치로 측정되므로 이 주식을 소유하고 있다면 개인의 재산에 포함해야 한다.

👉 2주택자가 1세대 1주택 양도세 비과세를 받을 때 1주택을 세대 분리가 되는 자녀 등에게 이전할 수도 있지만, 여의치 않으면 법인에 매도를 통해 주택 수를 조절할 수도 있다.

셋째, 저렴한 법인세율 효과를 누릴 수 있다.

법인세는 원래 법인이익에 대해 9~24%의 세율이 적용된다. 물론 법인이 주택을 양도하면 20%의 법인세가 추가된다. 따라서 이러한 추가 세율을 고려하더라도 법인이 개인보다 유리한 경우가 많다.

2. 단점

법인과의 부동산 거래를 하면 장점 못지않게 단점도 상당하다. 대략 정리해보자.

첫째, 특수관계인 간의 거래에 대한 규제가 많다.

법인이 특수관계인인 개인과 거래하면 소득세법, 지방세법, 법인세법, 상증법 등에서 다양한 방법으로 규제한다. 예를 들어 법인에 저가로 양도하면 양도세와 취득세를 시가로 과세하며, 법인의 주주에게 증여세를 과세한다.

둘째, 취득세와 보유세가 많이 적용된다.

① 취득세

법인이 주택을 취득하거나 증여받으면 1~12%의 세율이 적용된다.
이 중 12%는 중과세율에 해당한다.

구분	세율	비고
유상취득	• 1~3% • 12%	• 일반세율 : 시가 표준액 1억 원 이하의 주택 등 • 중과세율 : 위 외의 주택
증여취득	• 3.5% • 12%	• 일반세율 : 비조정지역 내의 주택 등 • 중과세율 : 조정지역 내의 시가 표준액 3억 원 이상 시
상속취득	2.8%	

② 보유세

법인이 주택을 보유하면 다음과 같이 종부세가 부과된다.

구분	세율	비고
2주택 이하	2.7%	법인은 주택 수로 세율을 결정함.
3주택 이상	5.0%	

셋째, 주식 평가나 이익잉여금 관리에 어려움이 많다.

법인은 개인과는 달리 주식으로 재산 가치를 측정하므로 이를 어떤
식으로 평가할 것인지가 중요하다. 한편 이익잉여금이 많은 경우 이에
대한 관리도 중요하다.

🚗 개인은 주식 평가나 이익잉여금에 대한 관리가 필요 없다.

3. 적용사례

앞의 장점 중의 하나를 사례를 통해 알아보자. P 씨는 다음과 같은 계획을 세웠다. 물음에 답하면?

> **자료**
> • 2000년 1억 원에 취득한 상가 건물을 보유하고 있음.
> • 현재 개발 호재로 시세는 20억 원 정도가 됨.

Q1 이를 P 씨가 양도하면 양도세는 얼마나 될까?

구분	금액	비고
양도차익	19억 원	
– 장기보유특별공제	5억 7,000만 원	30%
= 과세표준	13억 3,000만 원	
× 세율	45%	
– 누진공제	6,594만 원	
= 산출세액	5억 3,256만 원	

Q2 이를 자신이 세운 법인에 5억 원에 양도하면 양도세와 취득세는 얼마나 예상되는가? 취득세는 4.6%가 적용된다고 하자.

법인에 매도한 경우 개인의 양도세와 법인의 취득세가 동시에 나온다.

구분	양도세	취득세	계
금액	8,646만 원	2,300만 원	1억 946만 원
근거	(5억 원-1억 원)×70%×6~45%	5억 원×4.6%	–

03 법인이 이를 20억 원에 양도하는 경우의 법인세는 얼마나 예상되는가?

법인이 이를 20억 원에 양도하면 다음과 같이 법인세가 예상된다. 단, 취득가액은 5억 원과 취득세를 합한 금액이 된다.

구분	금액	비고
양도가액	20억 원	
- 취득가액	5억 2,300만 원	취득세 포함
= 양도차익	14억 7,700만 원	
× 세율	19%	
- 누진공제	2,000만 원	
= 법인세	2억 6,030만 원	

04 앞의 안들에 대해 평가해보면?

물음의 경우 P 씨가 20억 원에 양도하면 5억 3,000만 원, 법인을 거쳐 양도하면 3억 7,000만 원* 정도의 세금이 예상된다. 따라서 외관상 법인을 거친 양도가 좋아 보인다. 하지만 이 경우 세 가지 정도의 문제를 해결해야 한다.

* 1억 946만 원과 2억 6,030만 원을 더해 계산했다.

- 시가가 확인되지 않을 것
- 자금관계가 확실할 것
- 배당을 고려할 경우 추가되는 세금을 고려할 것

개인과 법인의 부동산 거래 시
세무상 쟁점 비교

법인과 매매 등을 하기 위해서는 개인과 비교해 법인의 장단점을 명확히 비교할 수 있어야 한다. 다음에서 이에 대해 알아보자.

K 법인의 대표이사는 법인을 통해 부동산을 취득하려고 한다. 물음에 답하면?

01 법인이 특수관계에 있는 개인으로부터 부동산을 매입하면 어떤 세금 문제가 뒤따를까?

법인도 계약의 주체가 될 수 있으므로 제한 없이 부동산을 매입할 수 있다. 다만, 특수관계인과의 거래 시에는 다음과 같은 문제가 발생한다. 개인에게 양도했을 때와 비교해보자. 참고로 법인과의 거래 시에는 거래당사자인 법인은 물론이고 이를 지배하고 있는 주주 등에 세금문제를 동시에 살펴봐야 낭패를 당하지 않는다.

구분	개인	법인
시가 매매	–	–
저가 매매	• 취득세 : 시가과세 • 양도세 : 시가과세 • 증여세 : 저가 양수자	• 취득세 : 시가과세 • 법인세 : 규제 없음. • 주주 : 증여세 과세
고가 매매	• 취득세 : 규제 없음. • 양도세 : 시가과세 • 증여세 : 고가 양도자	• 취득세 : 규제 없음. • 법인세 : 자산 감액, 소득처분 • 주주 : 증여세 과세

02 법인이 부동산을 증여받은 후 바로 양도하면 이월과세가 적용되는가?

법인이 부동산을 증여받은 후 바로 양도해도 개인에게 적용되는 이월과세 등은 적용하지 않는다.

구분	개인	법인
증여받은 후 10년 내 양도	• 이월과세 • 부당행위계산	없음.
증여받은 후 10년 후 양도	없음.	없음.

03 법인도 상속받을 수 있는가? 이 경우 법인은 무슨 세금을 내는가?

법인도 유증 등을 통해 상속받을 수 있다.

구분	개인	법인
상속	상속세	• 법인세 • 상속세 : 법인의 주주가 상속인과 그 직계비속인 경우

개인의 부동산을 법인을 통해 매매할 수 있고, 증여나 상속받을 수 있다. 그렇다면 '개인 → 개인'과 '개인 → 법인'으로 거래했을 때와의 세무상 쟁점은 어떤 것들이 있는지 정리해보자.

구분		개인→개인	개인→법인
매매	시가 양수도	-	-
	저가 양수도	• 양도세 부당행위 • 취득세 부당행위 • 양수자 증여이익 과세	• 취득세 부당행위 • 주주 증여세
	고가 양수도	• 양도가액 및 취득가액 수정 • 양도자 증여이익 과세	• 자산 감액 세무조정 • 양도자에게 소득처분
증여	증여 시	증여세(취득세)	• 법인세(취득세) • 주주 증여세
	증여 후 양도	• 이월과세 • 부당행위계산	-
상속	상속 시	상속세	• 법인세 • 주주 상속세

이처럼 개인과 개인, 개인과 법인이 부동산 거래를 할 때 대두되는 세무상 쟁점은 다소 차이가 있다. 이에 대한 자세한 내용은 순차적으로 살펴볼 것이다.

K 씨는 자신이 만든 법인에 부동산을 증여하려고 한다. 물음에 답하면?

> **자료**
> • 증여대상 부동산 : 시가 3억 원
> • 법인의 주주는 4명이며, 지분율은 각 25%이다.

Q1 이 부동산을 증여하면 법인은 무슨 세금을 내야 하는가?

일단 취득세를 내야 하고, 그리고 법인세를 내야 한다. 참고로 주주가 받은 이익이 1억 원 이상이면 주주에 대한 증여세 문제가 있지만, 이 경우에는 해당 사항이 없다.

Q2 증여받은 부동산을 6개월 후에 5억 원에 양도했다고 하자. 이 경우 개인에게 적용되는 이월과세가 적용되는가?

법인은 이러한 제도가 적용되지 않는다.

Q3 양도차익 2억 원에 대해서는 법인세가 어떤 식으로 나오는가?

법인은 부동산의 보유기간과 관계없이 전체 당기순이익에 대해 9~24%의 세율로 법인세가 과세된다. 다만, 법인이 주택이나 비사업용 토지를 양도하면 양도차익에 20%(토지는 10%)를 추가로 법인세를 과세한다.

실전연습

구분	개인	법인
1. 유상취득세	① 1주택자 : 1~3% ② 2주택자 : 8%(단, 일시적 2주택 　자 및 비조정지역은 1~3%) ③ 3주택자 : 8~12% ④ 4주택 이상 : 12%	• 1~3%→12% • 법인전환 취득세 감면 배제 　(75%)
2. 증여취득세	① 일반 : 3.5% ② 중과 : 12%(단, 2주택자, 조정지 　역 내 3억 원 이상 주택)	① 일반 : 3.5% ② 중과 : 12%(조정지역 내 3억 　원 이상의 주택)*
3. 종부세	① 3주택 이하 : 0.5~2.7% ② 3주택 이상 : 0.5~5.0%	① 2주택 : 2.7% ③ 3주택 이상 : 5.0% 　※ 기본공제 9억 원 적용배제
4. 양도세/ 　법인세	① 주택·입주권 단기양도세율 : 　70%(1년 미만), 60%(2년 미만) ② 분양권 단기양도세율 : 70%(1 　년 미만), 60%(1년 이상) ③ 주택 중과세율 : 기본세율 　+20~30%P(한시적 중과배제)	일반법인세 9~24% + 추가 법인세 20%

* 법인은 주택 수와 관계없이 조정지역 내의 3억 원 이상의 주택을 증여받으면 12%의 세율이 적용된다. 2024년 1월 10일에 발표된 세제정책은 저자의 《2024 확 바뀐 부동산 세금 완전분석》 등을 참조하기 바란다.

법인에 저가 양도 시
실익

　대표이사 등 개인이 특수관계에 있는 법인에 주택 등 부동산을 저가로 양도하는 때도 있다. 이렇게 하는 것이 본인한테 득이 되는 경우가 많기 때문이다. 예를 들어 개인이 주택 수를 줄여 양도세 비과세를 받거나 양도차익에 대해 법인세로 내는 것이 유리할 수 있다. 하지만 저가 거래를 할 때 개인과 법인 그리고 주주 등에게 다양한 세무 위험이 발생할 수 있다. 다음에서 사례를 들어 이에 대해 알아보자.

1. 법인에 저가 양도 시의 세무상 쟁점

　법인과 특수관계에 있는 개인이 법인에 부동산을 저가로 양도할 때 발생할 수 있는 세무상 쟁점을 세목별로 알아보자.

1) 양도자(개인)

　개인이 특수관계인 법인에 저가 양도 시에는 소법상 부당행위계산제도를 적용한다. 다만, 시가와 거래금액의 차액이 3억 원 이상이거나 거래금액이 시가의 5%를 벗어나야 이 규정이 적용된다. 참고로 여기서 시가는 상증법상의 평가규정을 준용하고 있다(3장 참조).

2) 양수자(법인)

양수자인 법인의 경우 법인과 법인 주주의 관점에서 세무상 쟁점을 살펴봐야 한다.

① 취득세

특수관계에 있는 법인이 저가로 부동산을 취득하면 지법 제10조의 3에서는 이를 부당행위로 보아 시가로 과세한다. 이때 저가 해당 여부는 '5%, 3억 원' 기준을 사용한다. 앞의 소득세와 같다.

② 법인세

법인이 저가로 부동산을 취득한 경우 법인세는 규제하지 않는다. 어차피 향후 법인세가 더 늘어나므로 부당행위에 해당하지 않기 때문이다.

③ 증여세

개인이 특수관계법인에 부동산을 저가로 양도하는 상황에서 그 법인의 주주가 개인당 1억 원 이상의 이익을 얻으면 주주에게 증여세가 과세될 수 있다(상증법 제45조의 5).

2. 적용사례

K 씨는 ㈜부동산의 대표이사에 해당한다. 이번에 그는 자신이 보유한 주택을 법인에 양도하고자 한다. 이때 세 부담을 최소화하는 방안을

추진하고 있다. 물음에 답하면?

자료

- 시가 5억 원(취득가액 3억 원)
- 기준시가 3억 원
- 위 물건 양도 시 양도차익의 60% 정도 세 부담이 예상됨.

Q1 현 상태에서 이를 양도하면 세금은 얼마나 예상되는가?

양도가액에서 취득가액을 차감한 양도차익(5억 원-3억 원=2억 원)에 60%를 적용하면 대략 1억 2,000만 원의 양도세가 예상된다.

Q2 양도세를 최소화하기 위해 이 주택을 법인에 3억 원에 양도하고 이후 법인이 5억 원에 양도하는 경우의 세 부담 관계는?

이 경우 양도세는 0원이 되고, 법인은 취득가액의 12% 정도의 취득세를 낸다. 따라서 법인의 취득단계에서는 3,600만 원 정도의 취득세가 발생한다. 한편, 향후 법인이 이를 5억 원에 양도하면 법인세가 발생하게 된다. 이때 법인세는 일반법인세 외에 주택양도차익에 대해 20% 상당액인 법인세가 추가로 발생한다. 따라서 다음과 같은 총 법인세를 예상해볼 수 있다. 단, 법인에서 일반비용 1억 원이 추가로 발생했다고 하자.

구분	일반법인세	추가 법인세	계
이익	2억 원	2억 원	-
일반관리비	1억 원	0원	-
과세표준	1억 원	2억 원	-

구분	일반법인세	추가 법인세	계
세율	9~24% 중 9%	20%	-
산출세액	900만 원	4,000만 원	4,900만 원

한편 보유 중에는 보유세(종부세)를 내야 한다. 종부세는 개인에서는 발생하지 않고 법인에서만 발생한다고 하자.

이렇게 법인과 거래하면 다음과 같은 총 세액을 산출할 수 있다.

- 취득세 : 3,600만 원
- 법인세 : 4,900만 원
- 보유세 : 810만 원(기준시가 3억 원×2.7%)
- 계 : 9,310만 원

결국, 개인이 법인에 양도하는 모형을 채택하기 위해서는 절감되는 세금이 위에서 발생하는 세금보다 커야 한다. 사례의 경우 다음에 해당하는 금액이 절감되는 세금에 해당한다.

- 줄어드는 양도세 : 1억 2,000만 원(양도차익 2억 원×60%)
- 늘어나는 법인세 등 : 9,310만 원
- 차액 : 2,690만 원

즉, 이 경우 줄어드는 양도세보다 법인에 이전 후 양도하는 세금이 다소 적어 보인다. 다만, 법인의 경우 세후 이익에 대해서는 추가로 배당소득세 등이 부과될 수 있으므로 이 문제를 고려할 수 있어야 한다. 또한, 거래가액이 적정한지도 별도로 살펴봐야 한다. 이러한 문제를 등한시하면 세무 위험이 커지게 된다.

03 앞의 Q2처럼 저가 양도하면 세법상 문제가 없는가?

아니다. 개인이 특수관계법인에 부동산을 저가로 양도하면 개인과 법인, 그리고 주주 측면에서 세무상 쟁점을 검토해야 한다. 세법은 이러한 거래를 비정상적인 거래로 보고 다양한 규제를 할 가능성이 크기 때문이다.

- 개인 → 소법상 저가 양도에 따른 부당행위계산이 적용될 수 있다.
- 법인 → 지법상 저가 양수에 따른 부당행위계산, 상증법상 주주에 대한 증여세 과세제도를 검토해야 한다. 법인세법상 부당행위계산은 적용되지 않는다.

참고로 법인이 주택을 취득할 때는 다음 사항에 주의해야 한다.

- 취득세율이 12%까지 적용될 수 있다.
- 종부세율이 2.7%(2주택 이하)~5.0%(3주택 이상) 적용될 수 있다.
- 추가 법인세율 20%가 적용될 수 있다.

💬 이렇게 과중한 세금은 법인이 주택 매입을 꺼리는 요인이 되고 있다.

04 세법상 문제가 없어지려면 거래금액은 어떻게 정해야 하는가?

이상의 내용을 살펴보면 개인이 법인에 저가로 부동산을 양도하는 것은 쉽게 결정하기가 힘든 측면이 있다. 하지만 그래도 이 모형을 채택하겠다면 우선 소법상 부당행위계산의 부인규정을 적용받게 되므로 소법상 시가부터 잘 검토해야 한다. 여기서 시가는 상증령 제49조 등에서 규정하고 있는 유사매매가액 등을 준용한다. 따라서 양도일 전후

3개월 내의 매매가액이나 감정가액 등이 있는 경우 이를 기준으로 매매계약을 체결하면 될 것이다. 만약 이에 대한 시가를 알기 힘든 경우에는 보충적 평가방법인 기준시가도 시가에 해당할 수 있으므로 이를 기준으로 매매계약을 체결해도 이론상 문제는 없다고 보인다(단, 평가기간 밖의 매매가액 등도 인정될 수 있음에 유의. 상증령 제49조 단서 조항 참조).

05 사례의 경우 법인으로 저가 양도를 할 만한 실익이 있는가?

시가가 있거나 취득세가 높은 아파트의 경우에는 실익이 거의 없을 가능성이 크다. 하지만 시가 파악이 힘들면서 취득세가 낮은 부동산은 저가 양도의 실익이 있을 수 있다. 따라서 사안별로 이에 대한 답을 찾아야 할 것으로 보인다.

> **Tip 퇴직금으로 부동산을 지급해도 될까?**
>
> 그렇다. 현금이든 현물이든 제한이 없기 때문이다. 다만, 이때 유의할 것은 부동산이 적정하게 평가됐는지다. 시가보다 낮게 책정해 이를 지급하면 부당행위계산 등의 규정이 적용되기 때문이다.

법인에 고가 양도 시
실익

개인이 특수관계법인에 고가로 부동산을 양도하는 때도 종종 있다. 법인의 자산을 개인으로 이전하고 싶은 동기에서 종종 일어나는 현상이다. 예를 들어 대표이사가 시가가 3억 원인 부동산을 법인에 10억 원으로 양도하는 식이 된다. 그렇다면 이렇게 거래할 경우 세법은 가만히 있을까? 다음에서 이에 대해 알아보자.

1. 법인에 고가 양도 시의 세무상 쟁점

법인과 특수관계에 있는 개인이 법인에 부동산을 고가로 양도할 때 발생할 수 있는 세무상 쟁점을 세목별로 알아보자.

1) 양도자(개인)

특수관계법인에 고가로 양도하는 개인은 법인으로부터 이익을 부여받게 된다. 따라서 이러한 상황에서는 양도세와 증여세 측면에서 세무상 쟁점을 정리해야 한다.

첫째, 양도가액은 시가로 한다.

특수관계법인에 고가로 양도하는 경우 법인은 시가로 자산가액을 수정하게 되는데, 이때 대가와 시가의 차액을 상여나 배당, 기타소득 등으로 처분하게 된다. 따라서 고가 양도자에게 소득세가 추가되므로 이중과세 조정을 위해 양도가액을 시가로 하게 된다.

📋 거주자가 양도세 과세 대상 자산을 시가보다 높은 가액으로 양도한 경우로서 다음의 어느 하나에 해당하는 경우에는 그 가액을 해당 자산의 양도 당시의 실지거래가액으로 본다(소법 제96조).

① 법인세법상 특수관계법인에 양도한 경우로서 해당 거주자의 상여·배당 등으로 처분된 금액이 있는 경우에는 법인세법 제52조에 따른 시가

② 특수관계법인 외의 자에게 자산을 시가보다 높은 가격으로 양도한 경우로서 상증법 제35조에 따라 해당 거주자의 증여가액으로 하는 금액이 있는 경우에는 그 양도가액에서 증여가액을 뺀 금액

둘째, 증여세는 과세되지 않는다.

상증법 제4조의 2(증여세 납부의무) 제3항에서는 증여재산에 대해 수증자에게 소득세 또는 법인세가 부과되는 경우에는 증여세를 부과하지 아니하도록 하고 있기 때문이다.

2) 양수자(법인)

특수관계인인 개인으로부터 고가로 부동산을 양수한 법인은 다음과 같이 세무처리를 한다.

① 취득세

취득세에 대해서는 별다른 조치가 없다. 세 부담이 줄어들지 않았기 때문이다.

② 법인세

법인세법 제52조의 부당행위계산에 해당하면 자산가액을 감액하는 동시에 소득처분을 해야 한다. 이때 부당행위계산은 시가와 거래가액의 차액이 3억 원 이상이거나 시가의 100분의 5에 상당하는 금액 이상인 때만 적용한다.

예 **시가 1억 원짜리 부동산을 2억 원에 양도하는 경우**

- 세무조정 : 손금산입 1억 원(△유보)

　　　　　　　손금불산입 1억 원(상여*, 배당**,기타소득***)

* 고가로 양도한 개인이 법인의 임직원인 경우에 행하는 소득처분을 말한다.

** 고가로 양도한 개인이 법인의 주주인 경우에 행하는 소득처분을 말한다.

*** 고가로 양도한 개인이 법인의 임직원이나 주주 아닌 경우에 해당하는 소득처분을 말한다. 만일 고가 양도자가 개인사업자이면 기타사외유출로 소득처분을 한다.

2. 적용사례

K 씨는 ㈜부동산의 대표이사에 해당한다. 이번에 그는 자신이 보유한 주택을 법인에 고가로 양도하고자 한다. 물음에 답하면?

> **자료**
>
> • 시가 5억 원(취득가액 3억 원)
> • 양도가 8억 원
> • 장기보유특별공제 등은 고려하지 않으며, 양도세율은 30%, 취득세율은 4%를 적용하기로 함.

01 법인은 취득세를 얼마나 내야 하는가?

8억 원의 4%인 3,200만 원을 내야 한다.

02 법인은 고가 양수로 인해 어떤 세무처리를 해야 하는가?

고가 양수를 하면 법인의 현금자산이 외부로 유출되므로 법인세법상 부당행위계산제도를 적용한다. 따라서 다음과 같은 세무처리를 해야 한다.

- 손금산입 3억 원(△유보)
- 손금불산입 3억 원(상여)

즉, 법인의 세무상 장부가액은 5억 원이 되며, 부당하게 유출된 3억 원은 대표이사의 상여로 보아 근로소득세를 추징하게 된다. 근로소득세에 대해 30%의 세율이 적용된다고 하면 1억 2,000만 원이 추가된다.

03 양도세는 얼마로 계산하는가?

양도가액은 시가인 5억 원이 된다. 따라서 양도차익은 2억 원이 되며 이에 30%를 곱하면 6,000만 원이 된다.

04 사례에서 고가로 양도함에 따라 법인이 추가로 부담하는 세금은 얼마인가?

구분	양도세	취득세	근로소득세	법인세	계
추가되는 세액	–	1,200만 원	1억 2,000만 원	–	1억 3,200만 원
계산근거	–	(8억 원-5억 원)×4%	(4억 원×30% 가정)	–	–

05 사례의 경우 고가 양도의 실익이 있는가?

개인으로서는 3억 원의 이익이 늘어났지만, 근로소득세 추가 부담
및 법인의 취득세 증가 등으로 인해 세 부담이 늘어났다. 따라서 법인
에 고가 양도는 그다지 실익이 없을 가능성이 커 보인다.

법인에 증여 시
실익

　법인이 개인으로부터 부동산이나 현금 등을 증여받은 경우가 있다. 주로 법인을 통해 주주들에게 부를 이전하기 위한 시도에서 비롯된 경우가 많다. 그렇다면 세법은 이러한 행위들에 대해 어떤 식으로 대응할까? 다음에서 알아보자.

1. 증여를 받은 법인

　증여를 받으면 취득세와 법인세가 과세되는 것이 원칙이다. 다만, 결손금이 있는 경우에는 법인세는 과세되지 않는다.

1) 취득세

　법인이 부동산을 증여받으면 다음과 같이 취득세를 부담해야 한다. 주택의 경우 조정지역 내에 소재하면서 시가 표준액이 3억 원 이상이면 12%, 비조정지역 내에 소재하면 3.5%가 적용된다. 참고로 개인은 1세대 2주택 이상인 상태에서 증여 취득세를 중과세하지만, 법인은 주택 수와 무관하게 조정지역 내의 시가 표준액 3억 원 이상인 주택에 대해 무조건 12%를 적용한다는 점에 주의하기 바란다.

구분	과세표준	취득세율
주택	시가 인정액 원칙*	3.5~12%
주택 외	상동	3.5%

* 시가 인정액이 불분명하거나 시가 표준액이 1억 원 이하인 경우에는 시가 표준액을 과세표준으로 한다.

2) 법인세

법인이 부동산을 증여받으면 자산이 늘어나고 이익이 늘어난다. 따라서 이러한 자산수증익이 법인의 순자산을 증가시켰으므로 이에 대해서는 법인세가 부과되는 것이 원칙이다.

2. 주주에 대한 증여세

원래 영리법인이 증여받은 재산 또는 이익에 대해 법인세법에 따른 법인세가 부과되는 경우 해당 법인의 주주들에 대해서는 증여세가 과세되지 않는다. 다만, 상증법 제45조의 3부터 제45조의 5까지의 규정에 따른 경우를 제외한다(상증법 제4조의 2). 이에 따라 증여를 받은 법인이 흑자법인이든, 결손법인이든 주주가 이익을 보게 되므로 상증법 제45조의 5(특정 법인과의 거래를 통한 이익의 증여 의제)에 따라 이익을 본 주주에게 증여세가 부과될 수 있다.

> ※ **상증법 제45조의 5**
> ① 지배주주와 그 친족이 직접 또는 간접으로 보유하는 주식 보유비율이 100분의 30 이상인 법인(이하 '특정 법인'이라 한다)이 지배주주의 특수관계인과 다음 각 호

에 따른 거래를 하는 경우에는 거래한 날을 증여일로 하여 그 특정 법인의 이익에 특정 법인의 지배주주 등의 주식 보유비율을 곱하여 계산한 금액을 그 특정 법인의 지배주주 등이 증여받은 것으로 본다.

1. 재산 또는 용역을 무상으로 제공받는 것*

   * 초과배당도 포함함.

2. 재산 또는 용역을 통상적인 거래 관행에 비추어 볼 때 현저히 낮은 대가로 양도·제공받는 것

3. 재산 또는 용역을 통상적인 거래 관행에 비추어 볼 때 현저히 높은 대가로 양도·제공하는 것

다만, 실제 증여로 과세되기 위해서는 구체적으로 증여이익을 계산할 수 있어야 한다. 이에 대해 상증령 제34조의 5 제4항에서는 다음과 같이 정하고 있다.

④ 법 제45조의 5 제1항에서 '특정 법인의 이익'이란 제1호의 금액에서 제2호의 금액을 뺀 금액을 말한다.

1. 다음 각 목의 구분에 따른 금액

   가. 재산을 증여하거나 해당 법인의 채무를 면제·인수 또는 변제하는 경우 : 증여가액 또는 그 면제·인수 또는 변제로 인하여 해당 법인이 얻는 이익에 상당하는 금액

   나. 가목 외의 경우 : 제7항에 따른 시가와 대가와의 차액에 상당하는 금액

2. 가목의 금액에 나목의 비율을 곱하여 계산한 금액

   가. 특정 법인의 법인세법 제55조 제1항에 따른 산출세액(같은 법 제55조의 2에 따른 토지 등 양도소득에 대한 법인세액은 제외한다)에서 법인세액의 공제·감면액을 뺀 금액

   나. 제1호에 따른 이익이 특정 법인의 법인세법 제14조에 따른 각 사업연도의 소득금액에서 차지하는 비율(1을 초과하는 경우에는 1로 한다)

⑤ 법 제45조의 5 제1항을 적용할 때 특정 법인의 주주 등이 증여받은 것으로 보는 경우는 같은 항에 따른 증여의제이익이 1억 원 이상인 경우로 한정한다.

3. 적용사례

사례를 통해 앞의 내용을 확인해보자(단, 취득세는 분석에서 제외).

1) 증여받은 법인 관련 사례

> **자료**
> • 수증자 : K 법인(K 씨 40%, 그의 배우자와 자녀 2명이 각각 20%씩 보유)
> • 증여자 : K 씨의 부친
> • 증여대상 : 아파트(비조정지역에 소재)
> • 시세 : 5억 원
> • 기준시가 : 3억 원

Q1 법인이 시가나 기준시가로 증여받으면 얼마의 법인세가 예상되는가? 단, 세율은 19%라고 가정한다.

- 시가로 증여받은 경우 → 9,500만 원
- 기준시가로 증여받은 경우 → 5,700만 원

Q2 이 증여받은 부동산을 5억 원에 양도하는 경우에 예상되는 법인세는? 단, 세율은 19%라고 가정한다.

- 시가로 증여받은 경우 → 없음(차익 0원).
- 기준시가로 증여받은 경우 → 3,800만 원(차익 2억 원×19%)

Q3 앞의 두 결과만 놓고 보면 법인은 어느 경우가 더 유리한가?

당장 법인세를 줄이고 싶다면 기준시가로 증여받는 것이 유리하다. 다만, 기준시가로 증여를 받으면 향후 이익에 대해서는 법인세와 잔여

이익에 대한 배당소득세 등이 추가되므로 세 부담이 오히려 증가할 수 있다.

04 세법은 어떤 식으로 규정하고 있는가?

재무상태표에 반영되는 자산은 시가를 원칙으로 한다. 따라서 시가 → 감정가액 → 기준시가 순으로 가격을 결정해야 할 것으로 보인다. 법령 제89조를 참조하기 바란다(3장 참조).

2) 증여받은 법인의 주주 관련 사례

앞의 사례를 연장해 증여받은 주주와 관련된 내용을 확인해보자.

> **자료**
> • 수증자 : K 법인(K 씨 40%, 그의 배우자와 자녀 2명이 각각 20%씩 보유)
> • 증여자 : K 씨의 부친
> • 증여대상 : 아파트
> • 증여가액 : 5억 원
> • K 법인의 전체 소득금액 : 5억 원

01 앞의 경우 법인세 예상액은?

전체 소득금액이 5억 원이므로 이에 19%와 2,000만 원의 누진공제를 적용하면 7,500만 원의 법인세가 예상된다.

02 전체 증여이익은 얼마인가?

이는 증여가액에서 증여 때문에 산출되는 법인세 상당액을 차감해 계산한다.

• 증여이익 = 5억 원 – 7,500만 원(지방소득세 포함 시 8,250만 원)

          = 4억 2,750만 원

03 **사례에서 주주에게 증여세가 과세되는가?**

주주에게 증여세가 과세되기 위해서는 주주별로 증여이익이 1억 원 이상이 되어야 한다. 따라서 K 씨에게만 증여세가 과세된다.

구분	지분율	증여이익 계산	증여세 과세 여부
K 씨	40%	4억 2,750만 원×40%=1억 7,100만 원	과세됨.
K 씨 배우자	20%		과세되지 않음.
자녀1	20%	4억 2,750만 원×20%=8,550만 원	과세되지 않음.
자녀2	20%		과세되지 않음.
계	100%	–	–

04 **앞 사례의 자녀 등은 증여이익이 1억 원에 미달해 증여세가 과세되지 않았다. 그렇다면 이때 미달한 금액은 다음 해로 이월되어 증여이익에 합산되는가?**

그렇지 않다. 다음 해에 증여이익을 다시 계산해 이에 대한 과세판단을 별도로 해야 한다.

05 **영리법인에 증여한 재산은 상속가액에 합산되는가?**

그렇다. 이때 합산되는 기간은 상속개시일 전 5년이다. 영리법인은 상속인 외의 자가 되기 때문이다.

법인에 상속 시
실익

개인이 부동산 등을 보유한 상태에서 사망했다고 하자. 이 경우 상속재산에 대해서는 상속세가 부과되는 것이 원칙이다. 그런데 알다시피 상속세는 10~50%로 상당히 고율의 세율이 적용될 수 있다. 그래서 이의 대안으로 법인에 상속하는 때도 있다. 그렇다면 세법은 이에 대해 어떤 태도를 보일까? 다음 사례를 통해 이에 관한 내용을 정리해보자.

K 씨의 재산은 다음과 같다. 물음에 답하면?

> **자료**
> • 토지 등 부동산 30억 원
> • 상속공제 10억 원
> • 상속인 : 자녀 2명

Q1 앞의 경우 상속세는 얼마나 예상되는가?

구분	금액	비고
상속가액	30억 원	
- 상속공제	10억 원	가정
= 과세표준	20억 원	
× 세율	40%	
- 누진공제	1억 6,000만 원	
= 산출세액	6억 4,000만 원	

Q2 만일 이 중 10억 원을 유증을 통해 L 가족법인이 상속받으면 개인과 법인의 세금을 얼마나 되는가? 단, 법인에 상속된 재산에 대해서는 법인세만 과세된다고 하자.

상속세		법인세	
구분	금액	구분	금액
상속가액	20억 원	수입금액	10억 원
- 상속공제	10억 원		
= 과세표준	10억 원	× 세율	19%
× 세율	30%	- 누진공제	2,000만 원
- 누진공제	6,000만 원		
= 산출세액	2억 4,000만 원	= 산출세액	1억 7,000만 원

Q1과 비교해보면 2억 3,000만 원이 줄어들었다.

Q3 세법은 Q2의 결과를 용인할까?

아니다. 이를 용인하면 개인이 상속받는 것보다는 법인이 상속받는 것을 선호할 가능성이 크다. 현행 법인세율은 9~24%이고, 상속세율은

10~50%이기 때문이다. 이에 현행 상증법(제3조의 2 제2항)에서는 상속받은 영리법인의 주주 중 상속인과 그 직계비속이 있는 경우에는 그 상속인과 직계비속이 추가로 상속세를 납부하도록 하고 있다.*

* 영리법인의 주주에 상속인과 그 직계비속이 없는 경우(예 : 사위나 며느리 등)에는 법인세 납부로 끝나게 된다.

※ 상증법 제3조의 2 제2항

② 특별연고자 또는 수유자*가 영리법인인 경우로서 그 영리법인의 주주 또는 출자자 중 상속인과 그 직계비속**이 있는 경우에는 대통령령으로 정하는 바에 따라 계산한 지분 상당액***을 그 상속인 및 직계비속이 납부할 의무가 있다(2015. 12. 15 개정).

---

* 특별연고자 또는 수유자는 민법에서 정하고 있는 상속방법을 말한다. 전자는 상속인이 없을 때 후자는 유증을 통해 상속한다. 이 외의 상속 시 상속 포기 등에 의해 영리법인에 이전되면 먼저 상속세가 된다. 다음 예규를 참조하기 바란다.

※ 상증, 재삼 01254-998, 1992. 04. 27

상속개시 후에 상속재산을 상속인이 영리법인에 증여한 경우 당해 재산에 대하여는 상속세가 과세되는 것이나, 피상속인이 상속재산을 영리법인에 유언으로 증여한 경우 상속세법 제18조 제1항 단서 규정에 따라 같은 법인이 납부할 상속세액은 면제되는 것임.

** 상속인 1순위는 자녀와 배우자를 말하며, 그 직계비속은 이들의 직계비속을 말한다. 따라서 피상속인의 관점에서 보면 손자녀 등이 이에 해당한다.

*** 상증법 제3조 제2항에서 다음과 같이 규정하고 있다.
{영리법인이 받았거나 받을 상속재산에 대한 상속세 상당액 - (영리법인이 받았거나 받을 상속재산 × 10%)} × 상속인과 그 직계비속의 주식 지분 비율

앞의 사례를 좀 더 확장해보자. 물음에 답하면?

> **자료**
> • 앞의 L 법인의 주주 현황 : 자녀 A 50%, 자녀 A의 배우자 20%, 자녀 B 30%

01 K 씨의 사망으로 원래 내야 할 상속세는 얼마인가?

앞에서 보았듯이 6억 4,000만 원가량이 된다.

02 총 상속세 중 가족법인에 배분되는 상속세 상당액은 얼마나 되는가?

6억 4,000만 원에 대해 재산가액비율로 나누면 대략 2억 1,000만 원이 된다.

• 상속세 상당액 = 6억 4,000만 원×(10억 원/30억 원)
　　　　　　　 = 2억 1,000만 원(백만 단위 이하 버림)

03 이 경우 상속세 납부의무자 및 납부할 세액은 어떻게 되는가?

피상속인이 영리법인에 유증한 재산에 대해 영리법인은 자산수증이익으로 법인세가 과세되므로 상속세는 면제된다. 다만, 영리법인이 면제받은 상속세 상당액은 그 영리법인의 주주가 상속인 및 그 직계비속일 때만 상속세를 부담해야 한다. 이를 정리하면 다음과 같다.

구분	지분율	상속세
A	50%	(2.1억 원-10억 원×10%*)×50%=5,500만 원
A의 배우자	20%	과세 안 됨.
B	30%	(2.1억 원-10억 원×10%)×30%=3,300만 원
계	100%	8,800만 원

* 영리법인이 상속받은 재산의 10%를 곱해 계산하도록 하고 있다.

04 법인에 일부를 상속하는 경우 개인 상속에 비해 세 부담은 얼마나 차이가 날까?

개인 상속과 법인 일부 상속에 대한 세 부담을 비교하면 다음과 같다.

개인 상속	법인 일부 상속		
상속세	상속세	법인세	계
6억 4,000만 원	3억 2,800만 원	1억 7,000만 원	4억 9,800만 원

05 만일 앞의 법인의 주식을 A의 배우자가 모두 소유한 상태에서 법인이 상속받으면 상속세가 과세되는가?

아니다. 추가 납세의무자는 상속인과 그의 직계비속으로 한정하고 있기 때문이다.

참고로 이때 상증법 제41조에서 규정하고 있는 특정 법인과의 거래를 통한 주주에 대한 증여세 과세문제는 발생하지 않으리라고 보인다(최종 유권해석 등을 통해 확인하기 바란다).

06 앞의 결과를 종합해보면 법인에 상속재산을 일부라도 이전하는 것이 세 부담 감소를 가져다줄까?

그럴 가능성이 크다. 특히 주주가 상속인과 그 직계비속이 아닌 경우에는 추가 상속세를 부담하지 않아도 된다. 이 외 법인에 결손이 많이 난 경우에는 법인세 감소도 기대할 수 있다. 다만, 법인이 받은 상속가액 중 법인세를 제외한 잔여 이익에 대해서는 배당 등으로 유출 시 배당소득세 등이 추가될 수 있으므로 이러한 부분을 고려해야 한다.

07 이렇게 상속세가 과세되는 주식을 양도할 때 취득가액은 어떻게 되는가?

향후 상속받은 주식양도 시 취득가액이 가산된다. 즉, 사례의 경우 A와 B는 주식가액 중 본인의 지분에 상당하는 가액이 취득가액에 가산된다.

• 취득가액 가산액 = 가족법인이 유증 등으로 받은 상속재산 ×
상속인 또는 직계비속의 주식 지분 비율

부록

국세청의 감정평가사업에
대한 분석과 대응책

국세청의 '비주거용 부동산 감정평가 사업'이란 상속세 및 증여세 부과 대상이 되는 비주거용 부동산 등에 대해 지방국세청장 또는 세무서장이 감정기관에 감정평가를 의뢰해 과세하는 사업을 말한다(상증법 사무처리규정 제1조의 2 제17호).

1. 이 제도의 취지

보충적 평가방법(기준시가 또는 임대료 환산가액)으로 신고한 상속이나 증여가액에 대해 공정한 평가를 해 시가로 과세하기 위한 취지가 있다. 주로 시가가 없어 기준시가로 신고하는 비주거용 부동산(상가, 나대지 등)에 대해 감정평가를 실시하고 있다.

📝 상증법 시행령 제49조의 2의 개정으로 2020년부터 상속·증여(2019년 2월 12일 이후 상속·증여분) 재산에 대해 국세청이 감정기관에 감정평가를 의뢰해 시가에 부합하는 가액으로 상속·증여재산을 평가하고 있다.

2. 감정평가 대상 및 절차 등

이 제도는 상증법 사무처리규정에서 다음과 같이 정하고 있다.

1) 감정평가 대상 및 절차

상증법 사무처리규정 제72조에서 다음과 같이 정하고 있다.

> **※ 상증법 사무처리규정 제72조 [감정평가 대상 및 절차]**
> ① 지방국세청장 또는 세무서장은 상속세 및 증여세가 부과되는 재산에 대해 시행령 제49조 제1항에 따라 둘 이상의 감정기관에 의뢰하여 평가할 수 있다. 다만, 비주

거용 부동산 감정평가사업의 대상은 비주거용 부동산 등('소득세법' 제94조 제1항 제4호 다목에 해당하는 부동산 과다보유법인이 보유한 부동산* 포함)으로 한다.

② 지방국세청장 또는 세무서장은 다음 각 호의 사항을 고려하여 비주거용 부동산 감정평가대상을 선정할 수 있으며, 이 경우 대상 선정을 위해 5개 이상의 감정평가법인에 의뢰하여 추정시가(최고값과 최소값을 제외한 가액의 평균값)를 산정할 수 있다.

  1. 추정시가와 법 제61조부터 제66조까지 방법에 따라 평가한 가액(이하 '보충적 평가액'이라 한다)의 차이가 10억 원 이상인 경우

  2. 추정시가와 보충적 평가액 차이의 비율이 10% 이상[(추정시가−보충적 평가액)/추정시가]인 경우

③ 지방국세청장 또는 세무서장은 제1항에 따라 감정평가를 실시하는 경우 '감정평가실시에 따른 협조 안내(별지 제34호 서식)'를 작성하여 납세자에게 안내하고, 감정평가가 완료된 후에는 감정평가표(명세서포함)를 납세자에게 송부하여야 한다. 다만, 납세자의 요청이 있는 경우 감정평가서 사본을 세무조사 결과통지 시 함께 송부하여야 한다.

④ 지방국세청장 또는 세무서장은 둘 이상의 감정기관에 의뢰하여 산정된 감정가액에 대하여 시행령 제49조 제1항 단서에 따라 평가심의위원회에 시가 인정 심의를 신청**하여야 하며, 시가 인정 심의에 관한 사항은 '평가심의위원회 운영규정'에 따른다.

* 부동산 과다보유법인(자산비율이 50% 이상)에 대한 주식 평가 시 부동산도 평가하게 되므로 이때 기준시가 등으로 평가 시 그 가액이 경정될 수 있음에 유의해야 한다.

** 시가 인정 심의요청은 납세자도 할 수 있다. 이에 대한 절차는 뒤에서 살펴본다.

2) 평가대상

앞의 규정을 보면 '비주거용 부동산 등'에 대해 감정평가를 할 수 있도록 하고 있다. 비주거용 부동산 등에 대해서는 상증법 사무처리규정 제1조의 2에서 다음과 같이 정하고 있다.

16. '비주거용 부동산 등'이란 다음 각 목에 따른 재산을 말한다.

　　가. '부동산 가격공시에 관한 법률' 제2조에 따른 비주거용 부동산(토지와 건물 등의 일부를 상속·증여하는 경우를 포함하며, 법 제61조 제1항 제3호에 따라 국세청장이 고시한 오피스텔 및 상업용 건물은 제외*한다)

　　나. 나대지**(지목의 종류가 대지 등으로 지상에 건축물이 없는 토지)로 '공간정보의 구축 및 관리 등에 관한 법률' 제67조에 의한 대지, 공장용지, 주차장, 주유소 용지, 창고용지, 잡종지와 그 외의 지목 중 위 용도로 사용하는 경우를 포함한다.

* 국세청장이 해당 건물의 용도·면적 및 구분소유하는 건물의 수(數) 등을 고려해 지정하는 지역에 소재하는 오피스텔 및 상업용 건물을 말한다. 이들 오피스텔 등은 국세청이 부동산 가격을 고시하고 있다.

** 농지나 임야는 제외되는 것으로 보인다.

※ 부동산 종류별로 본 감정평가사업 대상

구분	감정평가사업 대상	비고
상업용 건물(고시)	×	
상업용 건물(비고시)	○	
오피스텔(고시)	×	매매가액에 주의
오피스텔(비고시)	○	주거용은 제외
아파트	×	매매가액에 주의
단독주택	×	
빌라	×	
조합원입주권	×	매매가액에 주의
분양권	×	매매가액에 주의
농지	×	
임야	×	
나대지	○	

👉 감정평가사업 대상 부동산은 추정시가와 기준시가의 차이가 10억 원이 넘을 때 선정될 가능성이 크다. 하지만 감정평가대상 부동산이 아닌 경우에는 평가기간 내외에서 매매가액 등이 없다면 기준시가로 신고해도 세무상 쟁점이 별로 발생하지 않아 보인다. 예를 들어 농지나 임야 등은 감정평가사업에서 제외되므로 매매가액 등이 없다면 이에 대해서는 신고가액이 그대로 인정될 것으로 보인다. 다만, 오피스텔이나 아파트, 입주권, 분양권 등은 유사한 재산에 관한 매매가액이 존재할 수 있으므로 평가기간 내외에 이에 대한 가격이 발견되면 이에 대한 가격으로 신고가액이 경정될 수 있다.

3) 평가대상 선정

앞의 비주거용 부동산에 대해 다음과 같은 기준을 적용한다.

1. 추정시가와 보충적 평가액(기준시가)의 차이가 10억 원 이상인 경우
2. 추정시가와 보충적 평가액 차이의 비율*이 10% 이상인 경우
   * [(추정시가 – 보충적 평가액)/추정시가]

📋 평가대상 선정사례

구분	추정시가	기준시가	평가 대상 선정 여부
1	5억 원	3억 원	○
2	10억 원	5억 원	○
3	20억 원	10억 원	○
4	100억 원	70억 원	○

👉 국세청에서는 10억 원 또는 10% 이상 기준을 사용해 평가대상을 선정한다. 따라서 비주거용 부동산의 경우 감정평가와 기준시가의 차이가 상당히 큰 현실을 고려하면 대부분의 비주거용 부동산에 대해 평가사업을 실시할 수 있다는 결론이 나온다. 물론 현실에서는 모든 비주거용 부동산에 대해 평가사업을 실시하고 있지는 않지만, 과세당국의 마음에 따라 언제든지 감정평가로 과세될 수 있다는 점이 납세자의 입장에서는 대단히 불합리한 것으로 인식되고 있다.

3. 재산평가심의위원회운영규정

재산평가심의위원회는 납세자와 국세청의 매매·감정·수용·경매·공매가격에 대해 심의를 요청하면, 그에 관한 판단을 내려 결과를 알려주는 식으로 제도를 운용하고 있다. 앞에서 본 감정평가사업에 따른 감정가액에 대한 심의도 이에 해당하며, 이외에도 평가기간 밖의 매매가액 심의도 이에 해당한다.

1) 시가 인정 심의대상

이에 관해서는 재산평가심의위원회운영규정 제34조에서 다음과 같이 규정하고 있다.

> ※ **제34조** [재산의 가액에 대한 시가 인정 심의대상]
> ① 지방청평가심의위원회는 영 제49조 제1항 단서에 따라 다음 각호의 어느 하나에 해당되는 경우에는 납세자, 납세지 관할 세무서장과 지방국세청장의 재산 가액에 대한 시가 인정 심의에 응할 수 있다.
>   1. 영 제49조 제1항 본문에도 불구하고 평가 기준일 전 2년 이내의 기간(평가기간 제외)과 평가기간이 경과한 후부터 영 제78조 제1항에 따른 기한까지의 기간 중에 매매·감정·수용·경매(「민사집행법」에 따른 경매를 말한다) 또는 공매가 있는 경우로서 평가 기준일과 영 제49조 제2항 각호의 어느 하나에 해당하는 날까지의 기간 중에 가격변동의 특별한 사정이 없다고 인정되는 때에 해당 매매 등의 가액을 시가에 포함할 경우
>   2. 영 제49조 제4항에도 불구하고 평가 기준일 전 2년 이내의 기간(평가기간 제외)에 유사매매사례 가액이 있는 경우로서 평가 기준일과 영 제49조 제2항 각호의 어느 하나에 해당하는 날까지의 기간에 가격변동의 특별한 사정이 없다고 인정되는 때에 해당 유사매매사례 가액을 시가에 포함할 경우
>   3. 생략
>   4. 상속·증여세 외의 타 세목 과세목적으로 재산평가를 하는 경우로서 해당 법령에서 영 제49조 및 제54조 규정을 준용하는 경우* 등

* 양도세 등도 이 규정이 적용된다.

앞의 내용을 보면 평가기간 밖의 기간(평가 기준일로부터 소급 2년 이내, 신고기한 이후 결정기한 등)의 매매·감정 등의 심의에 관한 내용이 포함되어 있다. 한편 심의대상 세목에는 상속세와 증여세, 그리고 양도세 등 모든 세목이 포괄되고 있다.

2) 시가 인정 심의신청

이에 관해서는 재산평가심의위원회운영규정 제35조에서 다음과 같이 규정하고 있다.

> **※ 제35조 [시가 인정 심의신청]**
> ① 납세자가 제34조 제1항에 따라 재산의 가액에 대한 시가 인정 심의를 신청하고자 하는 경우에는 상속세 과세표준 신고기한 만료 4월 전(증여의 경우에는 증여세 과세표준 신고기한 만료 70일 전)까지 다음 각 호의 서류를 첨부하여 납세지 관할지방국세청장(성실납세지원국장)에게 신청하여야 한다. 다만, 평가기간이 경과한 후부터 영 제78조 제1항에 따른 기한까지의 기간 중에 매매 등이 있는 경우에는 해당 매매 등이 있는 날부터 6개월 이내에 다음 각 호의 서류를 첨부하여 평가심의위원회에 신청해야 한다.*
> 　1. 재산의 매매가액 등의 시가 인정 심의신청서 : 별지 제6호 서식
> 　2. 재산의 매매가액 등의 시가 인정 관련 검토서 : 별지 제6호 서식 부표
> 　3. 제1호 및 제2호의 규정에 따른 서식의 기재 내용을 증명할 수 있는 증거서류
> ② 생략

* 납세자도 평가기간 밖의 매매가액, 감정가액에 대해 심의요청을 할 수 있는 것으로 보인다.

4. 과세당국의 심의요청에 대한 납세자의 대책

과세당국이 신고된 상속세나 증여세, 양도세에서 시가를 찾기 위해 감정평가를 실시하거나 유사한 재산에 관한 매매가액을 평가심의위원

회에 심의 요청할 수 있다. 이렇게 되면 납세자로서는 상당히 곤혹스러운 상황에 부닥칠 수 있다. 따라서 납세자는 이에 대한 대비를 사전에 해두는 것이 좋다.

첫째, 감정평가사업 대상이 되는 부동산은 그에 대한 대응책을 갖춰둬야 한다.

추정시가와 기준시가의 차이가 10억 원이 넘는 비주거용 부동산(상가, 나대지 등)은 탁상 감정을 받은 후 감정가로 신고할 것인지, 보충적 평가법으로 신고할 것인지를 결정해야 한다. 이때 신고 후에 감정평가를 실시해 신고가액이 경정되는 경우 본세는 내야 하며 가산세는 부과되지 않는다는 점을 고려한다. 그리고 추가 납부분에 대해서는 적극적으로 불복을 제기하는 것도 하나의 방법이 된다.*

* 최근 이에 대한 행정소송이 진행되고 있으므로 그 결과도 주목해보기 바란다(저자의 카페로 문의 가능).

둘째, 감정평가사업의 대상이 되지 않은 부동산은 매매가액에 유의해야 한다.

매매가액이 있는 부동산은 아파트, 연립주택, 입주권, 분양권, 토지 등이 될 수 있다. 따라서 이들은 평가일로 소급해 2년 전부터 신고 후 결정기한까지 이에 대한 가격이 언제든지 발생할 수 있으므로 시가의 변동에 유의해야 한다. 특히 아파트의 경우에는 매매가액이 있을 가능성이 크기 때문에 시가가 널뛰기하는 경우에는 감정평가(1~2개)를 받아 이를 기준으로 신고하든지, 아니면 이를 기준으로 신고하지 않더라도 미리 감정평가를 받아 앞으로 벌어질 일들에 대비하는 것이 좋다.

[상속세 및 증여세 사무처리규정 별지 제34호 서식](2021. 10. 12 개정)

국세청
National Tax Service

기 관 명
감정평가 실시에 따른 협조 안내

문서번호 : 조사과 –

□ **수신자 : 김국세 귀하**

1. 항상 국세행정에 협조해주셔서 감사드립니다.

2. 상증법에서는 상속세나 증여세가 부과되는 재산에 대해 상속개시 및 증여 당시의 시가로 평가하도록 규정하고 있습니다. 이에 국세청에서는 2020년부터 상속·증여(2019. 2. 12 이후 상속·증여분) 재산의 공정한 평가를 위해 공신력 있는 감정기관에 감정평가를 의뢰해 시가에 부합하는 가액으로 상속·증여재산을 평가하고 있습니다.

3. 이와 관련해 귀하에 대한 상속·증여세 세무조사를 진행하면서 다음 상속·증여재산에 대해 감정평가를 실시하게 되었음을 안내해드립니다.

___

□ **감정평가 대상 물건**

○ 건물 : 서울특별시 ○○구 ○○동 ○○번지 상가　　㎡

○ 토지 : 서울특별시 ○○구 ○○동 ○○번지　　㎡

　　　　서울특별시 ○○구 ○○동 ○○번지　　㎡

___

붙임 : 감정평가 실시 안내문 1부. 끝.

년　　월　　일

기 관 장 (직인생략)

이 안내문에 대한 문의사항은 ○○○과 담당자 ○○○(전화 :　　　　)에게 연락하시면 친절하게 상담해드리겠습니다.

감정평가 실시 안내문

■ 감정평가를 실시하는 목적은?

▶ 감정평가 실시로 시가에 부합하도록 상속·증여 재산을 적정하게 평가함으로써 과세 형평성을 제고하는 등 공평과세를 구현하는 데 그 목적이 있습니다.

■ 감정평가를 실시하는 대상은?

▶ 감정평가는 '상속세 및 증여세법'상 시가가 아닌 보충적 평가방법에 따라 신고(무신고 한 경우 포함)함에 따라 시가와의 차이가 큰 상속·증여 부동산을 대상으로 합니다.

■ 감정평가 업무처리 절차는?

▶ 감정평가는 공신력 있는 둘 이상의 감정기관에 의뢰해 세무조사 시작과 함께 실시하 게 됩니다. 이 경우 담당 조사공무원과 감정평가사가 대상물건의 확인을 위해 현장을 조사할 수 있습니다.

－ 감정평가가 완료된 이후에는 평가심의위원회에서 시가 인정 여부를 심의하게 되며, 감정가액이 시가로 인정되면 감정가액으로 상속·증여 재산을 평가하게 됩니다.

－ 세무조사가 종료되면 상속·증여세 과세표준, 예상 고지세액 등 세무조사 결과를 문 서로 작성해 보내드립니다.

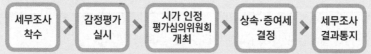

세무조사 착수 ▶ 감정평가 실시 ▶ 시가 인정 평가심의위원회 개최 ▶ 상속·증여세 결정 ▶ 세무조사 결과통지

▶ 아울러, 납세자도 해당 물건에 대하여 공신력 있는 둘 이상의 감정기관에 감정평가를 의뢰해 평가심의위원회에 시가 인정 심의를 신청할 수 있습니다.

■ 감정평가에 소요되는 기간 및 비용부담은?

▶ 감정평가는 통상 일주일 정도의 기간이 소요되며, 국세청이 실시하는 감정평가에 따 른 수수료 등 일체 비용은 국세청이 부담하게 됩니다.

■ 감정평가 결과는 어떻게 확인할 수 있는지?

▶ 감정평가가 완료되면 감정평가표(명세서포함) 1부를 즉시 송부해드리며, 상세내용 확인이 필요해서 요청하신 경우에는 세무조사 결과통지 시 감정평가서(사본) 1부를 함께 송부해드립니다.

■ 감정가액으로 평가함에 따라 세금을 추가 납부하는 경우 가산세는?

▶ 과세관청이 감정평가를 의뢰하고, 평가심의위원회의 심의를 거쳐 동 감정가액으로 상속·증여재산을 평가함에 따라 추가 납부할 세액이 발생하는 경우 신고불성실 및 납부지연가산세는 면제됩니다.

가족 간 부동산 거래 세무 가이드북

제1판 1쇄 2024년 2월 26일

지은이 신방수
펴낸이 한성주
펴낸곳 ㈜두드림미디어
책임편집 신슬기, 배성분
디자인 노경녀(nkn3383@naver.com)

㈜두드림미디어
등 록 2015년 3월 25일(제2022-000009호)
주 소 서울시 강서구 공항대로 219, 620호, 621호
전 화 02)333-3577
팩 스 02)6455-3477
이메일 dodreamedia@naver.com(원고 투고 및 출판 관련 문의)
카 페 https://cafe.naver.com/dodreamedia

ISBN 979-11-93210-46-8 (03320)